墨香财经学术文库

“十二五”辽宁省重点图书出版规划项目

国家自然科学基金项目（71571084）资助
国家自然科学基金项目（71974072）资助
湖北省社科基金一般项目（后期资助项目）（

Study on User
Stickiness to Sharing Economy Platform

刘齐平 ◎ 著

共享经济平台用户黏性研究

东北财经大学出版社
Dongbei University of Finance & Economics Press
大连

图书在版编目（CIP）数据

共享经济平台用户黏性研究 / 刘齐平著. —大连：东北财经大学出版社，2021.12

（墨香财经学术文库）

ISBN 978-7-5654-4401-2

Ⅰ. 共… Ⅱ. 刘… Ⅲ. 商业模式-研究 Ⅳ. F71

中国版本图书馆CIP数据核字（2021）第260257号

东北财经大学出版社出版发行

大连市黑石礁尖山街217号 邮政编码 116025

网 址：http：//www.dufep.cn

读者信箱：dufep @ dufe.edu.cn

大连永盛印业有限公司印刷

幅面尺寸：170mm×240mm 字数：232千字 印张：16 插页：1

2021年12月第1版 2021年12月第1次印刷

责任编辑：李 栋 责任校对：何 莉

封面设计：冀贵收 版式设计：原 皓

定价：52.00元

前言

信息技术进步引领着世界步入共享经济的时代。网约车、共享单车、民宿、知识技能分享等共享经济应用在人们的日常生活中被逐渐普及。如何吸引和维持足够大的用户群体、引导和巩固用户的重复使用行为，即用户对共享经济服务平台的“黏性”，成为共享经济平台价值共创的关键。近年来，随着共享经济市场的饱和及服务平台企业的分化整合，行业发展模式正在发生深刻转变，其主要竞争手段从降低价格逐步转变为改善体验。因此，研究共享经济的用户黏性，对共享经济这一商业模式的转型和可持续发展意义重大。当前在共享经济商业模式的学术研究中较为缺乏对用户行为，尤其是用户黏性的实证研究，本书对这方面做了深入研究，并为共享经济的核心特征和研究热点之一——“价值共创”打下了坚实的理论基础。

本书在相关理论的启示下，通过网上问卷调查和网络爬虫抓取获得了351份和396份用户自填问卷及知识共享平台“在行”网站1 609门课程、644位行家和1.8万余条评论的详细数据，运用多元回归、扎根理论、文本分析、结构方程模型、主成分回归等方法，研究了共享经济用

户黏性行为对价值创造的影响，以及它的静态和动态影响因素。研究发现，“认知（cognition）—情感（affect）—行为（behavior）”的消费者态度模型能很好地描述共享经济的用户黏性特征，用户黏性对知识共享平台的价值创造有显著正影响；感知服务质量强烈影响感知价值和信任/风险，后两者又强烈影响共享经济用户黏性；感知价值对用户黏性的影响不如信任/风险因素对用户黏性的影响那么大。本书还以滴滴顺风车连续发生刑事案件等新闻热点事件为背景，研究了在这一典型事件的冲击和影响下共享经济用户黏性受损和修复的动态过程，以及平台—用户互动模式对共享经济用户黏性的动态影响。用户黏性受损的幅度受用户对事件归因方式的影响：“内部归因”会强化信任受损和黏性受损，“外部归因”会缓解信任受损和黏性受损。企业采取的信任和黏性修复策略的效果与用户的归因方式有显著的交互影响：当用户更多地采取内部归因时，企业采用功能性信任修复策略效果较好；当用户更多地采取外部归因时，企业采用情感性信任修复策略效果较好。

本书的创新点主要在于：研究了目前较少受到关注的“用户黏性”影响因素及动态黏性的受损和修复；摆脱了过去共享经济研究过于注重“社交黏性”的思维定式，更加强调平台服务商对用户黏性的积极影响，由此对接和创新了传统服务质量理论，实现了共享经济理论的更新；运用CAB理论模型，为尚处于概念形成阶段的价值共创理论打下了坚实的微观基础，并由此理清了共享经济用户黏性的形成机制及其与平台服务质量和价值创造过程的关系。本书对于实践的启示在于，共享经济平台管理者应在提高用户感知服务质量的基础上，增强其感知价值、降低其感知风险，只有这样，才能提高用户对共享经济服务的黏性，实现可持续发展。

非常感谢湖北省社会科学基金和国家自然科学基金对本书研究和出版的资助，这是对我莫大的鼓励。非常感谢东北财经大学出版社为本书的出版所做的一切，尤其是编辑李栋老师十分耐心地校阅了我的书稿，并提出了很多宝贵的意见和建议。非常感谢我的工作单位湖北经济学院以及我所在的信息管理与统计学院，使我能在一个优秀的研究团队和浓厚的学术氛围中完成本书的写作。在学术的道路上，我最应该感谢我的

导师王伟军教授和师母熊湘文老师，多年来他们对我的关心和指导如春风化雨，润物无声。

一路走来，感恩之情常在心头。感谢我的丈夫，他与我探讨研究问题时总能给出新颖的见解，在一些技术细节上也提供了支持。感谢我的孩子，他是我灵感的来源!

由于作者水平所限，本书错误、疏漏之处在所难免，恳请读者批评指正!

刘齐平

2021年8月

目录

第1章　绪论

共享经济作为一种在互联网信息技术条件下通过改变产权关系来提高资源利用效率的新兴商业模式，不啻为一场由生产力发展推动的生产关系革命。在这一过程中，用户行为相比传统商业模式会有显著的改变，由相对低频的购买行为转变为相对高频的使用行为。因此，用户对共享经济服务的重复使用行为，就将成为影响共享经济模式绩效的关键因素。本书将要研究的共享经济平台用户黏性，就是对这一重要问题的理论描绘。

1.1　研究背景

1.1.1　共享经济概述

随着社会经济的发展和信息技术的进步，互联网经济进入了共享经济时代。依托“互联网+”平台和大数据的精准匹配，共享经济深入出行、住宿、知识分享、生活服务、企业生产等各个领域，重新配置了闲

置资源的使用权，促进了商品和生产要素的社会化，提高了存量资产的使用效率，推动了经济社会的可持续发展。

继“Web 2.0”“移动互联网”“O2O”（Online to Offline）等之后，共享经济成为全球互联网经济的一个新热点，网约车、共享单车、民宿、知识技能分享等共享经济新应用、新业态大规模地渗入到广大人民群众的日常生活中，更新了人们的消费观念，并通过改造和重组传统经济模式为经济的发展带来了创新与活力。据中银国际报告统计（中银国际证券，2015），2014年全球共享经济的市场规模达到150亿美元。预计到2025年，共享经济市场规模将达到3 350亿美元，预测年复合增长率为36%。

享受着全世界网民数量和市场容量第一的规模红利，中国共享经济自2012年左右开始爆发式增长以来，已经后发先至，成为世界上首屈一指的共享经济大国。国家信息中心报告显示，2017年我国共享经济市场交易额约为49 205亿元，比上年增长47.2%；其中，非金融共享领域交易额为20 941亿元，比上年增长66.8%，在总规模中占比42.6%，比上年提高了5个百分点。2017年我国共享经济平台企业员工数约为716万人，比上年增加131万人，占当年城镇新增就业人数的9.7%；参与共享经济活动的人数超过7亿人，比上年增加1亿人左右，其中参与提供服务者人数约为7 000万人，比上年增加1 000万人。

顺应社会经济集约化发展的趋势，共享经济改变了传统的消费理念甚至价值观念。共享经济的“去所有权”和“闲置即浪费”的理念颠覆了以“消费者购买产品所有权”为目标的传统商业模式，而代之以“不求所有，但求所用”的新消费观念。共享经济平台匹配了有效的供给和需求，使拥有闲置资源的企业机构或个人能够以比过去更加高效的方式将资源的使用权有偿让渡给他人以获取收入，也满足了用户对资源的便利获取、节约利用、社交分享等物质和精神效用。资源的供给者和需求者在这一价值共创过程中均得到了回报和满足：供给者因自己的闲置资源获取了额外的经济回报，需求者也享受到比传统经济更加便利、优质、个性化的服务或商品体验。

共享经济以“创新、协调、绿色、开放、共享”为发展理念，综合

了理念、技术、模式和制度等方面的多种创新要素，正不断推动传统产业的重构与转型升级，成为经济发展的新动能。为鼓励共享经济的发展，国家也陆续出台了相关政策，显著释放政策红利。2016年3月，“共享经济”首次被写入政府工作报告，并且在“十三五”规划纲要中被多次提及。2017年7月初，国家有关部门发布了《关于促进分享经济发展的指导性意见》，指出“共享经济”作为新一轮技术产业变革下的新型商业模式，提高了资源的利用效率和经济发展质量，激发了创新创业，是推进供给侧结构性改革的巨大驱动力。

共享经济的兴起得益于经济社会的发展与互联网信息技术的进步。在生产过剩和低速增长的新常态下，过度消费、超前消费带来的资源环境问题和社会问题日益严重，大量社会资源处于闲置或半闲置状态；与此同时，消费者的许多个性化需求在传统经济模式下并没有得到满足，例如城市公共交通的“最后一公里出行”问题和“打车难”问题，这些都为共享经济发展创造了充足的需求和供给，构成了共享经济带来新经济增长点的条件。

共享经济的概念诞生于20世纪70年代，当时正是西方发达国家由短缺经济转变为过剩经济的转折点，并遭遇了这一发展阶段所特有的“滞胀”危机。为了缓和产能和供给过剩问题，同时满足中低收入阶层对大宗耐用消费品的消费需求，Felson和Spaeth（1978）提出了“协同消费”或“合作式消费”（collaborative consumption）的概念，通过倡导基于社区关系的物品和服务共同占有和共同使用的行为，来减轻过度消费、污染、贫困等社会问题。在2008年全球金融危机爆发后，消费者囊中羞涩，通过共享经济服务省钱和增收成为更受欢迎的选择。随着经济的不断发展，中国也面临着与20世纪六七十年代发达国家类似的问题，但除了社会制度的不同之外，中国互联网经济的发展和巨大的市场体量，使得解决这类资源利用效率问题的技术和经济瓶颈得以更快地被突破。

在20世纪八九十年代的互联网经济PC时代，人们的交流活动受到设备位置的局限，互联网经济活动仅限于基本的电子商务、信息的发布和中介服务等。进入21世纪以来，随着以智能手机为主的移动设备在

消费者中的普及，人们能够随时随地使用互联网；Web 2.0技术的出现和应用，也使构建具有消费者互动、分享功能的互联网应用成为可能，各种信息分享、知识分享、图片分享网站如雨后春笋般建立起来。这些技术进步不仅使互联网应用下沉到原来没有接触和使用PC的数以亿计的广大人群，产生和传播了海量的信息，还加强了人与人之间的互动关系，使线上线下的界限逐渐模糊（Möhlmann，2015）。

以2008—2009年Airbnb和Uber成立为标志，共享经济时代首先在美国硅谷拉开帷幕，随后很快也在中国落地生根。Uber成立5年估值就超过了500亿美元，是没有出租汽车的全球最大出租汽车公司；Airbnb成立7年估值就达到了255亿美元，是没有住宿用房产的全球最大民宿短租平台。这类秉承“共享精神”的独角兽公司的快速崛起，标志着共享经济商业新生态悄然来临。近年来，中国共享经济也发展迅速，本土创新企业大量涌现，各个垂直领域都有共享经济企业涉足。从交通出行、餐饮住宿、物流快递、生活服务等日常生活领域，到知识分享、在线教育、众筹众包、资金借贷、医疗保健等社会服务领域，再到按需生产、在线设计、科研实验等实体生产领域，共享经济渗透到几乎所有行业。共享经济平台数量持续上升，一些领域在短短几年里就涌现出数百家共享经济企业，并迅速形成一批初具规模和特色、有一定竞争力的代表性企业。如在交通出行领域的“滴滴出行”“易到用车”“摩拜单车”等；房屋住宿领域出现的“蚂蚁短租”“小猪短租”等；共享金融领域出现的“红岭创投”“陆金所”“人人贷”等；众包领域的“猪八戒”“做到网”“京东到家”“人人快递”“e快送”等；技能共享领域的“在行”“时间财富”等；生产能力领域的“阿里巴巴淘工厂”“易科学”等（国家信息中心，2016）。

Uber、Airbnb、滴滴出行、摩拜单车、ofo共享单车、在行网、陆金所等国内外共享经济独角兽企业迅速刷新了人们在出行、住宿、教育、金融等各个领域的消费理念和消费习惯，其发展壮大的速度即使在以“快”为特征的互联网经济领域也是前所未有的。根据CB Insights数据（国家信息中心，2018），截至2017年年底，全球独角兽企业共有224家，其中中国企业达60家，具有典型共享经济属性的中国企业有31

家，占中国独角兽企业总数的51.7%。中国共享经济企业的成长速度令人惊讶：滴滴出行和陆金所用了3年时间、美团点评和今日头条用了5年时间，就成为估值过100亿美元的超级独角兽；ofo小黄车和摩拜单车仅成立1年多就成长为独角兽企业。

2015—2020年我国共享经济发展情况见表1-1。

表1-1　**2015—2020年我国共享经济发展概况**　金额单位：亿元

项目	2020	2019	2018	2017	2016	2015
市场交易额（不含金融）	33 773	32 828	29 420	20 772	13 659	6 978
交通出行	2 276	2 700	2 478	2 010	2 038	1 000
房屋住宿	158	225	165	120	243	105
知识技能	4 010	3 063	2 353	1 382	610	200
生活服务	16 175	17 300	15 894	12 924	7 233	3 603
生产能力	10 848	9 205	8 236	4 170	3 380	2 000
共享医疗	138	108	88	56	155	70
共享办公	168	227	206	110	-	-
市场交易额·金融	-	-	-	28 264	20 860	10 000
P2P网贷	-	-	-	28 048	20 640	8 486
众筹	-	-	-	216	220	114.24
融资规模（不含金融）	1 185	714	1 490	1 940	1 291	621
交通出行	115	78.7	419	1 072	700	313
房屋住宿	1	1.5	33	37	13	34
知识技能	467	314	464	266	199	73
生活服务	260	221.5	185	512	325	155
生产能力	186	48.2	203	34	10	4
共享医疗	88	38.1	147	19	44	42
共享办公	68	12	41	-	-	-
融资规模·金融	-	-	-	220	427	122
消费用户人数（亿）	8.3	8	7.6	7	6	5
交通出行	3.4011	4.0512	3.4621	4.8	3.3(2.2463)	2.5(1.8094)

续表

项目	2020	2019	2018	2017	2016	2015
房屋住宿	0.6983	1.9382	1.26	0.758	0.35	0.1
知识技能					3	–
生活服务	4.0903	4.4057	3.6387		5.2(2.0856)	3(1.1356)
生产能力					0.09	–
共享医疗		3.596	3.1929		1.9476	1.5211
金融（借款）	–	–	–	0.2243	0.1433	0.0285
供给服务人数（万）	8 400	7 800	7 500	7 000	6 000	5 000
交通出行				2 115	1 855	1 500
房屋住宿		618	400	220	200	–
知识技能				3 550	2 500	600
生活服务				2 200	2 000	366.8
生产能力					500	–
共享医疗					256	–
金融（投资）	–	–	–	1 713	1 375	586
平台企业员工人数（万）	631	623	598	556	585	500
交通出行				14	12	–
房屋住宿					2	–
知识技能					2	–
生活服务					341	–
生产能力					151	–
共享医疗					5	–

注：1. 分项数据往往有重叠或缺漏，其总和不一定等于大项的总数。

2. 2018—2020 年交通出行和生活服务的消费用户人数只包括网约车和外卖用户，2015—2016 年数据中加了括号的数字与此相同。

数据来源：中国共享经济发展年度报告 2016—2021，中国共享住宿发展报告 2018—2020。

随着共享经济的体量越来越大，逐渐融入生活、成为常态，对其概念本身的关注度反而会越来越小。未来我国共享经济将有望继续保持高

速增长，但其发展的重点会由量的增长转为质的提升。由于市场拓荒的初步完成、平台企业的分化整合，以及社会公众对安全性和隐私性的更高期待，共享经济产业的发展模式正在发生深刻转变，其主要竞争手段从价格大战逐步变为体验改善，“来者不拒”的粗放式准入制度也将让位于对潜在安全风险的精细化管理。

1.1.2 共享经济的细分领域

以互联网通信技术为基础的共享经济发展迅速，涉及衣、食、住、行等各个方面，商业模式也从最初的C2C到B2C、B2B、C2B2C、B2B2C等各种百花齐放、多种模式并存的新格局。本节和下节将分别概述在共享经济中已经发展起来的各种细分领域和商业模式。

（1）共享出行。

共享出行是一种基于互联网的交通运力共享模式，它包括网约车、共享汽车、共享单车等类型。尽管存在C2C、B2C等不同模式，并因此产生了一些概念上的争议（见后文），但共享出行的普及，为消费者提供了交通工具的遍在性、易得性、经济性等正面价值，从本质上说，是符合共享经济的“去所有权”“高使用率”理念的。

让共享经济理念走向大众化的正是共享出行平台Uber、Lyft等。它们让通过了安全检查的车主能够与出行者分享他们的行程、车辆和驾驶服务，并从中获利。最初，车主只是利用业余时间和空余座位进行行程分享（也就是我们现在所知的“顺风车”模式），对他来说，这是分摊汽油费用和寻求旅途陪伴的方式。对乘客来说，共享出行方式可以比其他出行方式更便宜、更方便、更有人情味，因为司机一般只收取乘客分摊的部分油费等基本费用。由于顺风车车主并不从行程分享中盈利，因此与颁发执照进行监管的出租车不同，国家采取了鼓励的政策，为运载多人的车辆建立了更多的高负载专用车道（High Occupancy Vehicle, HOV）。

随着共享出行模式的普及，越来越多的司机加入了这一弱监管的行业赚钱，把“顺带”变成了“兼职”，又把“兼职”变成了“全职”。当共享模式激励了运营车辆供给的激增，最初的C2C模式就转化为B2C模

式，并与传统出租车行业形成了竞争。尽管面临种种争议，B2C网约车模式仍然成为了中外城市公共交通系统的重要组成部分，以及人们日常生活不可或缺的基础性服务。创立于2009年的即时用车平台Uber现已覆盖全球70多个国家400多个城市。创立于2012年的滴滴出行覆盖了全国600多个城市，用户近3亿。

在共享经济时代，越来越多的人改变了传统观念，认为汽车所有权不再是必要的。相反，许多人都在分享行程，乃至分享汽车本身。通过减少汽车所有权，拥有汽车和不拥有汽车的家庭都能获益；对全社会来说，这对于减少交通拥堵和环境污染都有很大的帮助。汽车共享既包括传统的汽车出租、汽车俱乐部，也包括P2P汽车分时共享，政府和交通行政部门可以通过与共享经济部门合作来完善其公共交通系统（Wosskow，2014）。作为共享经济的新兴产物，共享汽车开始于2000年美国硅谷的Zipcar，近年来在全国各大城市生根发芽，如Car2go即行、GreenGo、盼达用车、GoFun等。作为一种新兴的用车方式，共享汽车普遍借助智能手机预订车辆，比传统租车在使用的时间地点上灵活便捷得多。2017年8月，交通运输部和住建部发布了《关于促进小微型客车租赁健康发展的指导意见》（〔2017〕110号），进一步肯定了共享汽车商业模式，并鼓励新能源汽车的共享使用。

共享单车是一种在校园、地铁站点、公交站点、居民区、商业区、公共服务区等公共场所提供服务的自行车分时租赁模式。它通过大幅度提高自行车在公共场所的可获得性，让城市重新发现自行车的价值，由此提升了公共道路通过率、公共交通系统利用率和用户体验。

（2）共享住宿。

共享住宿是一种通过互联网平台将个人房源分享给有需要的用户的商业模式。它通过移动互联网使有空置房间的人和找不到临时住处的人能够方便地建立联系，在为房屋所有者带来收益的同时，租户也能以比酒店更低的价格满足个性化的需求。共享住宿的经济意义在于，它的“去所有权”理念提高了住房这种普遍而昂贵的固定资产的使用效率，将闲置空间资源重新配置给了那些有需求的人，这也启发了其他的空间共享形式，如共享办公空间等。

共享住宿从2008年Airbnb创立开始，很快风靡全球。Airbnb是“AirBed and Breakfast”（“Air-b-n-b”）的缩写，因为这家网站的创始人最初通过这一平台分享的是“气垫床和早餐”，但Air一词又可以单独理解为“空中的”“广播的”“在线的”等含义。Airbnb是一个旅行房屋租赁社区，用户可以发布、搜索房屋租赁信息并进行在线预定，以“价格实惠”“居家体验”“特色奇居”“融入当地”等四类特色产品为主。Airbnb在全球191个国家的8.1万个城市中拥有超过600万个房源，房源数量已经超过目前主流酒店品牌房源数量的总和，被时代周刊称为“租房市场中的eBay”。

国内的共享住宿领域从整体上看还处于探索期，未来市场空间十分广阔。随着消费升级的进行，更加本地化、更有独特性、更具家庭氛围的住宿体验成为消费者的最爱，而同质化的传统酒店已经无法满足消费者日益多样化、个性化的需求。因此，以短租公寓、别墅、民宿为代表的家庭旅馆正逐步流行起来，并借助共享住宿的“东风”在途家网、小猪短租、蚂蚁短租等平台上线。

共享住宿领域已经发展到多样化、专业化的阶段，包括家庭型、商务型、旅游型、特色型等类型，也包括日租、短租、长租等类型，由职业民宿主或专业托管平台进行符合房屋定位的个性化运营；同时，传统酒店业也加入了在线化、特色化的潮流，成为共享住宿平台房源的一大来源。事实上，和共享出行领域一样，最初的用户分享自有闲置住房的C2C模式开始转变为以专业运营者为主的B2C模式。这种转变也有政府监管政策方面的原因：随着共享住宿行业的规模增长，政府越来越强化对民宿和房屋分享平台的监管，参照传统酒店业对民宿行业制定了更严格的安全、卫生、消防、服务等方面的标准和规章，这提高了民宿的经营门槛，使得专业化运营变得更为必要（Wosskow，2014）。

（3）知识技能分享。

共享经济不仅能分享实体的东西，而且能分享人们的知识、技能和时间。事实上，互联网从一开始就是人们分享知识信息的手段，但这种分享基本上是免费的，也不是个人所拥有的独特知识和技能，所以直到共享经济在实物分享领域兴起以后，才有了有偿分享个人专属知识和技

能的共享经济平台，当然免费分享模式也仍然存在并与有偿分享模式相辅相成。

和实物领域的共享经济一样，随着移动互联网和社交网络的发展，人们更容易找到彼此；而且，和实物资源存在大量闲置的情况类似，随着人们自由时间的增加，在知识技能领域也产生了大量的“认知盈余”（舍基，2012），这些都被认为是知识技能分享的基础条件。知识技能分享就是把分散在个人或机构中的盈余的知识技能等智力资源，通过互联网平台以免费或付费的形式分享给需求方，从而最大限度地利用全社会的智力资源，以更高的效率、更低的成本满足生产及生活服务的需求。知识技能分享领域包括网络百科、在线问答、知识付费、技能分享和众包等，国内外具代表性的平台有Wikipedia、Quora、得到、在行、猪八戒网等。

网络百科全书是一种由互联网用户合作撰写、不断更新的知识分享形式。与传统的百科全书由专家撰写不同，网络百科全书由网络志愿者负责编写和维护，汇集了分散在广大网络用户中的专业知识和碎片化知识，并且能根据研究的发展和认识的深入而不断更新，所以质量往往不劣于专家编写的内容。

在线问答社区能够通过回答问题，分享专业知识、经验和见解等连接各行各业的精英，例如网络问答社区“知乎”在发展初期就汇聚了很多行业精英作为“种子用户”，这些精英用户纷纷围绕自己的专业领域或感兴趣的话题积极发言，给中国互联网带来了一场前所未见的知识盛宴。

知识付费是一种有偿的知识分享模式，如有偿问答平台“分答”、行家约谈平台“在行”、知识服务平台“得到”等。在免费知识分享的基础上，通过引入付费的激励，使更多的专业人士愿意共享自己的知识和经验，进一步促进了知识市场的资源优化配置。知识付费行业本质上并不是一个单独的行业，而是信息服务业的互联网化，是人类信息生产和消费方式由线下为主转为线上线下相结合、由一对多转为多对多的一个阶段。最终，知识付费可能会改造和融合现有的教育业、出版业、咨询服务业等，成为万亿以上规模的巨大产业。

技能分享是一种将专业人员的技术能力通过互联网有偿分享出来、满足需求方的需求的商业模式，有悬赏制、招标制、雇佣制和计件制等付费方式。这实际上是一种网络外包，在此基础上又产生了面向更广泛的大众志愿者的“众包”概念。技能分享的业务范围从平面设计、网站开发、软件外包等线上中低端业务，扩展到出版印刷、广告会展、培训咨询、语言翻译等线下业务和传统业务，以及信息安全、全产业链服务等高端领域。技能分享的参与主体更加多样化，越来越多的高学历人才加入了分享，越来越多的技能分享者成为职业的外包和众包参与者，还有许多团队和公司分工协作、集体参与外包和众包业务。互联网与传统行业的结合在不同领域产生了一批垂直型分享平台：创意设计领域有“猪八戒网”，语言翻译领域有“译言网”“做到”，科学研究领域有“易科学”，生产制造领域有“凯翼众包”“海尔Hope开放创新平台”等，医疗服务领域有“好大夫在线”“春雨医生”“名医主刀”等。大型的技能分享平台因汇聚了大量技术、研发和设计人才，成为大众创新创业载体，例如猪八戒网截至2021年在全国布局线下数字化创业园区超过100个，累计孵化10万多家企业。

（4）共享生活服务。

共享生活服务是借助互联网平台整合线下餐饮、家政、美容美体、社区配送等生活服务机构及个人闲置时间、技能，以更便捷的方式满足人民生活服务需求的商业模式。国内从事共享生活服务的平台企业有两类：一类是专注某一细分领域的平台企业，体量轻；另一类是大型平台企业衍生的综合性企业，如“京东到家”“58到家”等。共享餐饮不只是外卖送餐，还包括厨师上门、到陌生人家吃饭等新服务。共享家政服务包括上门清洁、洗衣、皮具保养、宠物寄养等服务，如“阿姨来了”“e家洁”“云家政”“小马管家”“阿姨帮”等平台，“58到家”“美团网”等大型平台企业也开始参与家政市场。美容保健业平台企业瞄准都市女性的爱美需求，提供美容、美发、美甲、按摩、健身等技师上门服务，如“河狸家”等。社区配送服务平台企业，如“京东到家”等，通过任务众包的形式在社区周边就近采购，实现生鲜、杂货类的上门配送服务，解决“最后一公里”的送货难题。

生活服务类共享平台的发展提高了生活服务的可获得性，释放了服务消费需求，提升了生活质量，并通过不断的创新促成了很多体验性、尝鲜型消费。对于消费者而言，生活服务共享平台极大地方便了生活、优化了体验，如足不出户超市购物、餐厅大厨上门掌勺等。对供给方而言，生活服务共享平台提供了更多的就业机会和更高的工作收入（国家信息中心，2016）。

以“共享厨房”为例，成立于2013年的“爱大厨”是国内首家提供专业厨师上门服务的平台，它能快速找到周边合适的厨师，预约上门做一顿好吃的饭菜，让用户足不出户就可以在家享用美食。成立于2016年的熊猫星厨为餐饮商户提供厨房租赁、线上运营、市场推广等服务，同时为消费者提供外卖订餐服务。“妈妈的菜”是一家由普通居民提供家常菜的餐饮外卖平台，通过让家庭主妇等有闲人士在家就业、分享美食，实现奉献社会、提升自我价值的目的。

（5）共享物流。

共享物流是一种通过共享人力、仓储、信息、技术等资源以实现高效物流的商业模式。例如P2P运输服务平台Nimber。在国内，京东众包是京东推出的一种社会化的全民快递服务。参与者无论是公司白领、大学生，还是大爷大妈，只要年满18周岁，拥有一部智能手机，就可成为一位兼职的众包配送员，完成周边3到5千米范围内商品的2小时配送。人人快递与京东众包类似，旨在将全社会公众都发展为自由快递人，提倡根据自己的行程随程捎带，以此节约社会资源，传递人人参与、互帮互助等生活理念。然而，共享物流概念自产生之日起，就面临着种种争议。一方面在效率和专业性上众包快递远远不如专业的物流公司，另一方面在监管政策上共享物流处于灰色地带，被多地政府叫停，近年来发展趋势不佳。

（6）共享物品。

共享私人物品是最具有分享经济精神的一种商业模式。比如RentMyItems、StreetBank、Streetclub允许人们以免费或收费形式与当地居民分享电动工具等昂贵而不常用的物品。在国内，共享衣橱是相对成功的共享物品业务，如“女神派”“衣二三”“美丽租”等，它解

决了每个女人都会有的“衣橱里永远少一件衣服”的烦恼，只要花上几百元会员费，就能租借当下最流行最时尚的衣服，而不是每年花上几千元、几万元来买衣服。此外，市场上还出现过共享雨伞、共享篮球、共享珠宝等模式。总体来说，上述这些共享平台经历了几年的发展之后，其商业逻辑并没有得到市场的充分验证，或者虽然是从美国的成功商业模式移植而来，但在中国水土不服。相比之下，二手物品交易的发展似乎更加稳健，例如闲置物品捐赠平台Freecycle和淘宝网推出的二手交易平台“闲鱼”，“58赶集”推出的闲置物品交易平台“转转”等。

（7）共享城市。

共享城市是一种新的城市运营理念，它是在城市规划层面上打开封闭的公共空间，提供共享的运动休闲场所、自然景观等；在交通、住宿、办公空间、生活服务、基础设施等方面推广共享经济模式，鼓励企事业单位和普通居民分享其闲置资源，构建全面共享的城市和社区。城市规划层面的共享超出了本书的研究范围，但在部分城市空间的共享上，我们可以举出停车位共享和健身场馆共享的例子，如共享停车位平台“丁丁停车”“吾舍停车”“行呗”，以及共享健身场馆平台“全城热炼”等。

共享经济的诸多细分领域其实可以理解为物品盈余、服务盈余、认知盈余、金融盈余等的分享。从广度来看，共享经济新业态新模式将在各个领域迅速普及应用，在产品、空间、资金、知识技能、劳务、生产能力等领域都将出现越来越多的新型平台企业。从深度来看，共享经济与实体企业的融合将体现在技术融合、产业融合、数据融合、产销融合、虚实融合等诸多层面。

1.1.3 共享经济的商业模式

共享经济商业模式根据资源的供给方和需求方身份的不同和平台角色的不同，可以分为C2C（P2P）、B2C、B2B、C2B2C、B2B2C等类型。

（1）C2C分享模式。

C2C（Customer to Customer）是由个人分享闲置资源给其他个人的

分享模式，而P2P意为“个人对个人”或“点对点”（Peer to Peer, Point to Point），意思与C2C基本一致。C2C模式一般是轻资产的（平台资本投入低的）、低边际成本的（新增一个单位供给的成本低）、具有网络规模效应的（网络的价值随参与人数的增加而几何级增加），按照是否盈利又可以分为“盈利”和“非盈利”两种。

非盈利C2C分享模式是双方互相交换使用资源，而不向对方支付报酬。例如时间银行是通过交换“时间币”来免费交换体验不同的服务；早期的Napster倡导在陌生人之间免费分享数字音乐和电影。这种非营利性的分享模式需要有较强的社会公共意识和信任开放意识。双方不仅是在分享资源，更是在分享共同的情感和文化价值。正是受限于此，非盈利C2C分享模式通常存在发展规模的天花板，仅能成为一种小众的现象，无法扩展为一种普遍的社会经济模式（王家宝等，2016）。

C2C的盈利分享模式是一种点对点有偿分享，这也是当今共享经济实践中发展最快的一种模式，如Airbnb、Uber等。平台方从供需双方的交易中收取中介佣金，这保证了平台方的基本收入来源，使其盈利可期。例如Airbnb向租客收取6%～10%、向房东收取3%的服务费；Uber也向乘客和司机收取服务费。这种模式给供应个体与平台带来了可观的利润和收入，帮助企业节约了管理与人力成本，也更好、更快地满足了住宿以及出行用户的需求。

（2）B2C分享模式。

B2C（Business to Customer）是由企业向个人提供资源使用权的商业模式，相当于租赁模式。B2C模式一般是重资产的（平台资本投入高）、高边际成本的（新增一个单位供给的成本高）、不具有网络规模效应的（网络的价值不随参与人数的增加而几何级增加，而可能是线性增加）。与非盈利C2C分享模式一样，非盈利B2C分享模式平台无法扩大其规模，但知识分享平台是一种例外，比如维基百科，它是基于互联网分享精神，提供一个人人参与编辑的、自由免费的百科全书，其经费完全来源于个人和企业的自发赞助。盈利的B2C分享模式（比如共享住宿领域的途家网）是由一个专业的平台或公司针对大量个人有偿提供服务的。与C2C模式追求用户流量和订单量相反，B2C平台有些类似于传统

企业，它所追求的是总销售收入的最大化。B2C模式最大的优点是平台直接为消费者提供标准的产品和专业的服务，对消费者的信息更改、问题反馈等都能直接进行处理，给用户带来的消费体验较为稳定。例如Zipcar作为共享经济的鼻祖之一，就是一家B2C模式的网上租车公司。尽管Zipcar车辆中也有很少一部分用户分享的汽车，但其绝大部分都是Zipcar平台自己购置和维护的。

（3）B2B分享模式。

B2B（Business to Business）是面向企业用户的分享模式，基本是以营利为目的。与C2C模式是消费者个人之间的分享正好相反。B2B模式是企业之间分享员工、技能、空间等资源的模式。例如，Brand-Gathering为小微企业组织联合营销和品牌活动，WeWork为创业者提供联合办公场地和创业社区服务，猪八戒网为创业企业提供品牌营销、软件开发、知识产权、税务、科技咨询、共享办公等全产业链服务。这些B2B分享模式可以简化企业的运营环境，降低其运营成本，也容易在社区氛围中产生创新的火花（王家宝等，2016）。

（4）C2B2C和B2B2C分享模式。

随着最常见的C2C和B2C分享模式暴露出一些短板和问题，一些平台企业开始完善自身的功能定位，发展出了C2B2C、B2B2C等新的分享模式。二者的相同点是先由平台（即位于中间的B）来对接服务供给方（左边的C或者B），帮助供给方完成对产品和服务的优化和标准化，再提供给终端用户（右边的C）。

总之，共享经济是一种不断深化的商业和社会实践，其创新模式仍然继续在实践中不断孕育出来，需要留待以后进一步总结。

（5）共享经济的理念争议。

随着共享经济在各个细分领域纷纷兴起，“共享经济商业模式的演进是否符合共享经济的精神”这个问题日益成为人们关注的热点。争议的焦点主要有以下两方面：

①C2C分享模式是否已经退化为了自由职业者或个体户的“全职经营”，而失去了普通用户相互分享的本意？

②B2C、B2B分享模式是否应被归入“分时租赁”“传统服务”等

“伪共享”的范畴？它是否真能实现共享经济减少浪费、提高效率的初衷？

这些争议既伴随着共享经济企业的成功，也伴随着它们的失败。当Uber这样的C2C平台企业迅速扩大业务规模的时候，大量以赚钱为目的的专职或兼职司机被吸引到这个行业，很快这种模式就难以被称为“分享闲置资源”的行为了。当摩拜单车这样的B2C平台企业迅速扩张时，这种实际上等同于“分时租赁”的模式被批评为“伪共享”，而被过量投放到大街小巷、最后变成垃圾堆积如山的共享单车也被指为“浪费资源”“破坏环境”。相反，当十分符合共享经济精神的“共享电钻”服务因经营惨淡而关闭时，人们很少反思共享经济是否在原理上或实际运行中出现了什么问题，而把更多的思绪放在“共享经济已死”这样的哀叹上。

回顾共享经济商业模式的发展轨迹，我们发现一个普遍的规律：最初发展起来的共享经济平台一般是C2C或P2P模式，即资源由用户提供，尤其是由那些非职业、非营利的用户提供，平台只起到信息中介的作用，被认为是“真正的共享经济”；后来，资源提供方逐渐变为职业的、盈利的，甚至共享经济平台本身转向B2C模式，即资源由平台提供和维护，用户只是分时段租赁平台提供的资源，被认为不是“真正的共享经济”（当然，C2C常常可以作为B2C的补充而继续存在）。然而，共享经济的本质在于资源的共享和效率的提高，而不在于资源究竟由谁所有，或是不是闲置。

不过，B2C模式并非共享经济发展的终点，正是因为这一模式仍然存在重资产、难以形成网络规模效应、用户缺乏黏性和忠诚度等问题，所以平台企业才会深化其服务功能，与资源提供方深度对接合作，为终端用户提供品质更有可控性的产品和服务，将C2C和B2C这两种模式分别发展为C2B2C和B2B2C模式。

1.1.4 研究问题及其意义

共享经济兴起和发展过程中的一个核心问题是：如何培养和保持共享经济的用户黏性？

互联网经济的第一要素是用户。一种互联网应用如果没有足够多的用户去持续使用，它的网络外部性收益递增和平均成本递减的优势就无从发挥。因此，用户对共享经济服务平台的重复使用，就成为了共享经济平台生存和发展的关键。在互联网经济的分析研究中，“用户黏性”是一个产业界的常用概念，用来描述用户对产品或服务的预期重复使用水平（可以从使用时长、使用频次、消费金额等角度来衡量），以及对相关企业或品牌的忠诚度、良性体验程度、使用习惯等。

对于共享经济这种互联网经济新业态来说，消费者既有觉得新奇、愿意尝试的心态，又有顾虑风险、保持谨慎的心态。此外，由于互联网经济的基本性质使然，用户能够方便地搜索信息、比较价格和服务，并能够对互联网应用发表评论，还能够交流体验，新兴的应用和热点又层出不穷，所以用户的搜索成本和转换成本极低，负面口碑的传播速度极快，注意力资源日益稀缺，这些都对共享经济保持用户黏性的努力构成了巨大挑战，使其比传统行业的品牌忠诚更不易维持。因此，共享经济平台企业在创业之初的最大挑战就是尽快获得和维持足够多的用户数量，促成用户的初次使用（Lin，2007）；在共享经济商业模式的爆发式发展告一段落、用户群体已被基本瓜分完毕后，这些企业的目标则变成了提高和巩固用户的使用频率，促成用户的重复使用，即人们理解的提高“用户黏性”。共享经济发展到一定程度，用户规模之争将让位于用户黏性之争，对用户增量的争夺将转向对用户存量的挖掘，效率、体验、安全将是未来竞争的重点所在。

2017—2018年，中国共享经济的发展进入了一个转折的时期，表现在以下几个方面：其一，企业对共享经济新用户的获取已显乏力，平台企业之间的价格大战和补贴大战硝烟散尽，开始兼并重组，急于寻求回本和盈利。其二，共享经济用户对安全性、隐私性的关切不断增加，相关热点事件成为全社会关注的焦点。其三，不少对于小型生活用品的“奇葩”共享项目如共享雨伞、共享马扎、共享充电宝、共享篮球等也成为了风险资本的投资对象，甚至有人提出“无物不可共享”，反映出共享经济在新业态的开拓上已经濒临“题材耗尽”的局面。在这种情况下，用户黏性就将成为共享经济发展进入“下半场”

后的重要主题，产业界和学术界将对这一问题产生越来越浓厚的研究兴趣。

基于目前所掌握的资料和思考的进展，本书提出了如下研究问题：

（1）共享经济平台用户黏性行为与价值创造的关系。

共享经济的用户黏性越大，是否就能够产生更多的可度量价值？本书将以实证数据验证这一基本逻辑。如果用户黏性对共享经济的价值创造具有显著的正面影响，就可以证明本研究具有一定的实践价值。

（2）共享经济平台用户黏性的主要影响因素。

是什么影响了共享经济平台用户黏性？根据消费者行为理论，本书构建了共享经济用户黏性的影响因素基本模型，并验证了相关构念对用户黏性影响的研究假设。

（3）共享经济平台用户黏性的受损和修复。

共享经济平台用户黏性是否会受损？其影响因素是什么？如何修复？根据本书的用户黏性影响因素模型，信任是共享经济用户黏性的关键影响因素。本书在静态的影响因素分析的基础上，利用社会热点事件创造的自然实验机会，针对共享经济平台企业的用户信任和用户黏性的受损与修复，进一步研究了共享经济用户黏性动态变化的影响因素。

本书对这些问题的研究具有理论和实践两方面的意义。

（1）理论意义。

当前在共享经济商业模式的学术研究中较为缺乏对用户行为，尤其是用户黏性的实证研究，本研究将构建共享经济用户黏性影响因素、黏性受损、黏性恢复的模型，以期为共享经济的核心特征和研究热点之一——“价值共创”创造一定的理论基础。

（2）实践意义。

在共享经济活动中的供需双方“价值共创”过程中，如何吸引和维持足够大的用户群体、引导和巩固用户的重复使用行为？也就是说，用户对共享经济服务平台“黏性”的强弱，成为共享经济平台实现价值共创的关键。因此，研究共享经济平台的用户黏性，对共享经济的可持续发展意义重大。

具体来说，对于参与共享经济活动的个人，只有真正注重优化和改善共享经济活动环节中的感知质量，才能提高参与用户对共享经济活动的感知价值，提高其对共享经济服务提供商的感知信任，使其更好地参与共享经济各项活动。需求方、供给方、平台企业应一起共创价值，得到更好的体验或合适的经济回报。

对于共享经济平台而言，在更加了解客户的心理和行为之后，切实优化服务质量、提升感知价值、增强感知信任，就能更有针对性地提供更优质的服务，以实现共享经济的盈利模式和企业的可持续发展。

对于国家而言，共享经济对于解决我国现阶段产能过剩、加快供给侧结构性改革以及创造新的经济增长点都具有重要意义。各级政府可以依据本研究结论制定更为详细、切合国情的方针政策，在促进鼓励共享经济发展的同时，完善相应的法律规章安全制度等，为共享经济持续、稳定、健康发展提供必要的监督和引导。

1.2 概念界定与文献综述

本书选取的主题“共享经济用户黏性”是一个尚未得到系统论述的研究角度，作者在各大文献数据库中检索，几乎没有主题词既包含“共享经济”、又包含“用户黏性”的研究，即使个别存在同时提及二者的文章也是以共享经济的其他方面问题为主，而且缺乏定量数据。作者在国内外主要数据库（如CNKI中国知网、Web of Science、Emerald、Springer、Google Scholar等）中，通过主题词或关键词分别检索“共享经济”“分享经济”“sharing economy”以及“用户黏性”“持续使用*”“user* stickiness*”“用户行为”“consumer behavior”等，得到中英文文献约200余篇。对相关文献进行梳理后发现，国内外对共享经济的研究仍处于起步阶段，尤其国内文献主要是论述型的定性研究，涉及的主题包括共享经济、分享经济、协同消费的概念与特征，共享单车、网约车、“互联网+”等具体行业及其商业模式，以及相关影响因素、用户体验、感知价值等。

1.2.1 共享经济的概念及相关研究

（1）共享经济与分享经济。

“共享经济”和“分享经济”这两个术语均译自英文sharing economy（或shared economy，这两个词在英语中意义相同，但后者相对于前者来说使用得非常少），两者本不应存在意义上的分歧，但是在中文语境中，二者的含义又确实存在微妙的差别。中文中首先出现的是“分享经济”一词，早在1986年，我国就翻译了美国经济学家Martin L. Weitzman（1984）的著作《分享经济：用分享制代替工资制》（威茨曼，1986），该书的英文原名是*The Share Economy: Conquering Stagflation*，实际上论述的不是本书所研究的共享经济，而是一种企业职工参与利润分享的经济制度设计。由英文share economy来看，这里的share是一语双关的，既指企业的股份又指通过全员持股对企业权益进行分享，但这种分享跟当今分享经济中的分享行为（sharing）并非一个概念。威茨曼的目的在于为资本主义经济克服滞胀找到一条出路，这一点倒是与1978年Felson和Spaeth（1978）提出的协同消费（collaborative consumption）概念不谋而合，这或许是因为早期共享经济思想在供给侧和消费侧几乎同时激发了学者们的灵感。

21世纪以来，随着互联网共享经济模式的兴起，“分享经济”一词首先在中文世界复活。与当时共享经济的发展水平和阶段相对应，分享经济一词确实曾经恰如其分地描述了像Uber车主和Lyft车主、Airbnb房东、JustPark车位所有者、Sharehood友邻这样的资源拥有者的分享行为。但随着共享经济的进一步发展，原来被认为属于全职营运和分时租赁的一些C2C和B2C商业模式，如滴滴打车、摩拜单车等，都被归入共享经济的范畴，此时强调消费者分享自有资源（而非企业或个体经营者拥有资源产权）的“分享经济”的称谓就有些不合时宜了。与此相反，由于“共享经济”一词在中文语境中没有暗示被共享资源的所有者是私人（消费者）还是企业（供给者），所以它不仅可以涵盖“分享经济”的内容，也能与C2C和B2C商业模式相容。在共享经济商业模式从“个人分享”到“平台共享”的这一转变过程中，基于“分享经济”一词中

所隐含的早期共享经济形态的定义，不断有声音质疑那些可归入全职营运和分时租赁范畴的共享经济业态，指责它们不是真正的共享经济（分享经济）。尽管如此，共享经济这一名词还是在中文世界逐渐占据了上风，使得当今共享经济商业模式的概念和实际更加名实相符。

图1-1至图1-3是百度指数对“分享经济”和“共享经济”关键词搜索趋势的统计曲线。从图1-1可以看出，在2008年年中之前，中文网络世界几乎没有对分享经济和共享经济的关注；“共享经济”关键词紧随“分享经济”之后出现，但随后出现的少量信息都采用“分享经济”一词。

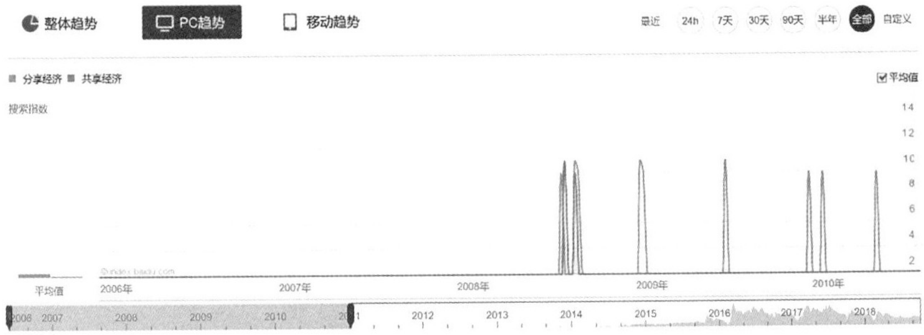

图1-1　2006—2011年“分享经济”和“共享经济”的百度搜索指数

图1-2说明了共享经济概念从鲜为人知到备受关注的变化过程，其中“分享经济”关键词和“共享经济”关键词此消彼长，处于胶着状态。

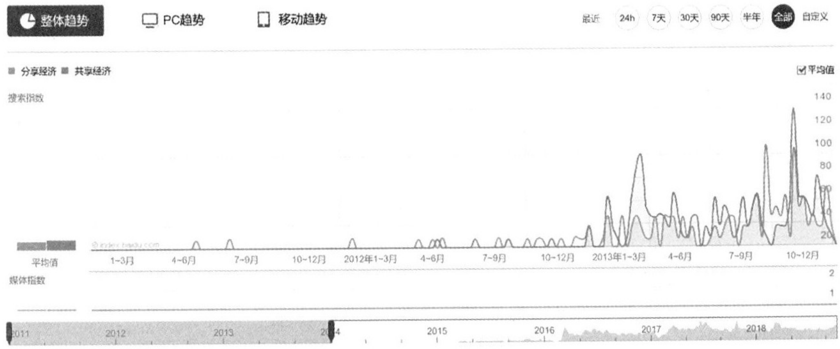

图1-2　2011—2014年“分享经济”和“共享经济”的百度搜索指数

图1-3显示了共享经济的社会关注度日益提高的过程。在这一过程中，“共享经济”这一关键词逐渐占据了上风。

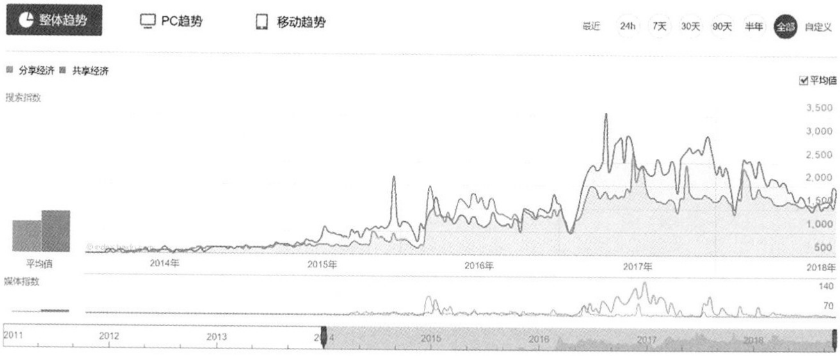

图 1-3　2014—2018 年“分享经济”和“共享经济”的百度搜索指数

为了与全球对共享经济的关注趋势形成对照，作者还在谷歌趋势中查找了“sharing economy”关键词，得到了图 1-4。可以看出，在英文世界，人们对于共享经济一直保持着一定的关注，但仅限于小范围的讨论；2013—2014 年，共享经济在西方世界开始走红，与国内共享经济概念的兴起基本同步，至 2015 年其关注度已呈现井喷式发展的状态。自 2016 年起，共享经济在西方的关注度达到了现在的水平，趋于高位震荡的状态。

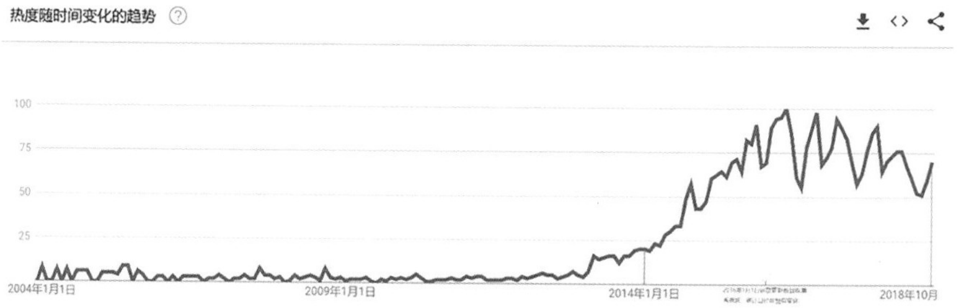

图 1-4　2004—2018 年“sharing economy”的谷歌搜索趋势

由于人们对于共享经济的理解不尽相同，本书有必要对共享经济的概念进行辨析。下文中将不加区别地使用“共享经济”和“分享经济”这两个术语，以文献来源中的原文所选用的术语为准。国家“十三五”规划纲要中提到了“分享经济”，但没有给出相关的定义。结合其上下文语境可知，分享经济是互联网现代信息技术和经济社会融合的产物，是一种基于互联网的商业模式创新。在《中国分享经济发展报告 2016》中，分享经济被定义为“利用互联网等现代信息技术整合、分享海量分

散限制资源，满足多样化需求的经济活动总和，是信息革命发展到一定阶段后出现的新型经济形态”。维基百科认为，共享经济是一种介于产权拥有和礼物交换之间的混合市场模式，基于网络社区中的协作，以个体对个体（P2P）模式分享商品及服务的使用权（access），其三大驱动力是：观念上从拥有产权到分享使用权的转变，社会关系层面的关于互联网社交网络的形成，以及技术层面移动设备的联网使得分享行为更加便利。Hamari等（2016）将共享经济定义为“通过基于社区的在线服务来获得、给予或分享物品和服务的使用的点对点的活动”。最早的共享经济平台企业之一——Zipcar的创始人罗宾·蔡斯（2015）提出，产能过剩（闲置资源）、共享平台和人人参与是共享经济的三要素。社会过剩、闲置资源的存在为供给方和需求方之间物质资料的共享提供了客观条件，有助于提升经济配置效率；共享平台则为供给方和需求方之间的搜寻匹配提供了技术支持。卢现祥（2016）认为共享经济模式有助于产品生产者与消费者的直接对接；鼓励组织和个人合作，促进人与人之间以互信的方式共处，进而实现释放增长潜能、改变需求结构、降低均衡利率的作用。董成惠（2016）认为共享经济的理念是人与人之间互帮互助的动态社会行为，在“共享”模式下，将所有权的理念弱化，更加强调个体之间的分享合作、社交和忠诚。Benkler（2004）提出了一个简洁的定义，认为分享是“非互惠亲社交的行为”。Horton和Zeckhauser（2016）检验了共享经济模式在短期和长期中对产权和消费的影响，认为产权的变化情况取决于个人对物品未来使用计划的前瞻性评估。

（2）共享经济与协同消费。

共享经济与Felson和Spaeth（1978）最早提出的协同消费的概念既有相似之处，又有不同之处。Hamari等（2015）研究了一系列各具特点的协同消费服务模式，并指出经济交易是这些协同消费模式的本质内容。Belk（2014）则对协同消费包含经济交换提出了质疑。然而，主流媒体只定义协同消费为“基于分享、交换、贸易或租借产品和服务的经济模式，强调使用而非所有权”（Botsman，2013）。与其不同的是，共享经济的定义既包括协同消费的社会经济方面，又包括技术方面，并主要基于互联网在线交易，而非传统的实物交换。

关于共享经济平台，Buczynski（2013）和Tussyadiah（2016）指出闲置的商品或服务完全分散在整个社群中，由其中的部分个体所拥有，社群中没有资源所有权的个体，则可以拥有这些资源的使用权，整个社区可以通过共享经济平台实现个体之间资源的共享。Belk（2007）认为在这样的平台上，私人聚集在一起以“点对点”的形式大规模分享产品和服务，点对点模式使得可持续、方便、成本较低的消费模式得以产生，替代传统的消费方式。Belk（2014）列举不同共享经济平台的例子，并论证了他们的共同点：消费物品的短期使用无所有权，并且依赖网络。Einav等（2015）研究了P2P企业相对于传统企业更为流行的原因，他们强调平台的作用是匹配买者和卖者以及维持声誉制度。Eckhardt & Bardhi（2015）认为共享经济能够实现产品和服务的交换，许多企业通过为消费者提供增值服务以实现去中介化。Schor（2014）将共享平台划分为营利和非营利两种组织性质（“市场导向”维度），以及P2P和B2C两种供给模式（“市场结构”维度），从而划分出了（P2P，非营利）、（P2P，营利）、（B2C，非营利）、（B2C，营利）四种共享经济平台类型。

已有不少研究定性分析了共享经济的特征及其影响因素。Edelman和Geradin（2015）分析了P2P共享租赁市场的效率提升，比如减少交易费用、增加配置效率等。Belk（2007）指出“共享”是将自己的东西分给他人使用或从他处获得物品及服务为自己所用的行为过程。个人对个人的市场，被广泛地认为是分享经济，它已经被长期的传统企业提供的产品和服务占据。学者们对这些分享经济平台的一个中心议题是它们对现存企业的影响。Zervas等（2015）分析了Airbnb进入美国得克萨斯州短租市场对现存酒店企业的影响，发现共享平台成功地从传统企业那里争得了市场份额，对后者造成了威胁。Hampshire和Gaites（2011）分析了P2P汽车分享在美国宾夕法尼亚州匹兹堡市的发展前景。Fraiberger和Sundararajan（2015）发现P2P汽车租赁市场通过将汽车的购买需求替代为租赁需求，改善了中低收入阶层的经济处境，在另一方面又促进了人们的汽车购买以获取租金收入。

共享经济的产生实则受到社会环境和技术条件的双重作用，其中，

社会环境因素主要包括经济危机的暴发、生态环境的恶化以及消费观念的改变；网络技术的发展和信任机制的建立也进一步促进了共享经济的发展。消费观念的改变也在一定程度上推动了共享经济的发展。20世纪的价值观中，人们对于有价资产带来的身份象征会很在意，但随着物质的极大饱和，人们愿意分享的东西从有形转向无形。在这样的文化因素影响下，“所有权”逐渐被弱化，人们更倾向于“轻资产”的消费模式（Botsman & Rogers，2010）。Belk（2013）认为消费者的偏好由关注商品和服务的所有权到使用权可以解释共享经济规模为什么会迅速增长。消费观念的变化是需求端参与共享经济的动机。从宏观环境的视角来看，共享经济模式的诞生与消费态度和消费行为的转变相关（Bardhi & Eckhardt，2012），而对可持续消费和节约成本的渴望、社交网络和移动技术的发展等各种社会和经济压力则是导致消费者行为转变的动因。学术界有关共享经济的文献中，主要有几类：研究分享的心理机制；从法规和金融功能视角研究分享；研究P2P分享交易的特点；研究在汽车、住房、或玩具等不同领域中的分享（Heo，2016）。Belk（2007）认为，“共享”是指将我们的东西分配给他人使用，或者从他人获得物品和服务为我们所用的行为和过程。

综上，作者认为共享经济是一种以促进经济资源在社会成员中的共同使用和合理流转为内容，以提高资源利用效率与满足多样化需求为目的，以互联网信息技术为具体实现手段的现代经济理念和商业模式。针对不同的概念表达，本研究将统一以“共享经济”的概念来描述这种共享模式下的商业活动。

1.2.2 用户黏性的概念及相关研究

共享经济的发展离不开用户的持续参与，而持续参与的背后，是具有高忠诚度的用户群体。用户黏性表现了用户的重复使用行为和心理意向，是共享经济平台存在和持续发展的重要基础。用户黏性对企业保持市场占有率、提高网站留存率和转化率、降低市场运营成本十分重要，因此长期成为营销学、信息系统等领域的研究热点。

传统营销学领域中，顾客黏性（customer stickiness）已经得到了

长期的研究，它的典型定义是："在一定时间内对特定商品或服务的重复购买行为"（Copeland，1923）。在企业管理实践和许多研究中，顾客黏性以重复购买的次数测量，被定义为"自从第一次购买后的特定时间（一个月）内重购的次数"。重购是评价运营表现的重要指标，被认为可以更好地代表"通过重复开展营销活动留住老顾客的效果"（Copeland，1923）。浏览的平均时间或点击率等其他指标反映的是网站对用户的留存率，它们只测量网站是否被访问，而不是订单是否发生（Nemzow，1999）。在互联网行业，用户黏性（user stickiness）被定义为网站吸引并保持用户的能力（Zott et al. 2000），能增加人们购买商品、服务或浏览广告的机会（Koh & Kim 2004），也有人认为用户黏性就是用户与网站关系的亲密程度。消费者返回网站的次数和在网站停留的时间被用来测量网站的用户黏性（Lin，2007）。贾丽坤（2016）认为用户黏性主要表现在用户对网站的依赖程度及访问行为，用户黏性的改变是消费者心理及行为方式的改变，黏性行为是用户偏好转变的结果，而偏好的转变可能出于用户对某些产品服务的不自主关心。基于现有研究，作者认为共享经济的用户黏性是：用户持续访问共享经济平台的偏好和行为。

当前对网络用户黏性影响因素的研究大多集中于网站的技术和设计、用户情感体验等方面。Guinea和Markus（2009）将已有的信息技术持续使用研究归纳为三类影响因素理论：（1）认知理性决策理论，主要涉及期望、信念、经验等因素，它假设用户的持续使用是基于对IT技术的理性评价，例如感知有用性、感知易用性等；（2）情感理论，即认为用户的持续使用决策主要依赖情感因素，例如用户满意度等；（3）习惯理论，即认为用户持续使用是在一个稳定的环境因素中的无意识的重复行为习惯。学界对一些不同的行业领域进行过用户黏性的研究，例如Zott等（2000）对电子商务的研究，Lin（2007）对在线购买行为的研究，Wu（2011）对社交网站使用行为的研究，Lu和Lee（2010）对博客黏性的研究等。

已有研究探讨了用户满意度或用户忠诚的影响因素，但对用户黏性影响因素的研究仍然不够充分。关于用户黏性的生理和心理基础，Liu

等（2014）通过眼动实验发现用户注意力主要集中在页面的中央区域，这可能影响到用户的网络购物黏性。刘齐平（2015）总结了已有的经济学、社会学、管理学等领域的用户偏好研究，认为用户偏好分长期和短期偏好、固定和可变偏好等类型，而用户偏好决定着用户黏性。传统营销学研究一般认为用户满意直接影响了用户黏性（如Rust & Zahorik，1993；Rust，Zahorik & Keiningham，1995；Hallowell，1996），但近期研究则认为感知有用性是更重要的影响因素。Lin（2007）指出网站用户黏性的影响因素包括用户的满意度、信任和网站内容的感知有用性。更进一步的研究表明，受在线交易较大的感知风险影响，用户满意度对用户黏性的直接影响并不显著，而是通过影响用户信任而间接影响用户黏性；网站内容的感知有用性对用户黏性的直接影响则更大，且对用户满意度和信任也有显著影响（Reichheld & Schefter，2000；Gefen，2000；Lin & Lu，2000）。

在实践领域，Zott等（2000）在统计意义上证实了提高用户黏性是增加在线交易的关键。对于电子商务企业来说，拥有更强的用户黏性可以大大节省营销支出。在网上零售商的营销预算中，用于吸引新顾客的预算占3/4，而用于保留老顾客的只占1/4；平均来看，开发一个新顾客的成本是保持一个老顾客的成本的5倍以上。对于一般的互联网企业来说，用户黏性也提供了比页面访问量和点击率更能展现网站吸引力的度量方式。因此，研究用户黏性的影响因素有着巨大的管理意义。短期黏性可以通过品牌营销和顾客关系管理等方面的努力取得，但很容易被竞争者模仿。长期黏性需要在一段时间内提高用户的潜在转换成本，以防止顾客流失（Nemzow，1999）。

1.2.3 现有研究的不足

随着共享经济模式被广泛关注，本领域的研究文献也在不断扩充。在研究内容上，共享经济的内涵界定、运行机制、商业模式、发展趋势、对传统经济形态的重构以及面临的监管问题等都是研究的热点问题，但对共享经济模式下消费者行为和企业管理的新范式、新规律的挖掘仍然不足。在理论上，已有研究多从用户的参与契合（如社

区精神、自我兴趣）或价值因素（如感知效用、体验价值）出发来解释在各种特定情境下分享行为的心理机制，但对共享经济用户的重复使用行为仍然缺乏广为接受的理论。在方法上，已有研究以定性分析和推断性分析居多，很少运用定量实证方法。Heo（2016）认为，尽管分享经济已经得到了多角度的研究，但仍然缺乏对分享的理论讨论和社会文化分析。Hamari等（2015）鼓励对共享经济进行更多有关所有权、用户使用和分享等方面的理论研究，使人们能更好地理解“分享”“所有”“使用”“联合消费”等构念的复杂、动态和社会嵌入性质，并揭示共享经济模式在社会公益、交通出行等新兴领域的价值、机会和最佳实践，以及对当地社会的潜在影响。此外，用户对共享经济的态度和意向的定量研究也是当前所缺乏的。总之，共享经济作为一种新生事物，仍处于现象和文本的初级解读阶段，理论深度有待加强，有较大的创新空间。

尽管一些研究从不同方面探讨了共享经济用户参与的影响因素，但对于共享经济用户黏性（即重复、持续的参与行为）仍然缺乏系统性的理论和经验研究。首先，现有的研究对影响用户参与的因素基本上是对某个行业的情况就事论事，缺乏理论高度；更重要的是，现有的研究大多以分享行为作为被解释变量，没有意识到共享经济的基础不仅仅是随机、偶然的参与行为，更重要的是主动、重复的参与行为，即用户黏性行为——其背后隐含着用户对共享平台的认可和信任。共享经济这种新型商业模式，是否具有用户黏性和长久的生命力？近几年在共享经济平台企业轮番进行的价格大战和补贴大战的营销造势下，各种类型的用户纷纷注册参与、学习使用方法、形成使用习惯，那么在此之后他们的黏性培养情况如何？共享经济企业是否能够可持续发展，存量市场中的用户黏性是否能维持下去？共享经济用户黏性受到哪些因素的影响？如何提高共享经济用户黏性，如何恢复因为危机事件损失的用户信任和用户黏性？如何吸引和维持足够大的用户群体、引导和巩固用户的重复使用行为？鉴于已有关于共享经济及相关行为的研究不足，研究者有必要更多地探讨以上问题。

1.3 本书研究思路与方法

1.3.1 本书内容与思路

在共享经济的问题域中，有不少值得研究的问题。本书主要对用户黏性及价值共创问题展开探讨。基于CAB消费者行为模型和问卷调查、网络爬虫数据，本书对共享经济用户黏性行为及其影响因素进行实证分析，并深入探讨用户黏性的关键影响因素之一——“用户的感知信任”的动态变化机制。具体思路如下：

第1章绪论，重点介绍研究的背景、相关文献综述、研究目的、研究方法、技术路线图与创新点等。主要对论文的思路及内容进行一个简要的介绍，首先是对研究背景的介绍，并逐一引出本论文的几个研究问题。

第2章通过介绍共享经济的产生与发展的历史及未来趋势，对共享经济商业模式进行了较为详细的阐述。在纵向上，将共享经济的发展历程分为萌芽期（2000年以前）、成长期（2000—2008年）、爆发期（2008—2017年初）、调整期（2017年下半年至今）等四个阶段，并预测了其商业模式的未来发展趋势；在横向上，分别论述共享出行、共享住宿、共享办公、共享金融、知识技能分享等领域的发展过程。

第3章理论基础，围绕共享经济的用户黏性，本书从价值共创理论、态度ABC模型、认知决策理论、服务质量理论、价值理论、信任理论展开研究。分别介绍了相关理论的概念与特点，并阐述了理论作为本研究理论基础的可行性。

第4章以服务主导逻辑中的价值共创理论为视角，从“在行网”爬虫销售数据、第一手文本资料数据着手，探讨知识共享经济用户黏性的前因后果，包括用户黏性的影响因素及用户黏性与价值创造的关系。对知识共享领域中真实的“在行网”专家、学员、课程等的爬虫数据进行分析，结果发现用户评价等黏性行为显著影响销售额（即显著影响知识共享经济所创造的真实价值），并且对用户评价进行文本分析，发现其结果基本符合本研究提出的用户黏性CAB模型。

第5章基于消费者行为理论，构建共享经济用户黏性的影响因素模型，我们提出的假设都通过结构方程模型予以检验和论证，得出了感知质量通过对感知价值和感知信任产生影响从而对用户黏性产生影响的“CAB认知—情感—行为模型”，并使用结构方程模型方法验证共享经济用户的黏性机理模型。以态度ABC模型、认知决策理论、服务质量、价值、信任理论为基础，结合调查问卷数据，对共享经济用户黏性的影响因素进行实证研究。

第6章在网约车出现伤害事件的背景下，以信任受损、信任修复等理论为切入点，研究危机事件导致的共享经济用户动态黏性的受损与修复机制。

第7章是对研究内容的总结和概括，主要是阐述研究的结论以及对管理实践的启示，并指出研究的局限和未来的研究方向。

基于上述分析，本研究采取的技术路线如图1-5所示。

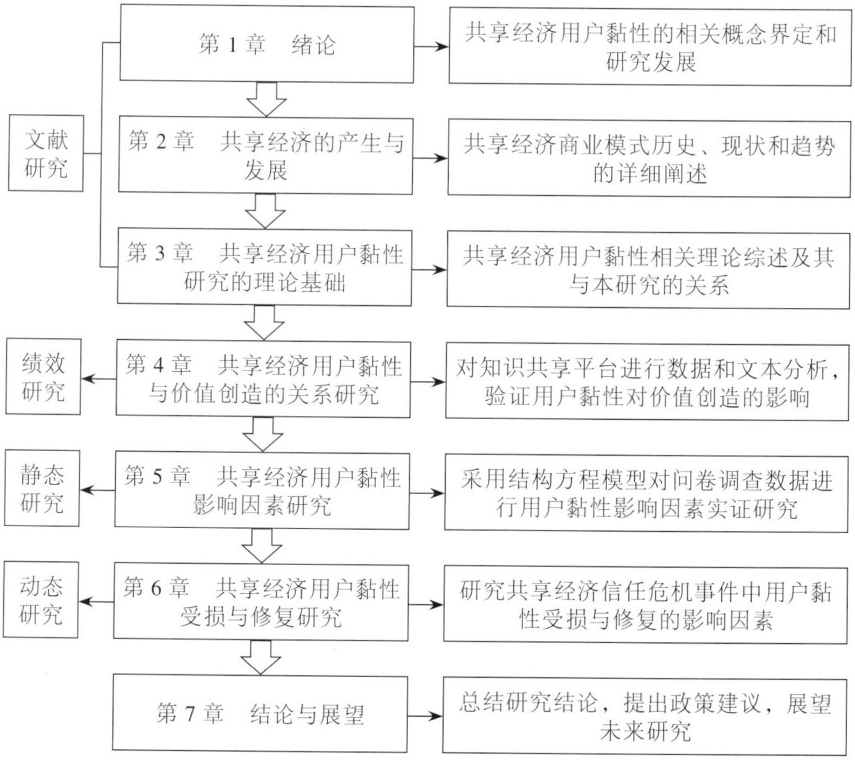

图1-5　本书的技术路线图

1.3.2 研究方法

本研究综合考虑了研究方法的优选及其组合运用，所采用的具体研究方法包括文献阅读分析方法、理论推演法、扎根分析方法、问卷调查法、结构方程模型分析法、网络爬虫分析法、多元回归分析法等研究方法，探讨和验证用户参与共享经济商业模式的黏性影响因素，以及分析用户黏性对价值创造的机理效用。

1.文献研究

文献研究是本书研究工作得以开展的前提之一，文献分析方法是通过对国内外相关领域的文献进行全面的搜集和归类整理，分析领域中的整体研究历程以及不足之处，为本研究提供理论支持和启发，并确定基本的研究框架。

2.理论推演法

理论推演法属于定性研究，本研究在相关信息管理系统学、经济学等理论的基础上，对用户黏性的各项关键因素进行逻辑推理和抽象提炼。研究系统梳理了国内外有关共享经济及用户黏性相关的文献，以服务主导逻辑的价值共创理论、消费者行为的态度ABC理论、服务质量理论、顾客价值理论、信任相关理论为基础，构建了本研究的共享经济用户黏性的价值创造、影响因素、受损与修复等相关理论模型。

3.扎根分析方法

扎根分析方法（或称“扎根理论分析法”）是一种自下而上发展理论研究的方法，研究人员通过对定性资料进行搜集、概念化和分类，将定性资料归为不同范畴，并找到范畴间的内在联系，形成新理论。扎根分析方法一般包括：开放式编码、主轴编码、核心编码、理论饱和度检验等基本步骤。本研究对发布在知识共享经济平台“在行网”中的用户评论信息进行理论分析，验证共享经济中的用户黏性机制。

4.实证研究

实证研究遵循基本的研究范式，从实践中提炼研究问题，根据研究问题进行文献回顾，找到相关理论支撑，构建研究模型，使用成熟量表制作问卷，获取调查数据，并利用回归分析法、结构方程模型分析法等

方法检验研究假设，对所得出的结果进行分析讨论，形成定量的结论，解释变量和变量之间的关系，以及事物发展的规律和趋势。问卷调查方法是社会科学定量研究中的一种常用的方法，是根据研究目的设计一系列的相关问题，通过网上推送和当面发放两种形式，邀请大量被调查者回答问卷，整理分析相关信息。运用SPSS统计软件对收集的数据进行信度分析、效度分析和其他相关及回归检验，运用AMOS统计软件对模型进行验证，以保证研究模型的可靠性和解释能力，保证本研究结论的普适性。本研究在共享经济用户黏性影响因素，以及危机事件背景下的黏性受损与修复模型的构建和验证的过程中，采用了实证研究的方法。通过系统地、直接地采用网络自填式问卷的方法获取研究对象的经验数据，并采用统计分析的方法对理论假设和概念模型进行验证，探讨自变量与因变量之间的关系。

5.案例研究法

案例研究与实证研究、规范研究同属于三大主要的研究方法。因为每种研究方法都各有优缺点，学者们注重强调多种研究方法的结合，使用定性、定量等不同研究方法，以强化研究结果的可靠性。本研究依照全循环研究方法的思路，采用“理论构建+实证研究+案例检验”，选取了具有代表性的知识分享经济“在行网”进行案例研究，利用爬虫软件获取“在行网”中1609门课程、644位行家和1.8万余条评论的详细数据，并通过量化分析软件检验用户黏性行为与实际销售额价值等的相关关系，以及评论内容的CAB模型构建。

1.3.3 主要创新点

1.在研究角度方面

除了Lin（2007）之外，目前几乎没有对共享经济的用户黏性行为的实证研究。本书从一个较新的角度丰富了用户在互联网时代参与共享经济的行为研究，而且比目前较多的用户分享行为影响因素研究更加切合共享经济商业模式的最新发展趋势。

2.在研究方法方面

本书综合运用多元回归、扎根理论分析法、文本分析法、结构方程

模型分析法、主成分回归分析法等多样化的方法，研究了共享经济用户黏性行为对价值创造的影响，以及它的静态和动态影响因素。在相关理论的基础上，本书分析了共享经济用户黏性的静态影响因素及动态受损与恢复的机理，运用SPSS统计软件对收集的数据进行了信度分析、效度分析和其他相关检验，并运用AMOS统计软件对模型进行了验证。

3.在研究结果方面

本书摆脱了过去共享经济研究过于注重“社交黏性”的思维定式，更加强调平台服务商对用户黏性的积极影响，由此对接和创新了传统服务质量理论，实现了共享经济理论的与时俱进；运用CAB理论模型，为尚处于概念形成阶段的价值共创理论提供了较为坚实的理论基础和实证检验，并由此厘清了共享经济用户黏性的形成机制及其与平台服务质量和价值创造过程的关系。本书研究发现，“认知（cognition）-情感（affect）-行为（behavior）”的消费者态度模型能很好地描述共享经济的用户黏性特征，用户黏性对知识共享平台的价值创造有显著正影响；感知服务质量显著影响感知价值和信任/风险，后两者又显著影响共享经济用户黏性；感知价值对用户黏性的影响不如信任/风险因素对用户黏性的影响那么大；用户黏性受损的幅度受用户对事件归因方式的影响：“内部归因”会强化信任受损和黏性受损，“外部归因”会缓解信任受损和黏性受损；企业采取的信任和黏性修复策略的效果与用户的归因方式有显著的交互影响：当用户更多地采取内部归因时，企业采用功能性信任修复策略效果较好；当用户更多地采取外部归因时，企业采用情感性信任修复策略效果较好。

第2章　共享经济的产生与发展

共享经济是在互联网技术条件下，通过对闲置或盈余商品、服务、知识等资源的分享、共用、交换等行为，提高社会整体资源利用效率的商业模式。

共享经济的微观行为基础是人的分享或共享行为。正如“独乐乐不如众乐乐”“人人为我、我为人人”等谚语所表达的那样，分享和共享的精神根植于人类的天性之中。儿童很早就会根据社会期望和互惠关系来调整自己的分享行为（Staub & Sherk，1970）。据经济人类学的文献记载，在不存在私有财产的原始氏族社会，劳动产品的流通是以使用权交换的模式运转的（计海庆，成素梅，2016）。

不仅如此，分享或共享也是社会综合利用经济资源的一种常见形式，分享经济或共享经济的概念并不新鲜，有着相当平凡和古老的思想和实践渊源。尽管出发点与此处的论述有所不同，但亚当·斯密在《道德情操论》中也提出社会财富在不同阶层之间的“分享”是一种普遍的现象，这一点甚至不以人的私利和主观意志为转移。他写道：“骄傲而冷酷的地主……不得不把自己所消费不了的东西分给用最好的方法来帮

他做事的人”，并且“同穷人一样分享他们所做一切改良的成果。一只看不见的手引导他们对生活必需品作出几乎同土地在平均分配给全体居民的情况下所能作出的一样的分配，从而不知不觉地增进了社会利益……在这种分配中似乎被忽略了的人……也享用着他们在全部土地产品中所占有的份额。”（斯密，1759/2009，卷四第一章）

事实上，只要一种经济资源流通于社会之中，而且在被私人独占时是不经济的，就有可能出现某种分享或共享使用的经济安排。例如金融市场就可以看成一种典型的共享经济：暂时闲置的货币通过银行这个中介平台有偿分享给他人使用，由此使资本成为一种社会共享的资源。又如，诺贝尔经济学奖得主埃莉诺·奥斯特罗姆所研究的“公共池塘”（common pool）经济也可以被理解为一种共享经济（Ostrom et al., 1994）。

尽管是以人类社会的基本性质和经济原理为基础的，但当今起源于硅谷并盛行于全世界的“分享经济”或“共享经济”仍然是一种基于互联网新技术和新商业模式的新生事物。互联网的海量信息传递和处理能力，使得参与分享的用户更多样、资源更丰富、领域更广泛、操作更便捷，很多过去无法想象的分享形态开始成为现实，例如共享单车，今天已变得稀松平常。从经济学的角度来说，共享经济这一新型商业模式出现的根本原因是互联网信息技术的进步，尤其是近年来移动互联网的发展极大地降低了全社会的交易成本，激发了大量原来处于沉睡状态的有效供给和需求，使得原来不够经济的一些资源分享形式浮出水面。

基于互联网的现代共享经济的发展历程主要可分为五个时期：萌芽期、诞生期、成长期、爆发期、蜕变期。

2.1 萌芽期（2000年以前）

在这一阶段，随着“协同消费”和“开源运动”的兴起和发展，共享经济理念和实践在西方国家初步形成。

现代的“共享经济”概念最早可以追溯到Felson和Spaeth（1978）提出的“协同消费”或“合作式消费”（Collaborative Consumption）模

式，他们将其定义为多人基于社区关系实现物品和服务的共同占有和共同使用的行为，认为人们需要的是产品的使用价值而非产品本身，共享比购买更实惠，能减轻过度消费、污染、贫困等社会问题。尽管并非产生于互联网时代，协同消费模式在今天也借助网络社区获得了新的生命力（Algar，2007；Botsman & Rogers，2010；Hamari，2015）。协同消费模式强调对于有形或无形资产（包括时间、空间、知识等）宜采取“按需获取”而不是“个人独占”、资源节约而不是过度消费的策略，可以说是现代共享经济“去所有权”和“闲置即浪费”理念的鼻祖。

共享经济的最初实践甚至可以追溯到更早的时期。1965年，在荷兰阿姆斯特丹出现了全球第一代公共自行车系统，其特点是无押金、无租金、无固定还车点，理念非常超前，很接近于现在的共享单车。一些普通的自行车被刷成了具有统一标识的“小白车”，不上锁地放在路边，希望能成为市民代步的好帮手。但是，当时还没有现在这样能获取用户信息、确定车辆位置、远程自动解锁的信息技术，很多自行车被偷走或破坏，导致这一计划很快就夭折了。1995年，丹麦哥本哈根推出了第二代公共自行车系统，其特点是有押金、有固定停车点、投币使用。到20世纪90年代末，欧洲的公共自行车租赁行业开始采用计算机、无线通信和互联网技术，实现了数字化管理和运营，由此诞生了第三代公共自行车系统。但直到2007年，第一家真正基于互联网的共享单车公司Velib才在法国巴黎诞生，其运营模式类似于2009年以后在中国很多城市出现的有桩公共自行车系统。由此可见，如果没有信息技术的发展，共享经济的理念就不可能在实际生活中被大规模应用。

或许并非巧合，现代共享经济的信息技术基石——软件和互联网技术，从其发展伊始，就融入了自由分享的黑客文化基因，而在软件商业化大潮的冲击下出现的“自由软件运动”和“开源软件运动”则更进一步确认和发扬了这种分享文化，为基于互联网的共享经济播下了思想和技术的种子，也为知识共享经济奠定了深厚的社会文化基础。

在软件产业发展之初的20世纪60至70年代，由于软件还没有商品化，其知识产权规范尚不明确，而复制和传播知识的边际成本几乎为零，所以在当时的程序员圈子中流行着自由探索、自由分享的黑客文

化。他们不仅可以在网上自由查阅、下载、借鉴、修改源代码，最终的成果由所有参与者共享，而且可以不断得到其他同行的反馈、启发、激励和支持。1969年，在技术人员自由讨论、开放源码的黑客社区式氛围中，互联网诞生于一个由美国国防部领导的科研机构ARPA（Advanced Research Projects Agency）。互联网是沟通、信任和分享的产物，它所创造的奇迹是商业利益驱动下的软件开发企业难以企及的。

但随着软件产品不可避免地走向商品化，1976年，21岁的比尔·盖茨在一封题为“致计算机爱好者的公开信”中呼吁保护软件知识产权，停止自由复制和传播商业软件的行为。此后，越来越多的软件公司效仿微软公司封锁了源代码，甚至连UNIX、LISP这样的老牌自由软件也走上了商业化的道路。商业软件的源代码不再能够自由获取和修改，维系多年的黑客分享文化成了无源之水。出于对软件商业化和封闭化潮流的反抗，1983年春，MIT人工智能实验室的传奇黑客Richard Stallman发起了旨在开发自由软件操作系统的GNU项目，并于1985年10月创立了非营利机构“自由软件基金会”（Free Software Foundation，FSF），自由软件运动由此开始。根据Stallman的定义，“自由软件（free software）是用户有运行、复制、分发、研究、修改和改进自由的软件。因此，自由软件的重点在于自由权，而非价格。”自由软件的英文“free”指的是“free spech”（言论自由）中的“free”（自由），而不是“free beer”（免费啤酒）中的“free”（免费）——自由软件并不意味着免费，其相关产品及服务是完全可以收费和商用的。为了保障自由软件的分享权利不受破坏，Stallman创造了与传统“著作权”（copyright）完全相左的“著佐权”（copyleft）概念，以及与之相配合的“自由软件的护身符”——GNU通用公共许可协议（GNU General Public License，GPL）。GPL允许任何人查看、修改和再发布原程序的源代码，而且规定其任何衍生程序都仍然遵循GPL协议（即必须保持自由软件属性）。著佐权同样包含受法律保护的著作权，但与著作权不同的是，著佐权在法律层面保护产品被分享、被修改、被传播的权利。在科学界，科学工作者允许他人自由检验、使用、拓展自己的成果，这是一种普适的科学规范；在软件学界，这一科学规范顶经受了商业化的挑战，通过自由软件协议固定下来。

然而，由于GPL协议对其衍生软件具有“传染性”，妨碍了正常的商业运作，因此秉承理想主义信念的自由软件运动受到商业社区的排挤。在这种情况下，保持软件开源但对衍生软件商用和闭源放宽限制的开源软件协议应运而生。1997年5月，美国程序员Eric Raymond在其文章《大教堂与集市》（Raymond，1999）中提出了“开放源代码软件”（开源软件）的概念，希望在继承自由软件运动优良传统的基础上更好地平衡开放理念和商业利益。1998年1月，在与微软IE的浏览器大战中败北的网景公司（Netscape）将其网页浏览器开源，成为第一个拥抱开源软件运动的大公司。1998年2月3日，Raymond等人成立了后来被命名为“开放源代码促进会”（Open Source Initiative，OSI）的组织，标志了开源软件运动的正式开始。由于开源软件协议对软件的商业化开发比GPL协议更为友好，因此开源软件运动获得了更大的成功和更高的市场认可度，其最显著的标志就是它得到了许多大公司的支持，也给这些公司带来了更大的收益。此后，越来越多的企业和个人投身到开源软件的开发和推广进程中，开源运动开始大行其道。

为自由软件和开源软件运动安放最关键的一块拱心石的是GNU/Linux操作系统，它是开源运动最为经典的成功范例，体现了“自由、开放、共享”这一开源精神的强大激励和动员能力。作为一种高质量的类UNIX操作系统，Linux系统的内核由芬兰程序员Linus Torvalds于1991年10月5日首次发布，并在之后不断改良，至今已占据服务器操作系统95%以上、手机操作系统80%以上的市场份额。Linux其实不是Linus一个人的作品，Linus是一个优秀的项目组织者，他不仅借用了大量GNU开源代码，还将尽可能多的工作委托给了参与项目的热心网友。以Linux为核心，庞大的互联网开源社区建立起来了，吸引了越来越多以编程为乐趣的优秀程序员热情加入。它的成功是自下而上的分享型、“集市式”开发模式对自上而下的管控型、“教堂式”开发模式的颠覆（Raymond，1999）。

开源软件运动最重要的成就，是建立起了一种活跃的开源社区分享文化。开源软件产品并没有受到版权法规的严密保护，但可以在快节奏、低成本开发的同时保证产品质量和技术创新，这应该归功于开源软

件拥有一个由乐于创造的技术人员组成的分享社区。在适当的社区文化激励下，社区成员能够协作完成许多传统企业需要花费大量资金才能完成的任务。从黑客文化到开源文化这一路传承发展而来的共享精神和共享实践，对互联网共享经济创业产生了深刻影响。汽车分享平台Zipcar创始人Robin Chase认为："自由开源软件的例子在我们探索平台发展的道路上起到了很好的启示作用。"停车位分享平台JustPark创始人Alex Stephany认为："计算机黑客认为共同利益源于自由使用电脑和分散化合作。这些价值观对于创立P2P分享经济商业模式的人来说非常珍贵。"（计海庆，成素梅，2016）。

互联网共享经济是互联网开源共享精神从软件信息领域向实物商品领域迁移的产物，也是实物商品领域的最初共享实践借助互联网发展的产物。根据安德森（Anderson，2006）的长尾理论，互联网是一个包含了几乎所有的现有商品和可能商品的展示平台，也汇总了几乎所有的需求信息，而互联网商业的优势正是对各种供求信息进行细分和匹配。在这一点上，互联网共享经济也不例外，它所实现的也不外乎供需双方的聚合以及供需信息的匹配。当分享的对象从信息发展到了实物，由于实物存在一定的边际成本和折旧损耗，共享不再能够做到免费，但因为供求信息的开放降低了交易成本，而分享的对象又是机会成本很低的闲置资源，所以相对于传统经济，共享经济仍然具有效率上的优势。只有到了互联网技术和商业模式为便捷的分享行为提供了现实可行性之后，协同消费运动、自由软件运动及开源软件运动所倡导的共享理念和实践才最终孕育出了资源配置效率更高的共享经济。

2.2 成长期（2000—2008年）

共享经济的兴起是以移动互联网和Web2.0技术的发展为前提条件的。21世纪初，手机移动互联网的应用和普及使互联网在真实世界中也变得无处不在，人和物不再受到计算机固定位置的限制，使万物皆可分享，随时随地皆可分享（Möhlmann，2015）。而Web 2.0和用户生成内容（UGC）网站技术的发展，使网站变得更加易于互动和分享，正式

的互联网共享经济商业形态开始成型（Kaplan & Haenlein，2010）。成立于2000年的美国共享汽车应用Zipcar和成立于2001年的知识分享平台维基百科（Wikipedia）是这一时期的标志性企业。

随着互联网技术从静态展示型的Web 1.0进化到动态交互型的Web 2.0，用户生成内容（User Generated Content，UGC）逐渐超过了网站自身生成的内容，由此催生了一批用户分享型网站，例如开源软件分享网站SourceForge和Github、开放编辑的网络百科全书Wikipedia、社交分享网站Facebook、视频分享网站Youtube、图片分享网站Instagram、博客分享网站Tumblr、点对点（P2P）文件分享网站The Pirate Bay和Napster等。尽管上述网站并不属于一般意义上的共享经济范畴，但由于Web 2.0的核心特征就是用户分享，因此Web2.0网站的兴起使分享理念日益深入人心。例如，游走在版权法灰色地带的P2P文件分享，使电子音乐和电影在陌生人之间免费分享（Giesler，2006；Hennig-Thurau，Henning & Sattler，2007），而音乐和电影工业为保护知识产权而发动的“反对分享的战争”结果是无效的（Aigrain，2012）。

Web 2.0不仅带来了许多新的分享形式，还将旧的分享形式的规模成倍放大。在消费者之间转移或分享实物物品是另一种形式的基于网络的分享（Belk & Llamas，2012）。个人拍卖网站eBay和个人分类广告网站Craigslist、Kijiji可以发布个人售卖闲置物品的信息，还有一些网站则用于发布免费分享物品的信息，如Freecycle、Really Really Free Stuff等（Arsel & Dobsha，2011；McCartney，2012；Willer，Flynn & Zak，2012）。此外，通过Sharehood这样的网站，家庭储藏室、家用电器、家务工具、儿童玩具也可以在邻居之间分享（Ozanne & Ballantine，2010）。这种分享服务不仅可以减少家庭中多余的物品，还增进了社区交流，所以受此启发，在其他国家和城市也产生了很多本地分享组织（Belk，2014）。2000年1月，在手机无线网络大规模普及的背景下，全职主妇Robin Chase和Antje Danielson借鉴德国柏林的汽车共用服务，在美国波士顿市成立了世界第一家基于互联网的分时租车公司Zipcar。Zipcar的用户可以在线或电话预定在某个时段使用某辆车，汽车通过无线网络收到预定信息后就可以用会员卡解锁。用户使用完毕，在将汽车

停到原处锁好后，便会停止计费。Zipcar很快便大获成功，其收入每月都以7%至12%的幅度增长，第一年就实现了收支平衡，第二年开始向其他城市扩张。此后，Chase又于2007年和2011年相继创办了共享汽车公司GoLoco和Buzzcar，前者经营车辆共乘或“拼车”业务，后者则支持车主将汽车出租给朋友和邻居，类似于今天我们熟悉的滴滴顺风车和滴滴快车。

2001年1月，Jimmy Wales和Larry Sanger创立了维基百科（Wikipedia），目标是向全人类提供自由的百科全书，并希望各地民众能够使用自己的语言来参与编辑条目。传统的百科全书都是由专家学者编纂，再由出版商印刷和销售，价格昂贵且知识更新速度慢。事实上维基百科的前身Nupedia网络百科全书采取的正是专家编辑的传统策略，但由于词条编纂进度缓慢才不得不改用开放策略，允许来访用户自由编辑绝大部分页面的内容，这才成就了维基百科的奇迹。网站建立的第一年，用户创建了超过2万个条目。到2018年9月15日，维基百科有301个语言版本，总词条数达到4 586.8万个，其中英文词条数最多，为571.7万个，是世界上最大的网络百科全书，成为Alexa排名中第五大最受欢迎网站。令人称奇的是，这个人类世界最大的百科全书竟是由全球各地的志愿者们自发、无偿地编撰而成的，整个网站的总编辑次数已超过10亿次，先后有超过120万个用户参与过词条的编辑。在这种大众广泛参与的情况下，维基百科的词条不仅比大英百科全书更多、更新更快，而且连信息的准确率竟也相差无几（Giles，2005）。在总共7 698.7万用户中（其中英文用户3448.6万），有28.1万的活跃用户（其中英文活跃用户12.6万）；在63 394名各类无薪管理者中，有1 614名高级管理者，其中又有303个是自动运行的机器人。然而，服务于以上所有这些用户的该网站正式员工，只有区区330人，在发展早期甚至只有6位拿薪水的正式员工管理数以百万计的词条，这一开放的知识共享平台的力量由此可见一斑。

互联网共享经济服务因技术进步而发展起来，方便了有形和无形的产品和服务的分享。这一时期发展起来的共享经济服务在内容上各不相同，但在形式上都具有协同消费、在线分享、社交商务等特点，在

理念上也都具有社群主义、自由交换、利他主义等价值观（Hamari, Sjöklint & Ukkonen, 2015）。Zipcar和维基百科分别是实物共享和知识共享的早期代表，充分体现了互联网共享经济的特点。但在这一时期，尽管像自行车共享这样的服务已经在法国等西方国家出现，但仍局限于小规模的本地市场，像Zipcar和维基百科这样具有全球影响力的共享经济企业还不多，尚未出现影响领域广泛的共享经济热潮。

2.3 爆发期（2008—2017年初）

2008年全球金融危机爆发后，共享经济意外地得到了快速发展的契机。中国的共享经济也快速跟上了这次资本市场的“风口”，出现了爆发式增长。

在金融危机的背景下，面对就业压力和收入缩水，消费者或是将家中的闲置资源出租以增加收入，或是改用共享经济产品和服务以节省支出。另一方面，发达国家过度消费、超前消费带来的资源负担和社会负担日益沉重，各国也想通过共享经济寻找新的经济增长点。这些都为共享经济的发展创造了良好的需求、供给和政策环境，使共享经济迎来了快速发展的契机（国家信息中心，2016）。

经过了21世纪初的平稳发展之后，共享理念更加深入人心，Web 2.0技术更加成熟，为共享经济的发展提供了更好的市场基础和技术基础。金融危机刚一缓和，风险资本就纷纷将注意力集中到共享经济上，雨后春笋般地催生出大量的共享经济新创企业。以成立于2008年的Airbnb和成立于2009年的Uber为代表，共享经济商业模式开始走向大众化，规模和影响力迅速扩大，共享经济的概念也开始向其他领域扩展，不断产生传统行业的颠覆式创新者。

在国内，从2014年开始，以网约车、共享单车为代表的共享经济商业模式在资本的助推下出现了市场规模、社会认知度和企业市值的爆炸式增长。2015年被称为“共享经济元年”，2016年被称为“共享单车、知识付费元年”，共享经济正式进入了大众视野和日常生活。2017年上半年，共享经济概念泛滥到了“万物皆可共享”的程度，催生出了

共享充电宝、共享雨伞、共享篮球、共享马扎等，发展势头已成强弩之末。由于重复建设、盲目投资和跟风炒作，中国共享经济蓬勃发展才短短2年多时间，到2017年年底，资本泡沫破灭，“资本寒冬”来袭，相关行业暴露出了一系列违背市场发展规律和共享经济初衷的问题。

2016年以来，随着共享经济市场的饱和及服务平台企业的分化整合，行业发展模式正在发生深刻转变，其主要竞争手段从价格大战逐步转变为改善体验。

在共享经济的爆发期，最大的特点是产生了许多知名的共享经济企业，其中不乏估值超过10亿美元的独角兽企业，其业务范围涵盖交通、住宿、办公空间、知识分享、教育、金融、旅游、生活服务等多个领域，渗透进了我们日常生活的方方面面，简直达到了“无孔不入”的程度。各领域的共享经济平台企业举例见表2-1。

表2-1 **各领域的共享经济平台企业举例**

领域	子领域	海外	中国
出行	短途	Bird Rides、Lime、Jump Bikes	摩拜单车，ofo，哈啰单车，芒果电单车
	中长途	Uber，Lyft，Liftshare，GoShare	滴滴出行，快的打车，神州专车
	长途/分时租赁	ZipCar，Turo，Getaround	凹凸租车
	货运	U-Haul	货拉拉，快狗
	停车	JustPark	Airparking
房屋	住宿	Airbnb，9Flats，Housetrip，HomeAway，Couchsurfing	小猪，途家
	办公	WeWork	方糖小镇
知识分享	问答	Quora，BoostHQ	知乎，分答
	知识付费	Audible，Skillshare，SkillCity	喜马拉雅FM，得到，在行

续表

领域	子领域	海外	中国
知识分享	众包	InnoCentive，Upwork，Toptal，Freelancer，Guru，99designs	猪八戒网，一品威客网
	在线教育	Coursera，Udacity，EdX，Udemy，Lynda	中国大学慕课
金融	小额贷款	Kiva	人人贷
	众筹	Kickstarter，Indiegogo	
生活服务	旅游	Vayablc，ToursByLocals	8只小猪，香蕉出行
	餐饮	Eatwith，EatWithALocal，Feastly，Meal Sharing，Cookening，Josephine	爱大厨，好厨师，回家吃饭
	快递	TaskRabbit	人人快递
	家政	Care.com，Homejoy，Handybook	阿姨来了，e家洁，云家政
小物件	充电宝	Chargefon，PowerNow，Sulo，ChargeSpot	来电，街电，小电
	雨伞	Brellabox，Rentbrella	魔力伞，OTO，E伞
	篮球	无	一元体育，猪了个球

近年来国内出现过的共享经济应用多到让人有目不暇接之感，表2-1远远没有列举出全部的共享经济领域和应用，这种“野蛮生长”的现象正是一个产业处于爆发期的特点。在此，我们仅回顾部分具有代表性的企业的发展简况，通过它们领略共享经济在出行、住宿和知识分享等几大主要领域爆发式发展的情形。

2.3.1 共享出行

作为“互联网+交通”的新业态，共享出行服务借助网络大数据高效匹配出行供给与需求，缓解了信息不对称，降低了车辆空载率，减轻了拥堵，方便了用户，增加了就业，促进了传统行业的“互联网+”升

级，形成了新的经济增长点。目前各种共享出行平台接入汽车数量逾千万，占全国汽车总量的6.5%以上，覆盖2.5亿用户，约占全国人口的18.0%，覆盖全国约60%的城市，平台成交额可达数千亿元（国家信息中心，2016）。作为促使共享经济真正走进普通人生活的先行领域，共享出行服务的发展历程、成长路径、竞争战略、行业政策等将对整个共享经济行业起到引领示范作用。

共享出行按照距离远近，在美国一般被划分为短途出行（距离5英里及以下）、中长途出行（距离5至15英里）和长途出行（15英里以上）三大领域。下文就按照中长途（一般网约车）、短途（共享单车/电动车/滑板车）和长途（共享汽车/分时租赁）的顺序依次分析国内外共享出行行业的发展状况。

网约车平台的崛起和共享单车的普及改变了人们出行的方式。通过便捷的在线下单和位置信息共享，网约车的服务效率远高于出租车与乘客随机相遇的传统模式；通过打破出租车市场的垄断，吸引私家车主加入，网约车增加了车辆的供给，缓解了过去“打车难”“打车贵”的状况。而共享单车则解决了出行“最后一公里”的问题，既方便快捷又绿色环保。网约车和共享单车分别满足了中长途出行和短途出行的需求，使共享经济真正融入日常生活。二者都是由最初的C2C或P2P分享模式（消费者分享闲置的自有车辆）转型为B2C共享模式（平台企业购置和运营大批专用车辆）的，因而被诟病为“背离了分享经济的本质，实质上是租赁经济”。但无论如何，它们都有助于普及共享经济的概念和模式，而且提高了社会的资源共有程度和利用效率。据彭博社（彭博新闻社）统计，在2017年年末共享出行行业的巅峰时期，全球移动出行公司融资规模达到280亿美元，滴滴、Uber、Lyft、Grab和Go-Jek等全球五大共享出行服务平台的总估值达到1 290亿美元，共享单车领域的摩拜、ofo、哈啰单车估值分别为27亿美元、28亿美元和23.16亿美元。

在网约车方面，早在1998年，英国最大的汽车分享平台Liftshare就诞生了，它能将行程相近的人匹配到一起，也就是现在常见的“拼车”“顺风车”。然而，真正令共享经济走入大众视野的当属2009年成立于

美国旧金山市的网约车公司Uber。Uber以移动应用程序匹配附近位置的乘客和司机：乘客可以预约车辆，并能实时追踪车辆的位置；司机则使用他们的私家车接到乘客并将其运送到目的地，也就是后来国内“滴滴快车”的业务模式。在Uber的带动下，Lyft、GoCarShare、Juno等打车或拼车软件也迅速发展起来，形成了西方各国共享出行领域的繁荣局面。其中，Uber和Lyft在美国共享出行市场已经形成两强对峙态势，Uber在2017年以75亿美元市值领先Lyft的10亿美元市值，市场份额上Uber是73%而Lyft是35%。2019年，Lyft甚至比Uber抢先一步上市，不过两者的股票都未能得到市场的充分认可，很快便跌破了发行价。这是因为，尽管两家公司都已取得了稳固的市场地位，但由于市场渐趋饱和，甚至遭遇传统出租车行业的阻击而被封禁，二者的运营和补贴成本居高不下，出现了巨额亏损。为了寻找出路，两家公司都大力发展自动驾驶技术，并进入了路测阶段；同时它们也在共享出行领域进行投资和扩展，向全品类、一站式共享出行平台进发。Uber收购了美国电动自行车共享平台Jump Bikes，参与了共享滑板车公司Lime的C轮融资并与其共同推出共享摩托车服务，与公共交通票务平台Masabi和P2P汽车共享公司Getaround展开合作；Lyft则紧随其后，收购了美国最大的共享单车平台Motivate，推出了摩托车共享服务和公共交通票务服务。

在国内，从成立于2010年5月的“易到用车”开始，网约车行业迅速发展。到2015年3月，“滴滴出行”以交通出行一站式全产品模式成为本领域的翘楚，估值达到165亿美元，“易到”“滴答”“神州”“快的打车”和“优步中国”（Uber在中国的分公司）等也成为融资额达10亿美元或注册用户达千万以上的独角兽企业，形成了“一超多强”的局面。成立于2012年的滴滴出行迅速复制了Uber的商业模式，资本市场也大举入局，支持了滴滴与其他网约车平台之间的价格大战，竞相用巨额补贴吸引消费者。2015年，滴滴最终击败了主要竞争对手“快的打车”和“优步中国”并将其合并，随后，国家的网约车新规颁布实施，促进了共享出行市场的成熟。滴滴出行平台先后开展了出租车、专车、快车、顺风车、代驾、巴士、试驾、企业版业务，2015年订单总量达到14.3亿，这相当于美国同期所有出租车订单量的近两倍，并超越了成

立6年的Uber实现的累积10亿的全球订单数，滴滴出行已成为全球最大的互联网出行平台，以及仅次于淘宝的第二大互联网交易平台，并从大城市迅速向二三线城市渗透。

在美国，短途共享出行一般指的是距离5英里以下的出行，这占据了出行需求的60%，其业务内容包括共享的自行车、电动自行车和电动滑板车等等。它们解决的最大痛点，是“第一公里”和“最后一公里”的问题，即人们从住宅、办公地点到公共交通设施之间的往返通勤。因为住宅和办公室离车站等公共交通枢纽太远，很多美国人更愿意放弃公共交通工具，而自己开车或坐网约车，这造成了公共交通需求不旺、运力闲置、效率低下等问题。短途共享出行服务能减少人们从住宅、办公室到公共交通枢纽的时间，提高了公共交通的使用率，也让整体的交通效率更高。在2018年7月的一份报告中，Uber表示人们在早晚出行高峰（上午8—9点钟，下午5—6点钟）更愿意使用Jump Bikes电动自行车而非Uber网约车，因为使用电动自行车外加地铁等公共交通可以规避拥堵，效率更高。这也是Uber将Jump Bikes收购到自己麾下的原因之一。

和很多互联网新兴商业模式一样，在网约车领域中国仍然是在模仿美国，但是在共享单车方面，中国成为了“无桩”（dockless）模式的首创者，也是上文提到的1965年阿姆斯特丹“小白车”在任意地点借车、还车的超前理念的首个实现者。该模式大大提高了共享单车出行的覆盖面和便捷度，也降低了停靠站的投资成本，使中国的共享单车从技术、规模、周转率、便捷度、人性化等方面都远远超过了西方国家，其头部企业摩拜和ofo甚至将业务拓展到了英国伦敦、新加坡和美国硅谷等国家和地区。

2014年3月，北京大学光华管理学院毕业生戴威和他的4个校友，提出了“以共享经济加智能硬件，解决最后一公里出行问题”的经营理念，通过手机App查询自行车编号获知密码并解锁用车的方式，在北大校园内创立了ofo共享单车项目。机械密码锁的模式从技术上来讲简单易行，但从后来的发展看，一旦超出校园的范围，就无法防止用户通过记密码、加私锁等方法将共享单车“私有化”的违规行为，导致运营成本完全失控。2015年1月，媒体人胡玮炜和互联网运营专家王晓峰在北

京创立了“摩拜单车”(Mobike)。与已经在校园里声名鹊起的ofo不同，摩拜以较为严苛的校外使用场景为研发目标，首创了远程定位和智能解锁技术，并不断降低较为昂贵的共享单车制造成本。

与此同时，在资本的追逐下，共享单车这个投资的“风口”让刚从团购平台“百团大战”的喧嚣中沉寂下来的中国互联网江湖风云再起，一时之间，“小黄车”“小红车”“小蓝车”“小白车”“小绿车”等迅速布满了城市的大街小巷，以致“共享单车车身颜色都快不够用了”。各路共享单车平台开始“烧钱”大战，再次体现出“倒贴钱抢市场，一家独大时再赚钱”的中国互联网商业逻辑。在2017年上半年之前，以摩拜和ofo为首，各共享单车平台一直都在用补贴或免费的方式争夺用户，并借助资本的力量，在车辆投放总量、覆盖城市、用户人群、推广力度方面都实现了超常规的发展。

但从2017年下半年开始，共享单车领域不可避免地迎来了“盛宴”的终结，悟空单车、町町单车和小蓝单车等大批中小平台纷纷停止运营，而摩拜和ofo两大头部平台则分别投靠了腾讯和滴滴。此后，ofo因创始人的战略摇摆和惜售而失去了滴滴和阿里等大资本的支持，最终走向灭亡，而哈啰单车却在阿里系资本的扶持下异军突起。

在中国共享单车市场短短两三年就天翻地覆的同时，反观西方发达国家，共享单车基本还停留在有固定停靠站的“有桩”模式。据统计，截至2017年，在美国总共3500万次的共享单车出行中，仅有4%通过无桩模式进行。不过，美国作为共享出行服务的发源地，在短途共享出行领域，也产生了共享电动滑板车、共享电动自行车等新模式，其代表性企业包括Bird Rides、Lime、Jump Bikes等。但是，美国的共享单车和电动滑板车在快速增长的同时，也遇到了运维人力成本高昂、侵占公共空间等障碍。例如在旧金山市，Bird和Lime由于滑板车的无序停放而收到了政府的禁令，但守规矩的Scoot和Skip则得到了许可。该市还规定每家公司可以运营滑板车的规模上限是625辆，限制了共享电动车和滑板车市场的扩张。

除了彻底改变人们日常生活的中长途和短途共享出行外，长途共享出行领域也占据了共享出行的一席之地。它有两种运营模式，一种是平

台拥有运营车辆的B2C模式，另一种是用户分享私家车辆的C2C或P2P模式。

B2C模式的例子之一就是上文提到过的ZipCar，它允许用户通过手机APP查找整个城市的所有可用车辆，按照自己的需求借车和还车，甚至可以实现异地还车，而不必像传统租车服务那样只能在指定地点进行。一次可租用汽车几个小时至几天，足够用户完成两三个城市之间的长途旅行。这个领域具有代表性的企业是戴姆勒-奔驰公司旗下的Car2go，它在欧洲、美国和亚太地区都有业务。因为汽车共享服务相当方便，甚至有2%～5%的Car2go用户已经出售了自己的私家车，而7%～10%的Car2go用户决定不再购买私家车。鉴于这项业务的前景，宝马的DriveNow、大众公司的Quicar、标致公司的Mu、福特的GoDrive、通用的Maven都已纷纷涉足（Firnkorn & Müller，2012；Wüst，2011）。当然，传统车企的这些项目都没有能够超出试验的范畴，其中一些已被关闭或合并。

C2C或P2P汽车共享服务指的是，平台运营商将私家车主和租车用户相互匹配，让车主可以利用汽车的闲置时间赚钱，也在一定程度上缓解了汽车利用不充分的问题，例如Turo、Getaround、Local Motion、Zimride、Spride、Sidecar、Blablacar、戴姆勒-奔驰的Car2gether、通用汽车的Peer Cars。很多年轻人喜欢与陌生人拼车的原因有三：经济、社交、环保。另一方面，车主可以通过分享车辆或行程赚回一些购车、养车的费用。

2.3.2 共享住宿

如果说共享出行主要是“网约车”的话，那么共享住宿则可以被称作“网约房”。前者颠覆了传统的出租车行业，而后者则颠覆了传统的酒店行业。共享住宿提高了闲置房屋的利用效率，增加了市场供给，降低了市场价格，还给用户带来了新奇体验和社交价值（Sundararajan，2013；Edelman & Geradin，2015；Botsman & Rogers，2010）。共享住宿一般以在线短租为主要形式：房东或房源经营者通过网络平台提供空置房屋的短期使用权，供有旅游、出差或聚会等需求的人使用；租客搜索

并浏览房屋信息，与前者沟通，最终实现租住交易。

引领共享住宿潮流的Airbnb比上文已提到的Uber诞生时间略早，二者共同在2008—2009年开启了共享经济大众化的新时代。2007年，美国旧金山市的两位设计师Brian Chesky和Joe Gebbia因为没钱交房租，决定出租房间的一部分，租客可以使用3个充气床垫并享用一顿精美早餐，这就是Airbnb名称的由来——充气床和早餐（AirBed and Breakfast）的英文缩写。2008年8月，Airbnb正式诞生，开展匹配游客和私人房主租房供需的业务。当时大量房屋抵押贷款违约，房子面临被银行没收，美国经济整体下行。这个大背景是Airbnb能收集到足够多优质房源，并激活市场需求、培养用户习惯的一个重要因素。2011年，Airbnb的营业收入意外地增长了800%，这使得该公司跨入了估值10亿美元以上的"独角兽"企业的行列。Airbnb跟传统酒店最大的不同就是它倡导房东分享自己的私人房屋，房客与房东同处一室，获得当地人的生活体验。通过Airbnb，人们有机会住进各种神奇的房子：城堡、钟楼、教堂、灯塔、私人岛屿、洞穴屋、树屋、石头屋、房车、渔船……这是非标准化分享模式带来的一个极有特色的副产品。通过建立信用评价系统，Airbnb努力克服私人住房分享所固有的安全和隐私风险，激励人们心中友善、信任的光明一面，从而成功地教育了用户、培养了市场，改变了人们固有的旅行住宿观念，为旅行者提供了一种廉价的选择和美妙的体验。成立十多年来，Airbnb已成长为当之无愧的行业巨头，2019年营收达到48亿美元，在全球191个国家的8.1万个城市拥有超过600万个房源，房源数量已经超过目前主流酒店品牌房源数量的总和。2020年年底，在全球新冠肺炎疫情影响下，Airbnb艰难上市，市值超过900亿美元。

在Airbnb走红之前，共享住宿的概念实际上已经诞生了，只不过仍局限于年轻人小众文化的范畴。2004年，年轻工程师Casey Fenton创立了住宿分享平台Couchsurfing（沙发客）。顾名思义，Couchsurfing是旅行者从热情好客的房主那里借用一张用于睡觉的沙发，从而能够以免费或低廉的价格从一个地方旅行到下一个地方——不一定只限于沙发，沙发代表的只是非标准的床铺和住宿形式。这个概念出乎意料地受到年

轻人的欢迎，沙发客们认为它既降低了旅行成本，又能深度感受当地风土人情；对于沙发主们来说，通过接待这些远道而来的旅行者，就可以足不出户而让世界走向自己，在结交有趣的人的同时还能赚取报酬。仅仅依靠志愿者支持和用户捐款，Couchsurfing在2011年就达到了全球250万用户的规模，这使Couchsurfing变成了一种全球范围的文化现象，这一年Couchsurfing接受了2 200万美元的融资并转型为营利组织，到2018年，用户数已达到1 600万。然而，2020年5月新冠肺炎疫情期间，Couchsurfing在其官方网站声称自己陷入了财务危机，强制要求用户支付60美元的“身份验证费”和每月2.39美元的会员费，引起用户一片哗然并导致用户纷纷出走。尽管Couchsurfing前途未卜，但Couchsurfing的理念却被超过15个网站继承下来，继续发展。Couchsurfing的理念更加接近于原始的分享精神，强调高度信任和友好前提下的社交属性，但也由此带来了更大的安全隐患，而随着社群规模的急剧扩大，出现鱼龙混杂、泥沙俱下的情况也不可避免。这是共享经济发展过程中面临的一个普遍的问题：原始的分享精神与陌生用户间信任不足之间的根本矛盾，将随着用户群体的扩大而激化。

在国内，随着Airbnb商业模式的传入，国内民宿市场也迎来了快速发展，民宿平台如雨后春笋般出现，但早期平台企业的发展出现了颇多波折。如成立于2011年6月的国内首家共享住宿企业“爱日租”于2013年7月倒闭；2012年3月成立，2016年在新三板上市，成为国内共享住宿第一股的“住百家”因经营不善在上市两年后倒闭。

不过，在这一时期也涌现出了一批成功的本土民宿品牌，如“途家”“小猪”“木鸟”“美团民宿”“旅悦”等（下文仅述及前三个品牌）。

途家网上线于2011年12月，属于经营托管房源的B2C模式，类似于国外最大的度假房租赁网站Homeaway（成立于2004年，因其商业模式局限于传统的租赁，故未被视为共享住宿网站）。在B2C模式中，房源主要由平台控制，统一装修，统一管理，房租收入由平台和房东按一定比例分成。这种模式有利于有效管控房源与服务质量，但属于“重资产”模式，平台需要投入大量资金收购、改造或经营房源。通过一系列大规模并购，途家网将“蚂蚁短租”“携程民宿”“去哪儿民宿”“大鱼自助

游”收归麾下，2015年估值超10亿美元，成为业内首家独角兽企业。

“小猪”成立于2012年7月，以对接房东和租客的C2C模式为主营业务模式，更接近于Airbnb的模式，2017年估值10亿美元，成为业内第二家独角兽企业。“小猪”的一大特色是为房东提供一站式的民宿短租经营服务，涵盖设计、软装、保洁、商城、物联网设备、智能化管理等环节，并构建了智能众包服务网络。

“木鸟民宿”成立于2012年5月，坚持“不烧钱”的低调稳妥路线，推动民宿标准化和网红化，于2017年6月在主流民宿平台中率先实现了盈利。

随着中国共享住宿市场的爆发，民宿鼻祖Airbnb也于2015年8月正式进入中国市场，于2017年启用了中文名“爱彼迎”。由于中国在居住方式、分享精神、社交习惯、酒店市场等方面与西方截然不同，Airbnb在海外十分成功的商业模式在中国一直“水土不服”，使其业务范围主要局限于熟悉西方文化的精英人群。但Airbnb进入中国对国内民宿市场仍然起到了一定的促进作用，尤其是Airbnb在2020年底在纳斯达克上市，为处于低谷期的国内民宿市场注入了一针强心剂。

共享住宿市场以平台企业的兴衰为风向标，但民间自发分散投资建设的民宿房源才是这一市场发展的微观基础，而成熟的市场监管则是其宏观保障。2017—2018年，因为《亲爱的客栈》《向往的生活》等综艺节目的热播，“民宿+慢生活”的旅游休闲方式开始走进大众视野，同时捧红了不少民宿，使它们成为了网红民宿，促进了民宿向特色化、精品化的方向发展。《中国共享住宿发展报告2020》显示：2019年，我国共享住宿行业的交易规模约为225亿元，同比增长36.4%；共享住宿行业的参与者人数约为2亿人，同比增长53.8%；其中，服务提供者人数约为618万人，同比增长54.5%，房客人数达到1.9亿人，较上年增长53.8%。（国家信息中心，2020）

尽管2020年经历了新冠肺炎疫情的冲击，但随着国民消费升级进程的加速，共享住宿行业必将迎来更大的发展。另一方面，作为非标准化产品的民宿行业发展至今，也已在保持个性和特色的前提下展开了标准化的制度建设。2017年10月，文化和旅游部发布实施了首个民宿行

业的全国性标准——《旅游民宿基本要求与评价》（LB/T 065-2017），并于2019年7月和2021年2月两度修订，其中规定了民宿的星级标准及其评定规则。随着民宿发展的脚步加快，海南、江苏、浙江、福建、上海、安徽、四川、山东、北京、山西、湖南、广东、江西、贵州等省市也纷纷出台鼓励政策，甚至是经济补贴措施，规范和支持民宿的发展。

2.3.3 知识技能分享

在共享经济平台上，人们不仅可以分享实体的物品，也可以分享他们的知识、技能和时间。知识技能分享的思想和实践并不是全新的东西，但正如共享经济的其他领域一样，移动互联网使人们更容易找到彼此，从而使这类分享行为能够在网络平台上大规模地展开。

"认知盈余"理论解释了当今社会知识技能分享的可能性和必要性。克莱·舍基（2012）在《认知盈余》一书中认为，随着生产力的提高，人们有了越来越多的自由时间，这些自由时间往往被浪费在娱乐消费上，但如果善加利用就可以产生不少于工作时间的巨大价值。由于互联网交互工具为人们利用和分享自由时间（包括碎片时间）创造了更好的条件，全社会大量成员得以将自由时间用于学习、创造和分享，由此积累产生的价值，就是认知盈余。为了让人们持续贡献自己的"认知盈余"，就需要为网络共享社区设计正反馈激励机制，提升服务质量，培养分享文化，通过满足用户对内在热情和外在认同感的追求来引导他们持续进行分享。

知识技能分享是指，将分散在个人或机构中的"盈余"的知识技能资源，在互联网平台上以免费或付费的形式分享给特定的个人或机构，从而最大限度地利用全社会的智力资源，以更高的效率、更低的成本满足生产生活需求，例如免费的知识分享平台"知乎"，有偿付费的知识分享平台"在行""分答"等。知识技能分享包括知识分享、技能分享、知识付费、众包等细分领域。

知识技能分享领域在共享经济诸领域之中是出现相对较早的，因为互联网的基本功能就是知识信息分享，但早期的知识技能分享平台未被看成共享经济的一部分。Web2.0的代表性应用，如博客、微博、社交

分享、图片分享、视频分享等，都是知识信息分享的不同形式，也为共享经济的发展打下了良好的观念和技术基础，只不过它们并不是对个人独有的高价值知识技能等的分享，因而无法被归类为共享经济。另一方面，在共享经济概念流行之前的21世纪初，国内外曾提出过“威客”“众包”等概念。2005年，在中国科学院读MBA研究生的刘锋注册了名为“witkey”的网站（意为“key of wisdom”，音译为“威客”），试图将中科院的专家资源、科技成果与企业的科技难题对接起来，并提出了“在互联网上通过解决科学、技术、工作、生活、学习中的问题从而让知识、智慧、经验、技能体现经济价值”的“威客”理论。2006年6月，美国《连线》杂志记者Jeff Howe在“外包”（outsourcing）概念的基础上提出了“众包”（crowdsourcing）概念，它指的是一家公司或机构把过去由员工执行的工作任务，以自由、自愿的形式外包给非特定的大众志愿者的做法，激励方式有悬赏制、招标制、雇佣制和计件制等。众包概念强调在产品开发过程中可以吸引外部用户广泛参与，调动闲置的人力资源、硬件资源等，从而降低开发成本、找到新的解决思路，实现与用户的价值共创。事实上，众包与前文论述过的开源软件社区的工作方式十分接近，后者经常将需要一定规模团队协作才能完成的任务拆分给许多分散的个体来完成。这一时期出现了不少基于互联网的外包或众包平台，如Upwork、Toptal、Freelancer、Guru、99designs，以及国内的猪八戒网等，由于当时它们交易的对象大部分还没涉及用户的“闲置”知识和技能，所以直到近年来才加入共享经济的潮流之中。

随着Wikipedia、GitHub、Quora等依靠网友的分享精神创造了令人惊叹的知识产品，知识技能领域的共享经济也开始迅速发展。其中，Wikipedia（维基百科）成立于2001年，是世界最大的在线百科全书，上文已有叙述；GitHub成立于2008年，是目前世界最大的开源软件代码托管平台，程序员可以通过该平台进行软件开发协作；Quora成立于2009年，是国外最大的知识问答平台，以高水平的专家博主和高质量的答案著称。另一方面，创立于2011年的Skillshare让技能分享真正成为一种共享经济模式，它可以让每一个人成为老师，也可以让每个人成为学生，用户通过这一平台互相结识后，可以在线下见面，相互学

习各自擅长的工作技能、生活技能、兴趣技能等，在获得一些报酬的同时又可以交到朋友。

在国内，与Wikipedia、GitHub对标的网站有“百度百科”“码云”等，但受限于网站的工具性质，这类网站并非国内共享经济发展的热点。与国外相比，国内知识技能分享平台在知识问答、技能分享等领域的商业化更加成功。与Quora和Skillshare对标的知识问答平台“知乎”、有偿问答平台“分答”、行家约谈平台“在行”等都取得了不错的营收和估值。2021年3月26日，成立于2009年的“知乎”赴美上市，尽管上市后股价大跌，但估值仍超过40亿美元。2016年6月，成立于2015年的“在行”和“分答”获得A轮融资，短短一年估值就超过了1亿美元。

与国外的免费模式不同（例如Quora至今无广告和商业收入），国内的“知识付费”模式一度成为互联网创业领域的“风口”。知识付费建立在知识免费分享所培养的用户基础之上，但与免费的知识分享不同的是，它分享的对象是成熟的知识产品，而与在线教育不同的是，它分享的并非可以在公共领域中公开获取的知识，而是更加个人化、非标准化的知识产品，类似于分享私人作品，凝聚着个人的独特观点和经验，若不进行分享则外人难以获得。2016年被称为“知识付费元年”，在这一年，“知乎Live”“果壳”（创办了在行和分答）“喜马拉雅FM”“得到”等知识付费平台相继涌现，有知识付费意愿的用户数量暴涨了3倍，实际付费用户达到近5 000万人。到2019年，我国知识付费行业市场规模超140亿元，用户规模超3亿人。2020年新冠疫情的暴发进一步推动了知识付费行业的发展，其市场规模达到392亿元，用户规模突破5.4亿人。2021年知识付费行业市场规模进一步达到675亿元。知识付费的崛起得益于移动互联网和知识付费平台的发展、知识内容和分享人的数量质量积累，以及中产阶层知识消费能力和意愿的上升。

近年来汇入共享经济潮流的“众包”平台，借助共享经济的东风，从线上扩展到线下，从中低端扩展到高端，将工程师、设计师等各类人才的专业经验和业余时间调动起来以满足更广泛的社会需求。例如，“猪八戒网”在各地设立了上百个“花果云”众创空间，依靠2 800万注册用户中的大量专业人才，为创业企业提供品牌营销、软件开发、知识

产权咨询、税务咨询、科技咨询、共享办公等全产业链服务，成为大众创新创业的载体。此外，众包模式还渗透到了诸多行业，形成了一些专业平台，如在软件开发领域有“解放号”“开源众包”等；在外语翻译领域有“译言网”“做到”等；在生产制造领域有“凯翼众包”“海尔Hope开放创新平台”等；在医疗服务领域有“好大夫在线”“春雨医生”“名医主刀”等。（国家信息中心，2016）

2.4 调整期（2017年下半年至今）

以2016年滴滴和优步的合并为标志，网约车行业发展放缓，这预示着共享经济群雄逐鹿时代走向结束，资本的盛宴即将进入尾声。投资方不再只关注平台企业的市场扩张速度，而开始关心其能否尽快结束“烧钱”，转向盈利。

2.4.1 共享出行

从2017年下半年开始，共享单车市场趋于饱和，泛滥的共享单车堆满了大街小巷，影响交通秩序还浪费资源，成为广受诟病的社会问题，走向了共享经济理念的反面。在这种情况下，共享单车平台的资金来源纷纷被收紧，迫使相关企业停止补贴大战，释放了共享经济投资转冷的明确信号。悟空单车、町町单车和小蓝单车等大批中小平台纷纷倒闭，而摩拜和ofo两大头部平台则分别投靠了腾讯和滴滴。2018年年底，ofo因运营成本居高不下，单车押金面临“挤兑潮”，资金链断裂，此后基本名存实亡。

2018年5月和8月，滴滴顺风车两次发生司机杀害女乘客的事件，充分暴露了共享出行领域长期未能解决的安全隐患，使用户产生了强烈的信任危机（本书第六章将研究由此产生的用户黏性受损及修复问题）。这次危机对中国共享经济生态产生了长久的影响，与共享经济精神相关的社交分享价值被蒙上了一层阴影，中国共享经济从商业模式到核心理念都走到了十字路口。

2.4.2 共享住宿

不仅共享出行领域连遭挫折，共享住宿领域在早期的红利期过后，也遭遇了市场和政策的双重寒冬。

从市场层面看，在2017年《亲爱的客栈》《青春旅社》等主打生活情怀的慢综艺节目带火网红民宿后，各行业的资本玩家纷纷入场（如百度旗下的去哪儿、阿里巴巴旗下的穷游网、腾讯旗下的同程网等），使民宿成为资本青睐的又一个风口。然而，随着多方资本蜂拥而上，竞争赛道变得愈发拥挤。《中国经营报》统计发现，民宿入住率呈现冷热不一的现象，一些位于火爆景点的民宿或网红民宿旺季入住率可达70%，而一般民宿旺季入住率只有30%～40%，亏损成为普遍现象。

从政策层面看，国家文化和旅游部2017年10月颁布的首个民宿行业标准《旅游民宿基本要求与评价》对民宿的卫生、安全、服务等方面进行了细致的规范，经营者不再能够以个人房东的名义“无证经营”，而是要视同酒店经营者，依法取得当地政府的相关证照，满足公安机关治安消防要求，并遵循标准的客房清洁流程。不仅如此，各地政府对民宿的监管标准不一，民宿尚未具备合法身份，例如2020年12月底，北京市住房和城乡建设委员会、北京市公安局等四部门印发了《关于规范管理短租住房的通知》，明确在东城、西城等首都功能核心区内禁止经营短租住房，并规定在北京其他区域经营短租住房要符合本小区管理规约，或取得业主委员会、物业管理委员会、本楼栋内其他业主、出租住房业主等的书面同意。

激烈的竞争和经营门槛的提高使得民宿的经营方式和内涵日益同质化，接近于酒店标准住宿的连锁民宿成为主流，个人经营的单体民宿日渐式微。尽管有创意、有特色的民宿仍然一房难求，但绝大部分民宿则千篇一律，其建筑风格和居住体验不足以承载地域文化和地方特色，难以吸引顾客。例如截至2018年5月30日，北京的199家精品民宿中，由传统院落改造而成的占92%，外观几乎都是标准的老北京四合院，内部则是相差无几的精装修和标准酒店服务，并没有显示出鲜明的特色。除了北京以外，丽江民宿几乎都是竹楼客栈，莫干山景区几乎都是泳池别

墅，厦门民宿几乎都有抓海鲜的特色服务……在同一个旅游目的地，往往会出现数十家有着同样服务和卖点的民宿，由于缺乏差异和个性，往往竞争大于互补。我国客栈民宿行业房价在101—200元区间内的占比最高，低端客栈民宿仍是主流。除了房价长期在低位徘徊外，入住率普降、旺季周期缩短等问题的发生程度和波及范围也超出了经营者的预料。历经数年密集的营销宣传和猛增的同质化供给之后，网红民宿的"星光"开始黯淡。2020年，遭遇新冠肺炎疫情打击之后，全国民宿行业进一步跌入谷底，但这对泡沫破灭的民宿行业来说或许反而是一个充分沉淀的机会。

2.4.3 共享办公

在国外，共享办公空间平台WeWork曾是一家能与Uber和Airbnb比肩的明星企业，号称"共享经济三巨头"之一。然而在2019年，它却戏剧性地从即将IPO的巅峰跌入濒临破产的谷底，公司估值从470亿美元暴跌到90亿美元，创始人Adam Neumann被解除CEO职务。WeWork创立于2010年，主要为企业员工、创业者和自由职业者提供共享办公空间，其特色是通过对空间的重新分割和设计，为多元人群构建灵活的办公场所和社交空间，从而降低运营成本，提升工作效率。2019年之前，WeWork迅速崛起，业务覆盖32个国家和地区，会员超过27万名，一举打开了"共享办公"的投资风口。但是由于WeWork长期巨额亏损，盈利前景不被看好，创始人Adam Neumann挥霍公司资金的行为也饱受质疑，所以在公司公开IPO招股书之后，反而引发了雪崩式的反应。好在经过一年整顿，WeWork在管理层和经营理念上经历了大转换，转向"大客户、轻资产、定制化"的稳健方针，并终于在2021年10月成功借壳上市，市值79.21亿美元，到2022年其股价已经跌至40亿美元左右。WeWork的遭遇，严重动摇了资本市场对共享办公领域的信心。

2.4.4 共享金融

共享金融是共享经济寒冬中另一个"爆雷"的领域。究其起源，在

近代银行业兴起之前，各种民间金融互助组织（民间合会）一直是遵循着共享的原则，将同乡或同行的亲友熟人组织起来，每人出钱入会，将集中起来的资金定期分配给其中一个会员使用，在下一个会期开始前连本带利收回。这样的民间合会，在西方被称为“轮转基金”（Rotating Saving and Credit Association，ROSCA），在中国还有摇会、轮会、标会等名称，参与者以摇骰子、轮流、竞标等方式获得资金，使众人皆有机会使用大笔资金进行投资，也能通过共享闲置资金获得利息。当然，这样的金融合会是有风险的，一旦“倒会”将影响到全体会员的生计，但在金融供给不充足的情况下不失为一种利大于弊的选择。在互联网经济兴起后，金融行业也开始了数字化、网络化的变革，由此产生了“互联网金融”的概念。跟传统金融不同，互联网金融借助用户大数据来预测和控制风险，在运营成本和市场拓展上都有独特的优势，从而能够更好地服务中小企业和小额投资者。互联网金融包括第三方支付、大数据金融、数字货币、网络借贷、众筹等，其中网络借贷和众筹具有共享经济的一些特征，被归为“共享金融”的范畴。

所谓“共享金融”，是借助大数据技术和金融产品及服务创新，构建以资源共享、平台共享、利益共享、风险共担为特征的金融模式，目标是使金融资源配置更加有效、公平。它的具体形态也叫“自金融”，一般是取消传统的线下经营网点和渠道，通过互联网平台将投融资业务直接对接到个人，资金的供给方和需求方都是个人用户，通过“去中介化”降低了融资成本。共享金融理念的内涵是：（1）金融资源的共享——即所有可贷资金和投资标的物面向社会开放，被传统金融边缘化的广大中小企业、个体商户、中低收入工薪族等金融弱势群体也能参与，使金融业也出现了互联网“长尾效应”；（2）金融平台的共享——大数据、云计算、区块链等前沿信息技术的发展，打破了传统金融机构信息和渠道上的垄断，使金融服务下沉到更多人之中，促进了“金融脱媒”和“金融深化”的进程；（3）金融利益的共享——共享金融旨在实现资金供给方和需求方、中小投资者和大资本、中小微企业与大企业、金融与实体经济的利益共享，追求“普惠金融”的理念；（4）金融风险的共担——与其他金融业务一样，共享金融同样规避不了风险，而是通

过大数据分析识别风险，将其控制在平台和用户可以承受的水平上，同时参与的用户也要承担自己的那部分风险。值得指出的是，尽管P2P网贷和众筹均发源于国外，但“共享金融”概念并没有在国外流行，而国内的共享金融概念则是由共享经济概念引申而来。相比只具备技术意义的“互联网金融”的概念，“共享金融”更能体现这一新兴金融模式的理念内涵。

P2P网贷（Peer to Peer lending）指的是点对点（或个人对个人）网络借款，是一种将投资者的小额资金通过网贷平台聚集起来，借给有资金需求人群的一种民间小额借贷模式。借助网络大数据工具，P2P网贷可以提高资金效率、降低违约风险、覆盖更多传统金融难以服务的“长尾”人群。P2P网贷的概念与小额信贷之父——尤努斯有千丝万缕的联系，因为他在某种程度上反映了共享金融的初心。孟加拉国经济学家穆罕默德·尤努斯出生于巨富之家，但从小就十分同情穷人。1979年，他在国有商业银行内部创立了格莱珉（Grameen，意为“乡村”）分行，为贫困人群提供每笔金额为几十美分到几美元的小额贷款以进行生产性投资，帮助穷人摆脱贫困。2006年，尤努斯获得了诺贝尔和平奖，这使他被小额贷款从业者推崇为P2P金融的鼻祖。很多金融从业者自称是尤努斯的信徒，他们争相拜访尤努斯并与其合影，以标榜自己做的是普惠金融。

2005年，真正意义上的第一家互联网P2P金融公司Zopa诞生于英国，它像电商平台eBay一样，作为中介平台撮合个人对个人的借贷。借款人可以列出金额、利率、期限和用途，投资者根据借款人给出的信息搜索适合自己的贷款产品。Zopa通过向双方收取一定的手续费盈利，自己不设立资金池，不赚取利息差，但也不承担风险。为了保证安全，Zopa对借款客户实行实名认证、考察信用评级、强制借款人每月还款。为降低借款人不按时还款的风险，Zopa把每个出借人的资金平均发放给50个借款人。2006年和2007年，美国也出现了P2P平台Prosper和Lending Club。随着美国次贷危机爆发，大量高风险借款人转向网络借贷，而当时P2P网贷的信用评级标准过于宽松，导致很高的贷款违约率。2008年，美国证券交易委员会（SEC）将P2P行业纳入监管，增加

了保证金和资质要求，提高了网贷行业的准入门槛。2008—2014年，美联储先后推出了四轮超常规的量化宽松货币政策，带来了超低利率和宽松的信贷环境，机构投资者纷纷入场，推动了P2P行业的高速发展，2015年这两大平台的借贷总额已超过100亿美元。2014年年底，Lending Club成功上市。但2016年，Lending Club被曝光有2 200万美元的贷款涉嫌内部交易，这标志着P2P网贷平台的信息中介商业模式难以为继。2015年12月美联储开始加息后，美国P2P平台生存日益艰难，但由于债权资产证券化创造了更高的流动性和更低的风险，同时SEC将放贷业务作为证券业务来监管抬高了P2P网贷的门槛。

P2P网贷无疑是西方商业模式进入中国出现南橘北枳现象的一个经典案例。事实上，P2P网贷给中国处于灰色地带的民间借贷披上了一层“普惠金融”的理想主义外衣。2006年宜信首先将P2P这一概念引入中国，但最初只是在线下发展业务。2008年，拍拍贷创立了国内第一家小额信贷网站，此后国内P2P平台如雨后春笋般涌现出来。国内P2P网贷发展初期借鉴的是国外的信息中介模式，但由于中国社会信用体系不健全，风控模型所需的金融大数据一片空白，平台之间也没有数据共享，所以国内很多早期P2P平台深受老赖（失信被执行人）和骗子的困扰。

2012—2013年，在央行中性偏紧的货币政策和贷款利率市场化政策的影响下，流动性高度紧张，货币市场利率飙升，中小企业难以获得银行贷款，另一方面，以余额宝为代表的货币基金收益率惊人，一度达到7%，这些都刺激了民间借贷市场的繁荣。民间借贷资本开始借助P2P网贷平台吸收社会资金，为此纷纷转向“承诺保障投资者本息”的平台担保模式，由此打开了非法集资的潘多拉魔盒。

2013年被称为“互联网金融元年”，P2P行业的进入门槛极低，高峰时期每天都有大量P2P平台成立，许多平台年化收益率动辄高达30%以上，不少骗子混迹其间。有的P2P平台从成立到倒闭仅仅两天，竟能骗到几十名投资人。在这种混乱的状态下，2013年P2P行业迎来第一波“爆雷”潮——骗子公司跑路，例如轰动深圳的“网赢天下集资诈骗案”。

2014年前后，许多有资金需求的公司干脆设立自己的网贷平台，通过发布虚假借款信息获取投资者的资金，然后将资金用于自身的生产

经营或金融投资，已经属于典型的非法集资；一些P2P平台向投资者出售理财产品，形成资金池，用于追逐高风险高收益的投资项目。高息揽存加剧了平台本身的风险，很多采取这种模式的网贷平台到期无法偿还本息，只能进一步吸收公众资金，直至最后资金链断裂，实际上形成了“庞氏骗局”。因此每月都有多个平台跑路，“提现危机”频繁爆发。

2015年下半年，P2P网贷行业爆发了一次规模巨大的倒闭潮，1 000多家平台倒闭。其中涉案金额近750亿元、受害者达90万人的“E租宝事件”引起了监管部门的高度重视。2016年，中国互联网金融协会成立，银监会（现为银保监会）、工信部、公安部和网信办（国家互联网信息办公室）四部委联合出台了《网络借贷信息中介机构业务活动管理暂行办法》，此后大量违法违规、经营不善的中小平台被淘汰。

2017年底至今，受宏观经济下行、金融去杠杆和监管趋于严格的影响，债务违约不断增加，资金回赎压力加大，平台合规成本提高，投资人恐慌性挤兑，这些因素共同诱发了新一轮“爆雷”潮。2018年6月至9月，唐小僧、联璧金融、牛板金、草根投资等数百家平台集中爆发风险，“百亿级”“千亿级”的平台动辄“爆雷”，无数投资人在P2P平台上的资产一夜归零。2019年，又有团贷网等上百家平台倒闭。在多米诺骨牌效应之下，红岭创投宣告清盘，留下184亿元未清偿债务；著名网贷企业陆金所宣布退出P2P网贷，这些事件变相宣告了P2P网贷业务的终结。

回顾中国P2P网贷的发展历程，我们可以看出，普惠金融和共享金融的愿景虽然美好，但现实是残酷的，如果没有国家监管，共享经济的新理念和新模式反而很容易被扭曲、异化。

2.5 未来的发展趋势

共享经济作为一种新兴的商业模式和经济发展模式，其内涵和外延是随着它本身的发展而有所变化的，也因此引起了不少争议。进入2018年，共享经济概念的热度似乎已进入尾声，无论是创业者、投资者还是消费者，都变得更加冷静理智。这意味着，共享经济将脱离资本

市场的风口，迎来一个优胜劣汰的沉淀阶段。

回顾共享经济商业模式的发展轨迹，我们发现一个普遍的规律：最初发展起来的共享经济平台一般是C2C或P2P模式，即资源由用户提供，平台只起到信息中介的作用，被认为是“真正的共享经济”；后来，共享经济平台往往转向B2C模式，即资源由平台提供和维护，用户只是分时段租赁平台提供的资源，被认为“不是真正的共享经济”（当然，C2C常常可以作为B2C的补充而继续存在）。C2C模式一般是轻资产的、低边际成本的、具有网络规模效应的；B2C模式一般是重资产的、高边际成本的、不具有网络规模效应的。关于这个问题，我们在第一章第二节进行了辨析，指出共享经济的本质在于资源的共享和效率的提高，而不在于资源究竟由谁所有。

事实上，从C2C向B2C的转型有着深刻的经济学原因：一些资源的社会冗余度有限，资源所有者并不能产生足够的供给，但客观上又存在着提高资源的易获取性的高频需求，如共享充电宝；一些资源需要大量的运营维护，如共享单车；一些资源在面向市场供给时需要提供标准化的产品和服务，如共享住宿；一些资源在出租的过程中受租用者道德风险的影响较大，或者面临其他的安全风险和法律风险等，超出了个体所有者所能承受的范围，如共享汽车。然而，B2C模式并非共享经济发展的终点，因为这一模式本身仍然存在一些严重的问题：

（1）重资产。在C2C模式中，平台只负责进行信息的调度，用户提供资源的机会成本很低，且往往能自行维护，减轻了平台的前期投入和运维负担；而在B2C模式中，前期投入、中期运营和后期维护所带来的成本十分惊人。例如，摩拜单车在上海地区刚运营4个月的时间就已达到了10%的损毁率。

（2）难以形成网络规模效应。在C2C模式中，供给方和需求方的数量越多，平台撮合交易成功的可能性就越大、用户体验就越好；而对于B2C平台来说，无论用户数量增加了多少，其运营效率也不可能有大幅度的提高，相反用户越多就需要投入越多的资源和运营成本。

（3）用户缺乏黏性和忠诚度。在C2C模式中，用户之间存在较为积极的社交互动，平台常常以“情怀”来打动用户；而在B2C模式中，一

切都只是一场交易，用户更看重的是优惠的价格，与平台缺乏情感上的纽带，这当然也会推高平台的获客成本和用户存留成本。

那么，在共享经济发展的这个转型时期，我们该如何展望未来共享经济的发展趋势呢？本书认为，C2C 和 B2C 模式在未来都会进一步发展，平台会深化其服务功能，使这两种模式分别进化成 C2B2C 和 B2B2C 模式。C2B2C 模式下，平台为资源供给端用户承担更多的运维职责和风险保障，帮助供给端用户将产品和服务标准化或定制化以更好地服务于终端用户，同时也延长了平台的产业链和价值链，例如“小猪短租”就在探索为民宿业者提供设计、软装、保洁、商城、物联网设备、智能化管理等一站式服务；B2B2C 模式下，平台与资源供应商通过深度定制、集中采购等方式提高资源的实用性、降低其成本，从而为终端用户创造更大的共享价值（例如与服装企业深度合作的“共享衣橱”等）。当然，现实中的商业模式还可能更加多样化，这里无法一一列举。总之，共享经济是一种不断深化的商业和社会实践，只有不断用创新的模式来突破资源共享的一个个瓶颈，才能迎来共享经济更加美好的未来。

第3章 理论基础

分享本身是人类的天性和古老的现象，但协同消费和共享经济现象却是网络时代的产物（Belk，2014）。作为一种新兴的互联网商业模式，共享经济已经在学术研究和商业实践中受到越来越多的重视（Albinsson & Perera，2012；Belk，2007，2014；Lamberton & Rose，2012；Ozanne & Ballantine，2010；Heo，2016）。与传统营销理论意义上的“品牌忠诚”（Jacoby & Chestnut，1978）类似，共享经济平台的“用户黏性”（user stickiness）也随着共享经济商业模式的发展而得到越来越多的重视。尽管互联网商业从传统的面对面交易变为通过屏幕上虚拟界面的交互（Konradt et al.，2003），但与传统商业一样，互联网企业开发一个新顾客的成本是保持一个老顾客的成本的数倍之多。因此，吸引用户重复访问是增加网站交易量的一个主要策略（Zott et al. 2000）。Khalifa等（2007）验证了在线购物习惯对形成重购倾向的调节作用。一个好的网站可以吸引用户经常使用或延长使用时间（Reichheld & Schefter，2000），使用户更多地购买商品、服务或浏览广告（Koh & Kim，2004），因此用户黏性是网站成功的关键（Rosen，2001）。

用户黏性被定义为一家企业促使顾客重复购买的能力（Paul，1999），在互联网商业领域则是网站吸引并保持顾客的能力（Zott et al.，2000）。当用户总是访问相同的网站，并在网站浏览和挖掘方面花费比平均值更多的时间，那么网站就具有黏性（Brock，1997）。测量用户黏性的指标有：访问时长、访问频率和访问深度。用户黏性能促进用户在网站上的信息交互、在线交易行为（Elliot，2013）。学界对一些不同的行业领域进行过用户黏性的研究，例如Zott等（2000）对电子商务的研究，Lin（2007）对在线购买行为的研究，Wu（2011）对社交网站使用行为的研究，Lu和Lee（2010）对博客黏性的研究等。

共享经济平台作为一种电子商务领域的信息系统，其用户的持续使用行为是一种对信息技术的“采纳后行为”，与之相对的是关于是否采纳一种信息系统的决策的“采纳前行为”。当前对于信息技术的采纳研究逐渐从采纳前研究转移到采纳后研究，Gulnea和Markusl通过对信息技术持续使用的研究的回顾，从研究问题的角度将这些研究划分为三类：（1）从理性认知决策的角度来研究持续使用行为，主要涉及信念、期望、过去经验的反映等，这一角度认为持续使用主要基于用户对IT技术的理性评价，例如感知的有用性、易用性等；（2）从情感而非认知的角度出发，认为人们在作出持续使用的决定时，主要是依赖情感因素，例如满意以及其他情感因素都属于这一类；（3）从习惯的角度出发，认为在一个稳定的环境下，人们的持续使用不是基于认知或情感的判断，而实际上是一种习惯性行为，主要受到环境线索以及无意识的重复行为意向所影响。

用户对共享经济平台的重复使用和购买行为不仅是习惯性的购买或使用，还反映了积极的认知和正面的情感。因此，充分的产品认知、积极的产品情感和重复的购买行为就构成了用户黏性的三大要素。本章将从用户的认知、情感、行为等三个方面对共享经济平台用户黏性的相关理论进行梳理。其中，用户认知相关理论包括：计划行为理论、技术接受模型、态度理论、服务质量理论；用户情感相关理论包括：感知价值理论、感知信任理论、满意理论；用户行为相关理论包括：社会资本理论、价值共创理论、用户认同与契合理论、习惯理论。

基于上述理论，本书以价值共创理论为视角，利用“在行网”销售数据和网页文本数据，探讨知识共享经济用户黏性的影响因素及用户黏性与价值创造的关系；以ABC模型、认知决策理论、服务质量理论、感知价值理论、感知信任理论为基础，结合调查问卷数据，实证研究O2O服务领域共享经济用户黏性的影响因素；在网约车伤害事件的背景下，以信任受损、信任修复等理论为切入点，研究危机事件导致的共享经济用户动态黏性的受损与修复机制。

3.1 用户认知相关理论

社会心理研究者和实践者从理性认知出发，认识到信念、态度和行为之间关系的重要性。早期研究者认为态度和行为之间是弱关系或没有关系（Wicker，1969），而Ajzen和Fishbein（1977）使用恰当的方法和有力的证据表明态度和行为之间在有高相似度的时候，有着强关系。社会心理学家重点关注探索态度的形成，定位为参与行为的个人性情。许多研究提出模型并验证，解释态度的形成（Allport，1935；Thomas & Znaniecki，1918）。

3.1.1 计划行为理论和技术接受模型

已有的研究模型认为个体的信念预示了个体的态度，态度又影响了个体的购买倾向，进而影响了购买行为（Fishbein，1963，1965；Fishbein & Ajzen，1975；Ajzen & Fishbein，1980）。在后续研究中，基于以上推断，信念、态度、意图和行为的关系得到了检验（Ajzen & Fishbein，1977，1980；Bagozzi，1981；Bentler & Speckart，1979，1981；Fishbein & Ajzen，1975）。其中一个重要研究验证了信念、态度、行为之间的交互关系，即为计划行为理论（TPB）（Ajzen，1985），它是理性行动理论（TRA）（Fishbein & Ajzen，1975）的扩展。计划行为理论指出信念影响特定的行为感知、随后的态度和实际的行为。许多研究者采用计划行为理论，选取模型中部分或全部的构念来更好地理解广泛的消费者行为，具体研究涉及用户满意和存留（Guo，Xiao & Tang，2009）、电子

商务（Grandón，Nasco & Mykytyn，2011；Buttle and Bok，1996）、国际旅行（Martin，2010）等。Elliot等（2013）基于计划行为理论模型研究旅游分享网站用户黏性的影响因素，检验信念、态度和行为之间的关系。实证研究结果表明，服务质量对满意度、信任度有高度影响；系统质量对满意度有中等影响，信息质量对满意度、信任度有中等影响；满意度对黏性有高度影响；黏性对交易意图有高度影响，品牌态度对交易意图有中等影响；信任度对品牌态度有高度影响；在人口统计学变量中，用户的收入对交易意图也有较低程度的影响。计划行为理论（Ajzen，1991）包括社交和控制因素对行为的影响，这些变量也是计划行为理论对行为进行衡量的关键因素，比如：社会因素（主观规范）是行为意图的决定因素，感知行为控制也是意图和行为的决定因素。价值理论以及计划行为理论的视角，认为安全、享乐、人道、仁慈、刺激、主观规范及个人规范、感知行为控制与有机食物购买相关（Aertsens et al.，2009）。基于扩展计划行为模型，Han和Kim（2010）认为服务质量、顾客满意、总体形象、过去行为频率等是重购绿色酒店的意向影响因素。

很多学者构建模型，使用包括态度、社交和控制的因素来解释信息技术的使用（Davis，1989；Hartwick & Barki，1994；Mathieson，1991；Moore & Benbasat，1991；Thompson et al.，1991），其中最著名的模型是技术接受模型（Technology Acceptance Model，TAM）（Davis，1989）。TAM模型是使用最广泛的IT使用模型，获得了很多实证方面的支持。根据TAM，使用行为（usage behavior）是行为意图（behavioral intention）导致的。而行为意图受到态度（attitude toward usage）即反映了对于使用技术的有利和不利感受，以及感知的有用性（即使用技术是否会增强绩效（perceived usefulness）的影响）。态度又受到感知有用性和感知易用性（perceived ease of use）的联合影响。易用性也是感知有用性的直接决定因素。

在信息系统领域的TAM模型中，感知有用性是意图的最主要决定因素。在电子商务文献中确认的有用性包括“更快的搜索、更好的购买体验”（Gefen & Straub，2000；Koufaris，2002）。信息系统研究（Bhattacherjee，2001a，2001b）采用市场的方法来解释系统使用持续性，研

究者认为感知有用性是除了满意之外的另一个影响持续使用的因素，当顾客发现在网络商店购物更方便时，会更愿意重购。传统信息系统范式中，感知有用性是中心元素，解释了信息技术的使用或扩展使用（Davis et al.，1989）。Khalifa等（2007）提出了影响电商用户留存的五种有用性因素：购后服务、交易效率、安全性、方便性和经济性。感知有用性对行为意图（比如重购）的影响已经在不同的情境中被大量的实证研究检验，包括信息技术和电子商务（Gefen & Straub，2000）。Bhattacherjee（2001a）实证检验个体的使用被感知为有用的时候，个体更倾向于持续使用。将TAM模型应用到在线购物情境中，顾客的突出信念与重购有关（Davis et al.，1989），如果一个人感知到某线上商店相比于其他线下或在线商店能提供更好的购后服务，或得到更加便宜的价格，那么这个人会更愿意从该在线商店再次购物。当包含了方便和节省费用两大优点时，在线购物可能被认为是更加有用的。基于TAM、TPB模型对信息技术和信息系统采纳的研究较多，Qureshi等（2008）认为接受电子银行服务的核心因素是感知有用性、感知易用性、安全和隐私。Elliot等（2013）认为影响旅游分享网站用户黏性的直接因素是用户满意度，而影响用户品牌态度和交易行为的直接因素则是用户信任度，二者共同受到社区质量的影响。此外，多项研究提出Facebook用户黏性的影响因素包括：社会认同、利他精神、感知有用性、感知易用性、感知享乐、感知安全、沉浸感、成员数量、同伴数量、信任、社会压力、主观规范、感知行为控制、感知价值等（Kwon & Wen，2010；Al-Debei et al.，2013；Yang & Lin，2014）。

Deci和Ryan（1985）提出，动机可以分为内在动机和外在动机。前者来自相关活动中的内在价值或愉悦，而外在动机与外在压力相关，比如名誉、经济所得。从动机的角度来看，人们愿意投入到计算机使用方面的时间和精力受到内在和外在动机的影响。“内在行为”被定义为愉快和喜欢表现的结果，无论表现是否有奖励。从另一方面说，“外在动机”指的是通过行为的表现来获得与行为表现相关的特定的奖励或取得特定的目标（Chang et al.，2008）。通常体现在技术接受模型中的感知有用性是受到外在动机影响的。市场领域的研究者们（Holbrook &

Hirschman，1982；Sheth et al.，1991a；Yen，2012）认为感知享乐、社交、功利价值可以解释购买物品或服务的满意和忠诚。Al-Lozi和Al-Debei（2012）认为在Web 2.0网站中，社交价值、享乐价值、认知价值、礼物价值、功利价值是用户之间产生和交换的价值。Cheung和Lee（2009）认为目的价值、自我发现、娱乐价值、社交联系和保持个人之间的联系是决定个人是否使用虚拟社区的关键因素。除了社会化网络的社交价值、享乐价值之外，由于自身的特质，Web 2.0网站还为用户提供了新颖的体验和新的知识，从而使自身具有了更高的认知价值（Yang & Lin，2014）。

3.1.2 消费者行为态度模型

在学术上，态度是指一种对人（包括自己）、物品、广告或议题等的持续的一般性评价。学者将人们对其具有态度的事物称为“态度对象”（attitude object）。消费者会消化吸收各种来源不同的信息，并常常付出不少精力来形成自己对各种事物的态度。Katz（1960）发展了态度的功能理论（functional theory of attitudes）来解释态度如何促成社会行为。根据这种理论范式，态度之所以存在，是为了实现某种消费者需要的功能。态度的功能有：效用功能、价值表达功能、自我保护功能、知识功能。一个预期自己在未来还有可能处于相似决策情境的消费者更有可能形成自己的态度。

态度比它乍看起来要复杂。当斯巴鲁开始实施一项新的营销策略时，这家汽车制造商发现，尽管该品牌在汽车购买者中的知名度颇高，但很少有人对它有情感性的认同。经过多年的积累和沉淀以后，现在的斯巴鲁车主对该品牌表达出了热爱。为了使还没有购买斯巴鲁汽车的消费者也对该品牌产生感情，一项新的营销计划针对处于三种不同购买阶段的消费者采取了不同的策略，分别要争取他们的“心灵”、“大脑”和“钱包”。“心灵”阶段的营销聚焦于宣传消费者表达他们对斯巴鲁汽车的热爱，通过商业广告来分享车主的个人故事和心路历程。“大脑”阶段的广告则相反，表达的是斯巴鲁特定车型的可靠性、经济性等理性层面。“钱包”阶段的广告表达的是斯巴鲁的分期购买方案等财务细节，

并由本地经销商提供特别优惠。

类似于斯巴鲁的阶段性营销方案，态度也可以被分为三种成分：情感（Affect）、行为（Behavior）与认知（Cognition）。情感描述了消费者对一个态度对象的感觉，行为指的是消费者采取某种行动的意向（但意向不一定导致实际的行为），认知是消费者关于态度对象的信念。这三种成分的英文缩写为ABC，所以人们将这一理论称为态度的ABC模型。ABC模型强调知、情、意之间的关系，人们无法仅仅通过了解消费者的认知信念就确定消费者对产品的态度。例如，研究者发现一位消费者"知道"一款摄像机的诸多技术参数，但仅仅知道这些还不足以推断消费者对这些特征的态度是好是坏，也无法预测消费者是否会购买。

消费者决策类型包含三种：认知型、习惯型和情感型。每一个消费者做出决策都是为了解决某个问题。由于某些购买决策比另外一些更重要，人们对不同的决策所投入的关注是不同的。有时候购买决策几乎是瞬间自动做出的，只依靠很少的信息做出快速的判断；有时候购买决策则要让我们纠结很久。有时候一些决策是经过深思熟虑并充满理性的，人们会仔细思考不同选择的利弊得失；而在另一些决策中，人们让情感主导自己的选择，这时所面对的问题就与强烈的好恶紧密相关。在生活中面临的问题是多种多样的，以至于人们很难用一种"放之四海而皆准"的理论来解释消费者行为的种种复杂情况。研究者们意识到，消费者实际上是在用一套固定的策略模式来处理日常的消费决策问题的。在学界称之为"建构性处理"（constructive processing）的思考过程中，消费者会评价进行一个特定的消费决策所需耗费的努力或认知成本，并尽可能削减这种认知成本。当消费者估计这一决策需要深思熟虑时，就会对其投入更多的精力。否则，消费者就会遵循过去的惯例行事，或按照直觉和情感反应来选择。

从认知、行为和情感这三个方面来思考消费者决策时，需要注意的是这三者不一定是独立起作用的。一个人要在一段时间内努力改变或保持自己的行为，是一种自我控制（self-regulation）。情感因素如自卑感，也可能成为主要的消费动机。在某些情况下，人们消费商品（尤其是食品）是出于高层次心理追求。

经典的消费者认知决策理论基于信息处理过程的视角，认为消费者会冷静而仔细地收集尽可能多的信息，不辞辛苦地比较不同商品的所有优缺点，最终做出满意的决策。这种细致、用心的决策模式在财务计划活动中可以得到体现，因为许多细节和选项都会影响消费者的金钱得失。当营销经理相信消费者确实是在执行这种理性决策模式时，他们会仔细研究消费者决策的所有步骤，以了解消费者看待信息的方式，包括消费者对不同选项的信念、消费者的选择标准等。基于这些研判，企业可以制定相应的产品策略和推广策略，来向消费者提供最有效的决策信息。

即使是在传统的消费者决策理论中也提到，人类倾向于成为“认知吝啬者”（cognitive misers），他们竭尽所能试图简化选择的过程。信息经济学（economics of information）视角假定人们只收集“刚刚够”的信息用来做决策。对额外收集的信息形成价值预期，并且只有在预期效用大于预期成本时才继续收集信息。这一功利主义的假设还认为，人们总是最先收集预期最有价值的信息；只有在认为新信息能够增添新的认识的情况下才会吸收新的信息。总而言之，消费者会在不那么艰苦和费时的情况下尽可能地收集信息。

从消费者开始感觉到自己的需求，到真的购买，要经过几个认知决策步骤，包括：问题识别、信息搜索、选项评价、产品选择。消费者决策理论是消费者行为理论的核心，但消费者评价和选择产品的方式和心理是高度多样化的，依赖于产品的新颖性和决策的风险性等维度。消费者几乎总是需要进行产品选择的决策，有些决策比较重要，消费者会付出较多精力；有些则不那么重要，消费者几乎是自动做出选择。决策有许多是高度自动化的，主要是基于习惯。评价和选择一种产品的方式依赖于这种产品营销广告和购买情境的介入度。

认知、情感和行为在对消费者行为的影响中哪一个为先？事实上，三个因素都有可能，视具体情境而定。态度的研究者发展了影响层级的概念，用来解释三种要素的相对影响，每一个层级都表示了一种态度形成的固定阶段步骤。这些序列也和三种决策类型（认知决策、习惯决策、情感决策）相对应。标准学习层级（Standard Learning Hierarchy：

Think→Feel→Do）假定消费者通过一个问题解决程序来实现产品决策。这一过程叫作“认知决策”。首先，消费者在积累关于产品属性的知识和信念的过程中形成关于产品的信念。接下来，消费者评价这些信念并形成对于产品的情感。最后，消费者采取某种有关的行动，比如购买提供了需要属性的产品。这一层级理论假定消费者在进行消费决策时是高度介入的，有足够的动机来搜寻信息，比较替代品，并做出深思熟虑的决策。

根据态度ABC模型，其中Cognition表示的是消费者对待特定产品或服务对象的认知信念。Raacke和Bonds-Raacke（2008）认为信念主要包括对质量的感知，即对服务质量、系统质量、信息质量的感知，主要考虑的是信念对态度的影响，比如对满意度、信任度的影响。学者们研究发现，成员对于虚拟社区质量的信念可以影响个体的态度，比如满意度和信任度，以及总体上对虚拟社区的持续使用程度。因此，由技术支持的在线交互质量（包括内容管理和网站功能），对虚拟社区的成功都很关键（Lin，2007；Preece，2000）。

Howard和Gengler（2001）使用实验研究情感传染效应对物品态度的影响。用户对特定信息系统的积极态度会影响其使用该系统的意图（Davis，1989）。由于网站可以被认为是一种同类型的信息系统，研究者可以设想对于特定网站，用户的积极态度会影响其对于网站的黏性行为意愿。网站用户重新访问网站的意愿显著受到用户对网站态度的影响。一个好的在线体验会引发用户内在的愉悦，并且使其忘记时间的流逝。用户越是喜欢一个特定网站，他对于该网站的黏性就越大。关于参与购买或消费特定物品的动机，从有关文献中可以看出尽管消费者可能有某种意识、观念或信仰、观点，他们的热情也可能不转化为可持续的行为。在电子商务情境中，满意的状态被广泛研究。De Valck等（2007）认为满意的态度是成员对总体社区评价的重要预测因素。

Bagozzi（1981）、Fishbein和Ajzen（1975）认为态度通过行为意图的调节作用引导行为。态度被视作行为的主要决定因素（Ajzen，1991）。Jiang等（2008）将态度的构念定义为“用一定程度的喜欢或不

喜欢来评价表现的心理倾向”。态度的形成有多种路径，态度的研究者们一般会假定消费者是以一种固定的次序形成态度的：首先消费者对态度对象形成一定的认知信念，然后评价该对象（情感），最后采取某种行动（行为）。尽管如此，消费者介入水平和环境不同，他们的态度也可以通过其他的影响层级形成。通过以上分析我们可得出一个结论——基于态度ABC模型可以构建共享经济商业模式的用户黏性影响因素模型。

3.1.3 服务质量理论

互联网的本质就是用户可以通过极低的成本搜索信息、比较价格和服务。这就形成了顾客端空前低廉的转换成本和搜索成本。怎样吸引互联网顾客的注意并使他们形成黏性成为了相关企业的重大挑战（Lin，2007）。分享经济是伴随着人们消费观念的改变而发展的，现在已经在从“有没有”渐渐向“好不好”转变，相关企业更加注重服务质量与用户体验。竞争激烈的商业环境和全球化发展使服务质量成为企业重要的竞争优势之一，也使服务质量的研究得到了发展和重视。但是，目前学术界对服务质量的定义、维度以及操作层面缺乏统一的认识。Mcdougall（1997）将其定义为服务的结果和产出；Parasuraman等（1988）运用差距理论认为顾客在特定的产业和国家中自己所感知到的实际的服务与期望服务之间的差异就是服务质量。在实证层面，Parasuraman等（1988）提出的服务质量测量表（SERVQUAL）包含了有形性（Tangible Facilities）、可靠性（Reliability）、反应性（Responsiveness）、保证性（Assurance）和移情性（Empathy）等5个维度，得到了广泛的应用。有形性是指包括服务设施以及人员外观在内的有形资产。可靠性是指绩效与可靠性的一致，例如服务方第一次服务时要及时、准确地完成服务，在指定时间内完成服务等。服务的可靠性要求服务方无差错、准时地提供其承诺的服务，并且避免在服务过程中出现差错。反应性是指服务提供方提供及时、快速的服务、随时准备帮助顾客并且在服务出现差错时，迅速解决问题。保证性是指服务人员表现出应有的知识、礼节和自信与可信的能力。保证性包括两个方面的内容，一是知识与能力，即

服务提供者履行服务所必备的技能与知识；二是得体，指服务提供者在整个服务过程中在言语，动作等方面所表现出来的恰当性。移情是指服务提供方尽量去理解顾客的需求，如了解顾客的特殊需求、提供个性化关心和细致入微的关怀等，并做到换位思考。基于网页的信息系统的系统质量主要指网站的功能，系统可靠度、接入的方便性、响应的时间以及系统的灵活性都是用户评价服务质量的标准（DeLone & McLean，2003）。信息质量指的是在线服务提供的信息质量，它包括的维度有：信息准确性、完成性、流通和信息的展示（Nelson，Todd & Wixom，2005）。Backman和Veldkamp（1995）认为服务质量是服务提供者吸引顾客的一个重要因素。

DeLone和McLean（2003）认为服务质量是在以用户服务为关键的电子商务环境中信息系统成功的关键维度。Lin（2007）研究了信息质量、系统质量、服务质量对虚拟社区的可持续性的影响，并确认了在线质量和服务特征的影响。Leimeister和Krcmar（2005）认为虚拟社区的成功依赖于管理和服务质量，比如提供每日更新的内容、关注成员的需要，组织会员的活动和严肃地提供成员数据。理解虚拟社区的交易社交和商业功能对于互联网企业更好地了解他们的品牌和用户偏好有很大的价值（Hagel & Armstrong，1997）。Osti（2010）认为虚拟社区的成功因素中信息可靠性、导航的方便性、发帖的频率、成员的尊敬以及用户的一致性是最重要的几个方面。Song等（2009）证明了服务质量的重要性，在电子商务环境中消费者对服务质量的评价，除了感知的不确定性之外，还受到B2B和B2C市场中信任的影响。Elliot（2013）认为消费者对网站质量的信念、信任和满意的态度，从根本上来看都会影响行为，它们共同决定了消费者是否对虚拟社区网站产生黏性并是否在线交易。Lin（2007）认为对网站的信念、积极的态度和信任会导致用户对网站的黏性。综上所述，服务质量理论是消费者行为领域中重要的理论，本研究通过借鉴服务质量理论来构建共享经济用户黏性的影响因素模型，验证用户感知服务质量是否对用户黏性有正相关影响。

3.2 用户情感相关理论

3.2.1 用户满意理论

企业建立网站的主要目的是促进交易，因此必须有针对性地根据用户购买意愿的影响因素进行投资。积极的态度是购买意愿的有力前提（Morris et al., 2002）。Belanger等（2002）研究发现网络消费者在做出具有购买倾向的决策时会认为网站的“隐私”“安全特性”比“愉悦”的重要程度低。一个网站用户更喜欢某个特定网站，他对于该网站的黏性就越大。实证研究结果表明：网站用户重新访问网站的意愿显著受到用户对于网站的积极态度的影响。一个好的在线体验会引发用户内在的愉悦，并且使其忘记时间的流逝（Hoffman & Novak 1996）。

保留顾客被学者和实践者认为是判定零售商成功与否的关键因素之一，因为它对于节省花费和提升盈利能力有较大影响。获得新顾客的花费通常是保留已有顾客的5到7倍。并且，保留顾客可以增强盈利，因为他们对于价格改变有更低的敏感性（Doyle, 2003）。保留顾客是在线购物情境中更有挑战性的议题，有研究证实在线顾客保留的一个重要决定因素是满意度，它对用户重购有直接影响（Anderson & Srinivasan, 2003）。顾客满意度是用户重购的主要驱动因素之一，存在于不同的工业和社会情境中（Rust & Zahorik, 1993; Rust et al., 1995; Hallowell, 1996）。当顾客对特定的网络商店满意度高时，他更可能再次购物。Jones和Suh（2000）发现，满意度是重购行为的强的单一预测因素，解释率大于50%。基于期待不确认理论，Bhattacherjee（2001a）对信息系统持续使用意图构建模型，认为信息系统的持续使用意图是用户满意度和感知有用性的直接影响结果。

3.2.2 感知价值理论

Butz等（1996）指出感知价值是当顾客使用优秀的产品或服务后，发现它们提供了附加值时，建立起来的顾客与生产商间的情感纽带。在

Johnson和Payne（1985）提出的利得与利失范式中，感知价值是在认知网络利益和认知花费之间的权衡。在大众传媒研究中，Katz（1959）认为用户在他们的行为中是目标导向的，比如他们采取特定的行为来实现特定的相关目的。

Sweeney和Soutar（2001）将社交价值定义为通过购买某种商品或服务所带来对应的社会认可的形象价值。社交价值期待对用户的娱乐服务有影响，因为社会环境通常包括人际交流与互动（Mort & Drennan，2005）。Babin等（1994）指出享乐价值是从事在线商务活动关于节日的娱乐产出。享乐的过程通常与幻想、感受、有趣和符号等元素相联系（Holbrook & Hirshman，1982；Hirschman & Holbrook，1982），或者它可能包含节日喜庆气氛和活泼的氛围（Sherry，1990）。享乐维度的价值在行为研究中也经常被讨论。Pihlström和Brush（2008）认为认知价值指的是顾客对一件新产品的创新价值。在信息系统情境中，考虑到技术的具体性质，Van der Heijden（2004）提出将信息系统分类为享乐型和功利型，同时消费者行为学领域的学者Hirschman和Holbrook（1982）将产品区分为功利型和享乐型两种。享乐型系统旨在提供“对用户的自我满足价值”，而功利型系统则主要是提供“给用户的工具性价值”。社会信息系统的出现使用户更多地从事社会相关的活动，并旨在向用户提供社会价值，而不是功利型系统的工具价值或享乐型系统的自我满足价值。Yang和Lin（2014）除了社会化网络的社交价值、享乐价值之外，由于自身的特质，Web 2.0网站还为用户提供了新颖的体验和新的知识，从而使自身具有了更高的认知价值。Pihlström和Brush（2008）认为认知价值指的是顾客对一件新产品的创新价值。在消费者行为学中，传统的理念——“我们是我们所拥有的”（即“所拥有之物代表着我们”），现在可能需要修正，因为人们可以更多地使用那些不拥有所有权的物品。在网络时代，Belk（2013）发展了之前的观点，认为有许多的方式来表达自我认同，而不再只是所有权。作为消费者，非所有权使用所有物的出现对消费者来说，会影响自我认知和认同。这些体现的是一种认知认同的价值。

营销领域的研究（Hirschman & Holbrook，1982；Sheth et al.，

1991a，1991b）认为感知享乐、社交、功利价值可以解释购买物品或服务的满意度和忠诚度。Al-Lozi和Al-Debei（2012）认为在Web2.0网站中，社交价值、享乐价值、认知价值、礼物价值、功利价值是用户之间产生和交换的价值。Cheung和Lee（2009）认为目的价值、自我发现、娱乐价值、社交联系和保持个人之间的联系是使用者决定使用虚拟社区的关键。Yang和Lin（2014）提出享乐价值、社会价值和认知价值是Facebook使用黏性的关键前因，并且信任作为潜在的关键调节变量影响价值模型，他们探讨了“信任”这个中介因素如何影响个人使用行为的问题，通过网上对345人展开问卷调查，使用PLS技术得出结论发现，享乐价值对于Facebook用户来说是最重要的价值。在高信任组中，社会价值和享乐价值对黏性有重要影响；在低信任组中，统计结果表明认知价值和享乐价值对Facebook用户有影响，但在社交价值方面没有显著影响。本研究基于过去的研究，在衡量共享经济用户黏性时，主要包括三种价值构念：社交价值、享乐价值和认知价值。据此，建立共享经济商业模式的用户黏性影响因素模型。

3.2.3 感知信任理论

信任是分享经济的关键，对于所有P2P商业模式都非常重要。随着分享经济的发展，线上的名誉和认可将变成更加重要的资产。人们——消费者和工作者——需要信任他们的平台和与他们交流的人。分享经济平台应该严肃地对待信任。许多P2P平台包括评级系统，例如在Airbnb平台上，所有主人和客人都可以公开地互相留言。当安全变得十分重要，一些平台也会做犯罪记录查询。分享平台收集和分享评分促使用户之间建立信任，并减少欺骗。政府部门也应该建立自己的身份确认体系，致力于逐渐建立开放的体系推广到其他服务——包括分享经济平台。有些服务需要做得更多，而不是简单地检查认证用户是否有犯罪记录。比如人们越来越担心顺风车出现意外，担心遇见那些危险的陌生人，一种有效的应对方式就是建立信用系统。正如需求方和供应方在平台交易之后的互相评级，许多分享汽车服务公司都通过基于事实的在线评级，帮助人们建立信任体系，并减少不确定性（Masum & Tovey，

2012；Solove，2007）。

Mayer等（1995）将信任定义为“一方在没有对另一方有效监管或控制的情况下，对于另一方基于对方会做出的重要特定行动，愿意承受的风险。”Turban等（2002）认为信任是“相应的主体愿意追求特定交互来取得一个计划目标的心理状态。”Ring和Van de Ven（1992）指出信任是行为人对博弈另一方采取某种特定行动的预期信念，在这种预期信念下，行为人愿意采取相应的行动与之合作，从而将自己置于易受对方机会主义行动伤害的脆弱处境。互联网用户的信任和感知风险的能力对购买决策有很强的影响。用户感知到的信任、信誉、隐私问题、安全问题以及网站的信息质量、公司的信誉对用户在网站的信任有很强的影响。而第三方的监管对用户的信任没有明显的影响（Kim，Ferrin，& Rao，2008）。

Lee和Turban（2001）、McKnight等（2002）的研究表明了信任是电子商务取得成功的关键因素之一。Gefen（2000）指出顾客的交易倾向显著受到信任的影响。随后的研究也总结出了相似的结果，表明消费者对于网络商贩的信任度影响其购买意向。信任不仅可以提升用户重新访问的意愿（Suh & Han，2003），而且可以促使其在网站上产生购买行为（Gefen，2000；Pavlou，2003），另外它还是消费者对于企业忠诚的一个显著的决定因素（Berry & Parasuraman，1991）。Zott等（2000）认为为了增强用户黏性，互联网公司应该关注如何使使用者产生信任感。网站用户越信任网站，将会对网站有更多的黏性（Lin，2007）。信任是网络环境中的重要因素。Hoffman等（1999）认为如果没有相互的信任作为基础，那么双方的长期关系永远不会被建立。Dayal等（1999）证明了信任可以积极影响在网站平台中消费者长期关系的建立。因此，信任被证明可以增加使用者对网站的注意程度，并减少其对网站使用的不确定性（Palvia，2009）。McKnight等（2002）指出当消费者在一个网站中发展了信任，他们更倾向于持续参与，并与内容提供方产生交易。信任会引发重复购买、网站的重复访问以及网站推荐。Casalo等（2008）通过对自由软件虚拟社区进行网络调查，证实了消费者信任对于社区参与行为的积极和显著影响。Yoo和Gretzel

(2010) 发现信任受到用户生成内容来源的影响，官方的目的地和旅行社网站比个人分享网站更有公信力，研究还表明更高的信任来源于用户生成内容蕴含的更高的感知利益，他们建议网站努力获得访问用户的信任。回顾相关文献可以发现，信任是网络用户行为的一个重要影响因素。因此，本书建立的共享经济用户黏性影响因素模型和动态黏性变化机制都将借鉴相关的信任理论。

3.3 用户行为相关理论

3.3.1 社会资本理论

对共享经济的已有研究比较关注“社交黏性”，比如从社会资本理论、主观规范理论出发，研究共享经济平台用户的使用行为。人们参与可持续行为的动机主要在其他消费者表示他们也会参与时得到进一步加强，这其实是社会资本对个体的吸引。社会资本是社会关系网络中蕴含的、为网络成员所共有的真实和潜在的资源的总合。

社会资本包括三个维度：结构维度、关系维度、认知维度。结构维度是指个体互动的模式，既包括社交网络成员间的关系形式，也包括整个社交网络的形态指标，如密度、集中度、结构洞等；关系维度是由社会关系网络通过社会互动而创造和吸纳的资源，涉及社会资本中的情感因素，表现为信任、互惠和认同等，这些因素决定了社交网络的性质与质量；认知维度是社会成员之间基于共同的表达方式形成的社会资源，表现为共同语言和共同愿景，这些特殊的语言与叙事方式可以提高成员交流的效率。在知识服务领域中，应用社会资本理论的文献大部分研究的是社会资本对个体之间、社区内部和社交网络中知识分享行为的影响，从社会资本的角度研究知识付费用户行为的文献还不多见。周涛等(2017) 通过问卷调查发现社会交互连接、共同愿景和信任显著影响用户为知识付费的意向，其中信任的作用最大。赵杨等 (2018) 通过分析“知乎 live”课程直播数据得出结论：知识供给者的粉丝数、回答问题数、获得点赞数等对用户知识付费行为具有显著正向影响。张颖等

(2018）发现知识付费回答者（答主）的专业性和知名度、问答信息和服务质量对提问者选择行为有正向影响。

结构型社会资本表现为社会交互连接，反映了社会网络的结构性特点，如密度、集中度、结构洞等，以及社交网络中信息和资源的通道，如关系强度、交互时间、交互频率等。学者们一般将结构型社会资本转换为用户间的粉丝关系与关注关系，认为结构型社会资本对信息用户的行为能够产生影响。张璐等（2017）发现，粉丝多的用户更易获得其他用户的关注。Sun等（2016）发现结构型社会资本显著影响消费者购买意愿。Chang等（2012）发现结构型社会资本对社交网站的用户持续使用行为有显著影响。

关系型社会资本是指社会网络中行为主体的人际关系，如信任、互惠、认同等。其中，信任被认为是社会资本最核心的构成要素，通常表现为对能力、正直等方面的信任。Hillen等（2014）发现医生的在线咨询次数是衡量其能力水平的关键指标，可以增强患者的感知信任。Wu等（2017）发现房东是否进行实名认证和是否开通个人主页会显著影响短租用户对房东正直性的信任。

认知型社会资本主要包括共同愿景和共同语言。共同愿景是指组织成员拥有共同目标、兴趣和价值观，它使成员之间产生凝聚力，从而促进交互行为。用户可以通过点赞行为来表现对知识供给者关于共同目标、兴趣和价值观的认同。“在行网”中，学员会采用用户评论的方式来表达对知识供给者的认同。共同语言是指内容生产者与用户使用的共同术语、行话、缩略语等表达方式，它可以提高沟通效率。共同语言的产生通常需要双方具有相似的专业基础。在知识付费平台中，为了知识交流的便利，用户往往会选择具有共同愿景、共同语言背景的知识供给者。Hung等（2007）发现认知型社会资本有助于用户根据彼此间的共同兴趣和目标对信息产品的选择进行理性判断。

3.3.2 价值共创理论

一种商业模式的生存和发展，应该是以价值为基础的，共享经济这一新兴互联网商业模式也不例外。共享经济的本质是通过互联网信息技

术以更低的成本促使供需双方沟通，盘活存量资源，提高供给方闲置资源的流转和利用效率，降低需求方对所需资源的获取和持有成本。因此，共享经济模式能够为供需双方同时创造价值。但是，这种价值创造不同于传统的以产品提供方为主导的价值创造（“产品主导逻辑”），而是以供需双方主动参与、共同提供必要的资源和信息为本质特征的（“服务主导逻辑”和“用户主导逻辑”）。也就是说，共享经济模式的价值不是供给方或需求方单独创造的，而是供需双方“价值共创”的结果。价值共创理论主要有“体验经济”（Prahalad & Ramaswamy，2004）和“服务主导逻辑”（Vargo & Lusch，2004）这两派观点，二者框架基本一致，只是前者侧重于消费者视角，后者侧重于服务提供者视角，服务被看作消费者与服务者之间互动的价值创造过程。需要指出的是，即使潜在供给和需求在过去一直存在，共享经济商业模式仍然是在共享平台出现后才从可能变为现实的，因此要分析共享经济的价值共创，关键反而不在于共创价值的供需双方，而在于起到了至关重要的催化作用的共享平台。

价值共创正在成为共享经济研究领域的前沿和热点。目前学术界对该领域的探索尚处于起步阶段，多停留在对供需双方共同创造价值的表层认知上，针对某个具体行业进行初步的经验归纳，因此缺乏广泛的概括性和坚实的理论基础，对价值共创的机理还没有形成足够清晰的认识。江积海、李琴（2016）以Airbnb为例探讨了平台型商业模式创新中利益相关者的结构特征和连接属性对价值共创的影响机理，引入图论分析了共享经济参与者组成的“价值网”，以“点”代表资源多样性和资源异质性、“边”代表连接强度和连接透明度、“网”代表网络密度，并指出，加强资源丰度、关系强度和网络密度能有效促进平台参与者的资源共享并最终实现价值共创。杨学成（2016）研究了影响网约车平台用户价值共创活动的关键因素，认为用户的出行体验的关键价值共创因素依次为车况、公民行为、交流与对话、参与行为、相互性、信息共享、透明性等，并提出了共享经济背景下的动态价值共创框架模型。杨学成、涂科（2017）提出，网约车行业中，在用户完成一次服务的“连接、接触和分离”的三阶段中，价值创造方式分别是遵循用户主导逻辑

的价值共创、遵循用户主导逻辑的用户价值独创、服从供应方主导逻辑的价值共创。杨学成、涂科（2018）进一步认为自我决定感（自主感、胜任感、归属感）是平台支持质量（信任、平等、角色明确）与用户价值共创公民行为的中介变量，一方面受到平台支持质量的正向影响，另一方面又正向影响用户价值共创公民行为。涂科、袁宇峰（2018）对比了传统经济与共享经济中价值共创的内涵，归纳了共享经济模式为价值共创带来的改变与重构，并结合社会化媒体营销的时代特征，提出了社会化价值共创概念。Camilleri和Neuhofer（2017）通过进行文本分析，建立了“价值共创”和“价值共毁”理论框架，以解释Airbnb平台上顾客与房东之间的社会互动。王玖河、刘琳（2017）以物流服务行业为研究对象，证明感知风险、控制欲和组织支持三种因素对顾客参与价值共创行为存在显著的正向影响。冯小亮等（2018）以小米公司为研究对象，分析了顾客参与企业价值共创的动机，探讨了企业顾客价值共创的平台模式。

价值共创的观点来自服务主导逻辑（Service dominant logic，S-D），Vargo & Lusch（2008）认为价值共创的驱动因素是：服务提供商和消费者间的交互行为。服务主导逻辑代表和传统的产品主导逻辑（Good dominant logic，G-D）的改变。传统的产品主导逻辑强调产品是交换的中心，企业是价值创造的中心，价值内嵌于产品之中，消费者获得的是交换价值。近年来学者们提出服务主导逻辑，Shaw等（2011）认为企业与顾客共同创造价值，企业只负责提出价值的命题，实际的价值需要企业和消费者共同创造，人们应注重的是服务的使用价值。企业与用户的双向沟通、关系成为竞争优势的主要来源。

服务主导逻辑将顾客内生性地放入价值创造的过程。价值，成为了提供者和消费者联合行动的结果，但通常由消费者创造。服务主导逻辑强调价值不能被嵌入，价值取决于消费者。企业提出价值命题来给潜在的用户，他们受益于企业的竞争力，并与消费者一起异质性地共创价值。服务主导逻辑赞同的是使用价值，并假定只有用户可以决定价值，因此，人们应更关注体验、情感等价值。

服务创新可以被认为是通过多样资源的重新组合来创造新的资源

（如体验价值）使一些实践者在特定情境中受益，这几乎总是包含着实践者的网络，包括受益人（比如消费者）。这种服务创新的观念有很多优势，尤其是在理解信息技术的作用方面，它强调受益人的价值体验而不是服务提供者的产出，Smedlund（2012）提出信息技术能促进用户积极参与或促使其需要参与服务创新与价值创造的过程，消除传统的生产者与消费者之间的隔阂，强调相关的资源进入位置或情境的服务交换中发生，暗示服务创新的机会只可能蕴含于电子化的内容。服务主导逻辑强调的重点从静态对象资源（通常是有形、停滞的资源）的交换，转移到强调操作型资源，通常是动态的资源，并可以利用其他资源。在改善个人和集体生活的前提下，人类交换服务，运用特殊的技术和知识，给他人提供服务。如果在这种交换中包含商品，那么它们被视为服务提供的机制和途径。服务指做使人受益的事情，输出非物质的物品，常常是多项服务。

Capon和Glazer（1987）认为最基本的操作资源是知识和技术，技术是知识的实践，因此，技术、创新、服务是互相联系的。服务主导逻辑强调的是应用特殊知识技术来使本人或其他人受益。服务创新是以操作性资源为基础的，但同时会产生新的对象资源。所有个人或其他经济对象都有两个基本的操作资源：身体技能和心智技能。个人都希望发展和使用这些技能更好地生活。由于这两种技能在人口中分布的不均匀使得个人可以潜在地从这种情形中受益，因为每个人的技能都不是必要的、最理想的服务于其生存和幸福的技能。Vargo和Lusch（2004）认为人们广泛地精通于特定的技能，通过专业化来增强幸福，并与其他人进行交换，取得规模效应。从交换的物品来看，在以商品为中心的观点里，通过特定的活动产出通常是物理层面的。在以服务为中心的观点中，交换的是特定活动的表现结果。价值增值指的是在公司转换形式、时间、场合、所有物的过程。公司提供的不仅是嵌入价值（交换价值），价值更发生在特定的场景中，所提供的是对于消费者或受益人有用的价值。Vargo和Lusch（2008）认为所有的实践者与其他实践者和其他资源都是相联系的，这种联系提供了实践者体验价值的情境。企业创造环境使实践者参与，并与潜在的其他参与者一起进行价值共创。

服务主导逻辑强调资源溶解，认为社会经济实践活动都是对资源的整合。在人类文明的历史长河中，知识总是承载在实物上的，由于时间和金钱的物理转移花费，信息分享的能力受到限制。服务主导逻辑观点认为，任何一个实践者所获得的单一的资源不能单独使用，而需要与其他资源结合或捆绑来发挥作用和价值。所有的创新都是重新组合现有资源的结果，创新就是重新组合或捆绑现有资源的逻辑，这也就意味着，人类的发明越多，就有更多资源可用于发明创造。

吸收服务主导逻辑的四元理论基础：用户对用户（Actor-to-actor，A2A）网络、资源演化、资源密度、资源整合，最终组合成三个内相关的元素：服务生态系统、服务平台、价值创造，Vargo和Lusch（2011）认为A2A网络的服务主导逻辑以创新的视角观察实践者，传统意义上的二阶元素包括生产者和消费者，而该逻辑是更广义地将一个系统中的实践者和其他实践者联系起来，认为他们在资源整合和服务提供的过程中共同创造价值。这样的视角就避免了一种错误的看法，即：一个实践者被视为生产者，一个实践者被视为消费者，暗示只有一个实践者创造价值，而其他人破坏或者降低价值。传统的视角中（被视为生产或新古典主义经济学观点），将一个占主导地位的实践者（生产者）视为做某项事务于其他的被动接受的实践者（消费者）。主导的实践者是知识和创造力的来源，因此也是创新的来源。然而，服务主导逻辑中，所有的实践者和其他实践者在同一个网络中整合资源，因此所有实践者都是潜在的创新者或者价值的创造者。

由Vargo和Lusch（2004）提出的服务主导逻辑可以解释共享经济商业模式的流行。共享经济商业模式正是基于电子信息技术的发展形成的更有效的需求方与供给方在网络中的共享服务，强调的是用户之间合作共同创造价值。Mathis等（2016）发现旅行者体验的价值共创积极影响了假期的体验和对服务提供者的忠诚度。Shaw等（2011）在体验经济的背景下，介绍服务主导逻辑作为旅游管理的一个研究范式来讨论其主要特征。因此，可以借助服务主导逻辑的价值共创理论，来理解共享经济商业模式下的用户黏性行为，并且通过对相关的数据量化、质性分析，发现用户黏性的哪些因素、指标对价值创造影响最大。

3.3.3 用户认同与契合理论

在互联网平台经济时代，用户的信息行为与用户的自我认同和对平台的认同息息相关。

消费者行为学中有一句名言："你即是你所有的"（You are what you own），即"所拥有之物代表着我们"（Belk，1988）。在共享经济时代，Belk（2014）将这一说法修正为"你即是你能获取的"（You are what you can access），认为应该将那些我们所使用，但没有所有权的共享物品也包括进来。在网络时代中，我们有许多方式来表达自我认同，而不再仅仅是所有权（Belk，2013）。非所有权的共享使用物品的出现，会将我们的自我认同建立在与共享经济平台及其用户群体的广泛关系之上（Belk，2014）。因此，用户对共享经济平台的心理认同与契合是用户黏性行为的重要前因。

根据信息技术实践的六个步骤模型（Cooper & Zmud，1990），信息技术的实践和使用包括：启动、采用、适应、接受、常规化、沉浸（initiation，adoption，adaptation，acceptance，routinization，infusion）。其中，"沉浸"这一步不同于前面的步骤，它需要用户更投入地使用技术，因此需要更深的心理上的"契合"，以主动将技术运用到不同的情境中，并深入钻研和扩展技术使用的前沿领域。尽管信息系统沉浸的概念早已被提出，但它仍然被低估并且未得到充分的解释（Kim et al.，2016）。尽管前人研究主要关注信息系统的接受和接受后行为，比如信息系统的持续使用模型（Bhattacherjee，2001b），但是技术接受不能充分反映信息系统的成功与否，尤其是在强制系统使用的情境中（Deng & Chi，2012；Hsieh et al.，2011）。与之相对的，信息系统"沉浸"是一种用户在自愿状态下积极主动的使用形式（Kirkman & Rosen，1999；Saga & Zmud，1994）。仅有少量关于信息系统沉浸的研究，分别运用了技术接受模型（Saeed & Abdinnour-Helm，2008，2013）、信息系统持续使用模型（Hsieh & Wang，2007；Wang & Hsieh，2006）和理性行为理论（Ke et al.，2012；Sundaram et al.，2007）等。

研究信息系统沉浸时应该使用区别于技术接受的视角，而契合正是

能够表现用户积极主动状态的这样一种视角（Meyer & Allen，1991；Meyer et al.，2002；Pare & Tremblay，2007），所以契合理论开始被用于研究用户的主动信息沉浸行为（Allen & Meyer，1990；Meyer & Allen，1991）。

“契合”（commitment）在英文中的解释是“在情感或理智上对某种信仰、某种行动或某个人完全投入的状态”（The state of being emotionally or intellectually devoted，as to a belief，a course of action， or another person.——American Heritage Dictionary）。在市场营销学和组织社会学中，契合是一种个人的心智体验，它使个人持续参与到某种行动过程或社会关系之中（Li et al.，2006；Salancik，1977；Meyer & Herscovitch，2001）。契合有三种子类型：基于情感的契合、基于义务的契合、基于成本的契合（Meyer & Allen，1991）。对于信息系统用户来说，最主要的契合形式是基于情感的契合（Kim et al.，2016）。

3.3.4 习惯理论

在态度-行为关系研究中，理性行为理论（Ajzen & Fishbein，1980；Fishbein & Ajzen，1975）及其后继者计划行为理论（Ajzen，1991）在数十年中处于主导地位。一方面，我们有了一个较为可靠的模型，并得到了广泛的应用（如Sheppard，Hartwick & Warshaw，1988）。另一方面，该模型的普及导致社会心理学者低估了日常、重复和习惯行为的重要性，尽管这种行为不是完全独立的，而是与社会情境相关的（Eagly & Chaiken，1993），比如健康（饮食）、安全（使用安全带）或者环境（垃圾处理）等方面的行为。

理性行为理论强调行为的前因是基于理性的，但当行为因重复而习惯化时，理性的考虑会逐渐减少。因此，可以通过考察行为人的过去行为或习惯来预测其未来的行为（Bentler & Speckart，1979）。社会心理模型之一——态度-行为关系模型考虑了习惯的因素，例如Triandis（1977，1980）。在他的模型中表明，某种行为发生的概率同时受到习惯和意图的影响，而且两者的影响是此消彼长的——更高权重的意图暗示着更低权重的习惯，反之亦然。信息系统接受理论假设信息系统接受行

为主要是受到意图的影响，但在信息系统持续使用中，这个假设可能不适用，因为它忽视了频繁的使用行为随着时间推移，逐渐向自动化、习惯化方向发展的现象（Ouellette & Wood，1998）。在很多情况下，人们对信息系统的持续使用行为，可能不是显著受到意图的影响，更可能是习惯的结果（Thorngate，1976）。

习惯是指已经形成的自动的情境-行为序列（situation behaviour sequences），个体通常没有意识到这种序列（Triandis，1980：204）。它是从之前的经验中产生的一种行为倾向（Gefen，2003），通过在稳定的情境中频繁实践发展而来（Ouellete & Wood，1998）。心理学家将习惯看作对一定情境的自动行为反应，通过对秩序的学习而内化，由情境的刺激而引起，不受认知分析过程的控制，但能取得特定目标或最终状态（Hull，1943；James，1890；Triandis，1977，1980；Watson，1914；Aarts et al.，1998；Wood & Neal，2009）。习惯的本质是目标导向的自动重复行为，包括无意识的习惯做法、有意识的习惯养成等，但身体的反射动作不在其列，因为后者并不是目标导向的（Bargh，1989）。个体没有必要意识到习惯行为，也不需要进行理性的思考评估，只需要最低限度的有意识思考（Ouellete & Wood，1998），从而节省他们有限的认知资源（Bargh & Ferguson，2000），并使习惯行为表现得简单而迅速（Quinn & Wood，2005）。

本书将“习惯”的构念纳入CAB消费者态度模型中的“行为”（B）维度，作为用户持续使用共享经济平台的黏性行为的前因之一。我们将信息系统使用习惯定义为“人们因学习而适应和接受信息系统，并在一定情境下倾向于自动使用信息系统的程度”。持续使用信息系统不仅是意图的结果，也是习惯的结果。习惯更是意图和信息系统持续使用之间的调节因素。

在过去的研究中，有一些变量被认为是习惯的替代指标，包括行为的频率、过去的行为、个体经验、反应、程序化等。例如Verplanken等（1994）认为信息系统使用习惯是以综合的高水平使用为特征的，习惯的强度取决于此前使用行为的频率。然而，后续研究认为，尽管重复的频率和经历的时间是形成习惯的关键，但重复只是习惯形成的

必要条件，而非充分条件。习惯不能等同于行为发生的频率，而应该从心理学角度来理解，例如自动化特征、意识的缺乏、难以有意识控制等。Tuorila和Pangborn（1988a）认为用频率的测量作为真正的习惯测量是不够的，因为过去行为频率只能代表习惯定义的一小部分。Wood等（2002）指出，尽管过去行为的频率是未来行为的有效预测，但这种相关性对习惯不是必要的信息，满意才是习惯形成的关键。如果缺乏满意的经验，就不会发展为习惯，就仍需要有意识的控制。结果，任何习惯可以带来的优势（比如决策效率）就不会实现。另外，个体经验与习惯也容易混淆。Tyre和Orlikowski（1994）认为，用户获得了经验后，就能发展出稳定的程序、规范和习惯，来使用技术并降低协调和决策的成本。Khalifa等（2007）区分了习惯和经验，认为尽管经验和习惯有可比较的行为效果，且经验也是习惯形成的前提，但经验不足以形成习惯。

习惯在传统零售领域中已被很多学者研究过，被认为是解释重复购买行为的重要因素（Wood & Quinn，2005；Murray & Haubl，2005）。然而，重复购买并不足以涵盖互联网时代的用户黏性行为，因为这一概念只考虑了行为的频率，而很少考虑习惯行为所处的情境（Khare & Inman，2005）。互联网商业模式代表了一个与过去截然不同的新的购物情境（Childers et al.，2001）。如果用户没有培养出在线消费的习惯，那么偶然一次满意的在线购物体验可能不会导致在网络商店的重购，而如果用户具有一定的网络购物习惯，那么一次不太满意的体验并不会显著降低其重购概率（Anderson & Srinivasan，2003）。换言之，在网上购物情境中，网络购物习惯对满意度和重购行为的关系具有积极的调节作用（Khalifa et al.，2007）。因此在网络购物情境中，习惯对于在线重购倾向很重要。

如上节已经提到的，信息系统实施共分为六大阶段：启动-采用-适应-接受-常规化-沉浸（initiation，adoption，adaptation，acceptance，routinization，infusion，见Cooper & Zmud，1990）。早期的信息系统研究只关注其前期的“采用”和“接受”阶段。主要基于理性行为理论（TRA）和计划行为理论（TPB）。Fishbein和Ajzen（1975）等学者过去

的信息系统研究都在探索用户怎样接受一个特定的信息系统，包括导致对一个信息系统接受与否的各种前因和调节效应。早期研究依赖于信息系统实施早期阶段的截面数据，而后续研究则分析了时间跨度更长的纵向数据（Bajaj & Nidumolu，1998；Compeau et al.，1999；Davis et al.，1989；Venkatesh & Davis，2000；Venkatesh，Morris & Ackerman，2000）。

然而，这些纵向研究仍然没有对“接受”阶段后发生了什么提供足够的信息，信息系统的接受只是信息系统成功的第一步。信息系统实施的“后采用”（post-adoption，见 Saga & Zmud，1994）或“后接受”（post-acceptance，见 Jasperson et al.，2005）阶段至少跟之前的阶段同样重要。Bhattacherjee（2001b：351-352）认为：“信息系统的长期可行性和它最终的成功取决于它的持续使用，而不是它的第一次使用。”也就是说，只有大量用户跨过初级使用阶段，进入持续使用状态，信息系统才能被真正认为是成功的。怎样让用户持续使用新的信息系统，克服旧的习惯，培养新的习惯，是电子商务领域需要考虑的根本问题（Parthasarathy & Bhattacherjee，1998）。

意识到这些缺失，许多学者开始研究信息系统的持续使用行为（Jasperson et al.，2005）。信息系统持续使用行为作为“后接受”阶段的一组行为模式，包括重复、适应、常规化、沉浸、同化吸收等过程（Rogers，1995）。“后接受”甚至被用来作为“持续使用”（continued use）的同义词（Karahanna et al.，1999；Saga & Zmud，1994）。Bhattacherjee（2001b）认为，信息系统持续使用行为指的是信息系统使用超过有意识行为阶段，变成组织的普遍程序性活动的使用阶段。不同于起初的信息系统接受决策，信息系统持续使用不是一个一次性的事件，而是组织中个体持续使用决策的结果，直至用户选择不再持续使用才结束，因此具有纵向时间特征。尽管持续使用的决策是建立在理性的初始接受决策之上的，但随着用户重复做出相同的使用决策以回应重复出现的情况，信息系统持续行为倾向于不断增加习惯化（自动）的特征（Limayem et al.，2001）。

第4章　共享经济用户黏性与价值创造的关系研究

在本书后续的章节中将分析用户黏性的静态和动态影响因素，即用户黏性的“前因”，但在此之前，为了凸显共享经济用户黏性研究的价值和意义，本章将以处于知识共享领域的网站“在行网”为例，研究用户黏性对共享经济平台价值创造的影响，即用户黏性的“后果”。之所以选择知识共享平台作为研究对象，是因为知识共享平台不涉及实物运作，用户几乎不需要花费物质成本[①]，在很大程度上消除了现实世界复杂的技术因素和物质利益对共享行为研究的干扰。而且，由于通过知识共享平台发生的共享行为在没有这一平台的情况下，其中的绝大部分很可能根本不会发生，因此可以说知识共享平台所产生的几乎是“纯价值”，较少混杂传统经济和既有的社会分享形式的成分，十分适合作为共享经济价值创造问题的实证资料来源。

① 在“在行网”的具体情况下，这种微小的物质成本花费往往是行家和学员坐在一起喝几杯咖啡的成本。

4.1 研究背景

本章所研究的知识共享平台“在行网”是果壳网于2015年3月13日投资成立的。通过“在行网”，“学员”用户（简称学员）可以约见不同领域的“行家”用户（简称行家），与他们进行一对一见面约谈或电话交谈，或组团进行一对多的在线或线下课程交流。事实上，“在行”只是将向前辈获取经验和建议（少走弯路）的传统模式搬到了网上，并没有多少商业模式上的创新。由于这种一对一的知识传递是依赖于行家的个人经验和个人魅力的，服务内容无法标准化，因此作为补偿，“在行网”对服务流程进行了细致的标准化。从行家的资质、审核和行为规范，到咖啡由谁买单的问题，都有了一套完整的流程和规定，以便控制每一次咨询服务的品质。

“在行”上每一个“话题”[①]的价格由行家自定，在本研究的样本范围内，价格从49元/次（或29.3元/小时）到9 900元/次（或6 600元/小时）不等，中位数为499元/次（或349.5元/小时）；课程参与人数参差不齐，从0人到1 500余人不等，中位数为6人；课程销售额也存在天壤之别，从0元到60.5万余元不等，中位数为2 520元。相应地，“在行”行家的课程总人数、课程总收入也呈现从0人到2 137人、从0元到114.7万余元的两极分化趋势，中位数为14人和6 783元。各变量的描述性统计详见下节。图4-1是一个“在行网”行家主页的截图。

从图4-1中可见，行家主页上不仅包括了行家的简介和个人属性，还包括了行家所有课程的信息，以及所有评论的内容。因此，在设计网页爬取流程时，作者以随机抽取的644个行家主页为对象，抓取其中全部的行家、课程和评论信息。除图4-1中所示的项目之外，在其他部分行家主页上的项目包括：课程类型之线上课（如图4-2所示）、课程类型之全国通话（归入“通话”类型）、好友评论（如图4-3所示）。

① “话题”实质上类似于课程，但更多地强调行家与学员的在深入交谈的基础上传递经验和知识，而非单向的知识。下文中为清晰起见，将“话题”称为“课程”。

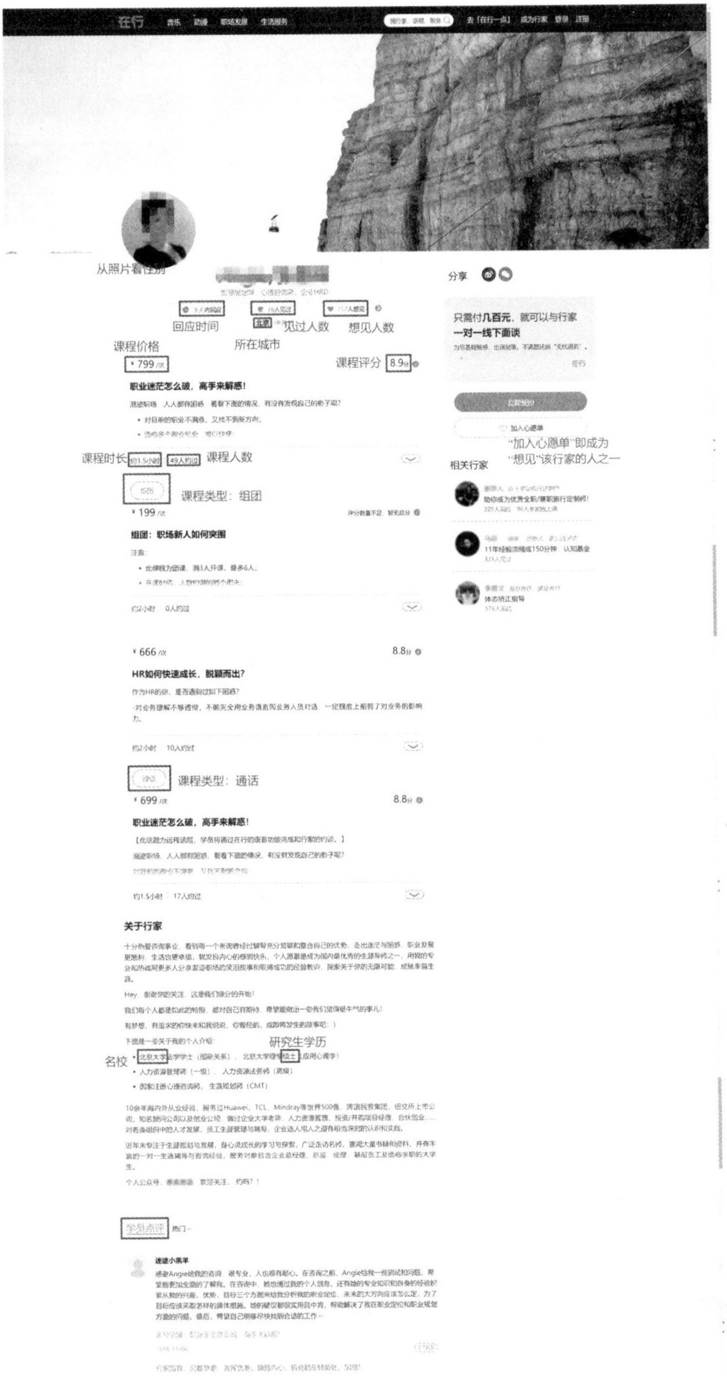

图4-1 "在行网"行家页面示例

除了在图4-1中能找到的行家、课程和评论信息之外，需要说明的还有课程和评论的类型。在本章所收集的样本中，共有4种类型的课程，分别是：线下一对一课程，线上课程，通话（全国通话）课程，组团课程（在数据集中分别被编码为0、1、2、3）。其中线下一对一课程是“在行网”最基本的默认课程类型，在课程名称上方设有专门的类型标签；在图4-1中展示了通话和组团类型的样例，图4-2是线上课的样例。

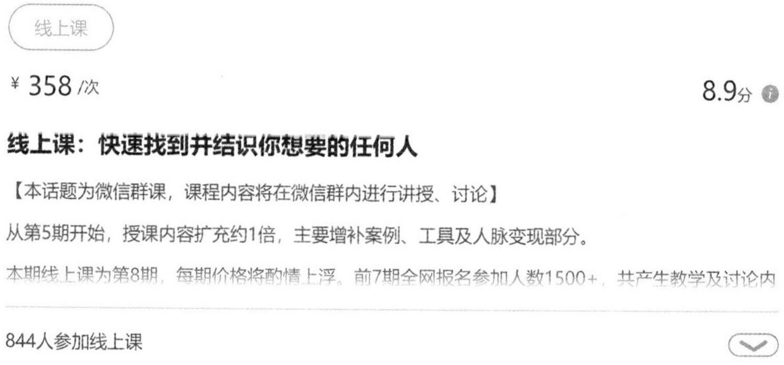

图4-2 线上课示例截图

图4-3 好友评论示例截图

“在行网”的评论分为两种：学员评论和好友评论（网页上的用词是“学员点评”和“好友点评”，本书为了符合学术表达习惯，将“点评”改为“评论”）。其中，学员评论已在图4-1中展示过了。好友评论指的是行家的好友对行家做出的评论，只针对行家个人，不针对具体课程。由于行家的好友绝大部分是“在行网”的其他注册行家，因此好友评论可以看成被特别研究过的“专家评论”（郝媛媛，2010）。好友评论栏目位于学员评论栏目旁边，点击后才能显示，如图4-3所示。

4.2 数据收集与预处理

4.2.1 样本选取

本书运用“八爪鱼”网络爬虫软件随机抓取了“在行网”644位行家的1 609个话题和18 359条评论（含学员评论17 667条、好友评论692条）的详细数据。从网页上可以直接抓取到行家的姓名、回应速度、见过的学员人数、想见（即加入心愿单收藏）这位行家的学员人数、行家所在城市，还可以抓取到“话题”即课程的定价、时长、评分、约见过的人数。另外通过阅读行家简介，可以得知行家的一些“个人标签”，包括性别、毕业院校、最高学历、海外经历等。644位行家样本的分布见表4-1。

表4-1 行家样本分布

变量	指标	数量	百分比	变量	指标	数量	百分比
城市	北京	159	24.7%	性别	男	395	61.3%
	上海	79	12.3%		女	249	38.7%
	广州	74	11.5%	学历	≥研究生	150	23.3%
	深圳	69	10.7%		≤本科	494	76.7%
	成都	65	10.1%	毕业院校	名校*	493	76.6%
	杭州	61	9.5%		非名校/未知	151	23.4%

续表

变量	指标	数量	百分比	变量	指标	数量	百分比
城市	武汉	56	8.7%	海外经历	有**	66	10.2%
	西安	53	8.2%		无	578	89.8%
	宁波	28	4.3%	—	—	—	—

*注：“名校”指的是“985”或“211”高校，或者海外名校，可以是本科或研究生毕业院校。

**注：海外经历包括海外留学、访学、工作、生活经历及外籍身份，但不包括单纯的驻华外企工作经历。

4.2.2 数据预处理

本书使用R语言（3.5.1版本）和RStudio集成开发环境（1.1.456版本）进行数据的清洗、整理、筛选和初步分析（为各章编写的R语言代码见附录）。使用八爪鱼爬取原始数据后，首先通过抓取下来的行家简介，手工录入难以自动识别的行家个人信息，即学历、毕业院校和海外经历，性别则通过打开网页链接查看行家头像识别得到。其次，对数据中的文本信息和缺失值进行批处理和人工填补，例如替换和填补缺失的课程评分，将回应时间的文本信息转换为数值信息等。然后，对分类变量的文本进行编码替换，如上文提到的四种课程类型。最后，将手工录入的信息批量复制到相同课程的相应位置，并从原始数据集中分离出课程、行家、学员评论和好友评论等数据集。作者在数据预处理的全过程中都进行了细致的检查，以排除各种人为的和程序上的错误，最终将整理好的数据集存盘供后续分析使用。

在完成数据的初步清洗和整理后，本书还根据原有的变量计算了一些统计量和派生变量，即课程和行家的销售额及其排名、评论的数量和长度等。

对于每一门课程，都可以用课程价格乘以课程参与人数得到该课程的销售额；对于每一位行家，则可以将所有课程的销售额累计得到该行家的销售额；然后将课程和行家的销售额从高到低进行排序，可得到课程和行家的销售额排名，例如排名第10表示比该课程或行家销售额更

高（不包括相等）者有9个。课程和行家的销售额是本章的主要被解释变量。

在建模过程中，会需要经常对销售额、排名等变量取对数，本书使用的是以10为底的常用对数。由于有些销售额为0，如果直接取对数的话将出现负无穷大的情况，因此本书对“1+销售额”取对数，这样就可以保证对数的真数部分为正，而且对销售额大于0的情况影响很小（一旦销售额大于0，则销售额至少为49元，总是远大于1元的①）。如果销售额等于0，那么log（1+销售额）将恰好等于0。另一方面，由于排名变量最小值为1，不会出现0和负数，所以直接对排名取对数；如果对数化排名对一个变量的回归系数为正，我们就可以说这个变量对销售额排名有正面影响：该变量越大，排名就越高（或越靠前）。

通过将评论数据集跟课程数据集、行家数据集的课程名称相匹配，可以统计出课程的学员评论数量、行家的学员评论数量、行家的好友评论数量。由于有名称相同、类型等其他属性不同的课程存在，作者特意将其他无重名课程的学员评论数量依据课程类型做了简单的线性回归，得到了显著的结果②，然后利用此回归结果将评论数量的估计值分配到不同类型的课程中。此外，计算评论数据集中的每一条评论的长度（每个汉字、字母、数字、标点都算一个长度单位），相应地还可以计算课程和行家的平均评论长度、评论长度中位数、评论长度标准差、评论长度最大值/最小值等。

4.3 评论文本分析与扎根理论

4.3.1 描述性分析

鉴于1.7万余条学员对课程的评论中包含了较为丰富的消费者行为

---

① 在本章的样本范围内，对于销售额大于0的课程和行家，最小的销售额分别为88元和150元。

② 在本章的样本范围内，由于有重名的课程恰好只有0和2两种类型，且这两种类型的评论样本量都很充足，使得回归结果十分显著：$type\_0=9.629^{***}+1.162^{***}\cdot type\_2$（***表示在 $p<0.001$ 的水平上显著）。结合 $type\_0+type\_2=student\_comments$ 的条件，可以求出两种类型课程的评论数分别为 $type\_0=(1.162\cdot student\_comments+9.629)/2.162$，$type\_2=(student\_comments-9.629)/2.162$。

信息，本书对其进行了文本分析。首先，将学员评论进行分词处理，然后对分词结果进行词频统计。作者使用R语言绘制以下词云以形成“在行网”用户评论文本的直观印象，评论文本词云如图4-4所示。

图4-4 评论文本词云

4.3.2 扎根理论

除此之外，本书还运用了扎根理论，从评论文句中逐层筛选出核心编码，最终得到知识共享经济平台中用户黏性态度的ABC元素（情感（affect）-行为（behavior）-认知（cognition）），并进行了理论饱和度检验。理论饱和度检验是指在建立了核心编码之后，用剩余文本数据继续进行编码，以验证是否还有新的理论范畴未被识别；如果检验了足够多的样本均不包含新的范畴，则可认为该数据的理论编码过程已达到饱和，从而可以停止采样。本章用预留的1/3的评论数据进行理论饱和度检验。结果显示，模型中的范畴已发展得足够丰富，在共享经济用户黏性“认知、情感、行为”等三大范畴的外部和内部均没有发现新的构念和关系。因此，我们认为本章所构建的共享经济用户黏性模型达到了理论饱和。“在行网”评论的扎根理论分析见表4-2。

表4-2 “在行网”评论的扎根理论分析

例句	开放编码	主轴编码	核心编码
感叹于老师的博学多才和诙谐幽默，既有统揽大局的洞察力，又有细微缜密的逻辑分析，即使是最简单、最普通的搜索工具，也能发挥到极致，真可谓女版“福尔摩斯”。	知识专业	行家能力	认知
聊天过程就像是一个长辈对晚辈的提点，老师以他的过往经验和阅历帮助我进行了一些新的思考。	经验阅历		
清晰的思路、犀利的剖析，对行业敏锐的洞察力，对事物中肯、客观的评价以及完整、毫无保留的个人经历分享.......赞赏王总的人格魅力和智慧。	洞察理解		
王老师提前和我进行了沟通，聚焦主要问题进行分析。	课前沟通	行家付出	
课前让我做测试以便提前了解我，交谈中也是不断引导我发现自己真正的内心需求，让我找到了转行的方向，还推荐给我培训的课程和路径，提醒我需要制定明确的目标和时间限制，真的给了我很大的信心和帮助。	课前努力		
老师非常专业，沟通过程中也完全不会让我有紧张感，沟通中通过对性格、偏向以及以往经历的分析，找到了适合职业的类型，指出了几条不同的路。	课中沟通		
老师超时给我解答疑问，自己还有事情却超耐心，聊完后，我的内心更坚定了，也更有底气向目标一步步靠近。	课中努力		
《助推》《语言的魔力》《瞬变》《领导梯队》这些书籍在电话沟通中就被我加入了购物车，谢谢老师的推荐。	课后沟通		
每次课后都有作业，第一次和第二次的作业对于没提笔写过的我来说真的很痛苦，但是做一次作业，“经脉”会疏通一节。	课后努力		
非常专业，很有针对性地给我列举了几个方案对症下药，得到了很大的启发，受益良多。	解决问题	有用性	

续表

例句	开放编码	主轴编码	核心编码
言简意赅又通俗易懂，很容易就实践起来了。	清晰易懂	有用性	认知
课程中，周老师还与我分享了很多具体的操作方法，立马就能在工作中实践。	可操作性		
现在我知道，不仅仅是我尝试的方向不对，更重要的是我对自己去尝试的行为不够自信。	发现问题	自我认知	
我是很需要认可的那种人，沟通过程中吴雪老师多次肯定我的天赋和优势——影响力，我很感动，很受鼓舞。	明确方向		
一瓶迷人的歌海娜葡萄酒，在愉悦的氛围中找到了另一个自我。	自我接纳		
如果能给老师打一百分，我会打一百分，可惜满分只有十分，再次表示感谢！	满意、值得	价值感	情感
先说说聊天后的感受吧，身心愉悦，有一种很久没有感受到的来自内心的放松和快乐。	有趣、愉悦		
这次约见是在一家环境很好的咖啡店进行的，孙老师一开口便让我折服，而且英文发音和歌声也都好赞。	享受、意犹未尽		
很庆幸能约到隋姐。	幸运		
感谢席老师帮我重拾自信心！	信心		
可以在茫茫人海中结识席老师，我感觉特别幸运和感动。	感动	善意感	
感谢您百忙中抽出时间进行app的功能设计，它给我们提供了在平台上交流的机会！	感谢、感恩		
诸葛老师非常敬业，都是干货分享，特别实用，而且超时很久，完全是为了学员一直在讲。	超时		
我觉得cc小姐姐是世界上最美、最可爱、最聪明的小姐姐！	仪表	亲切感	

续表

例句	开放编码	主轴编码	核心编码
面谈刚进行没多久，老师就说到了我心坎里，眼泪止不住地流了出来。	语言	亲切感	情感
见面之前的电话及微信沟通能细致地了解个人的关键特质，当面交流时能感受到这是一位专业性强且很有亲和力和感染力的咨询师，她对自己从事的事业、对她面对的来访者是洋溢着热情与关注的，因此整个过程是思维清晰且电力十足的赋能过程。	性格		
期待蜕变，明年一定还会再约几次的。	重复参与	习惯行为	行为
这是第三次给诸葛老师写反馈了，竟然还没有词穷。	重复评论		
这投资回报比太高了，下一次约见一定是面谈了。	继续交流		
老师还非常用心地给我布置了课后作业，不断提醒我关注当下自己的状态，很感激！现在一直在尝试着不断实践，按照老师教的方法去做事与沟通。	复习实践	期待行为	
期待得到您更多的指教！	长期求教		
期待下次有空与王姐再约，探讨未来创新的方法和落地的可行性方案！	以后再约		
任何有职业发展困惑的小伙伴，找Peter准没错，他肯定会为你量身定制一套解决方案，让你重新找回信心，找到方向。	值得推荐	推荐行为	
解答了妈妈群里小伙伴们的询问，老师教授的费曼法则，许多小伙伴都心动了，这是课程的魅力所在，也是老师的魅力所在。	推荐给身边人		

基于扎根理论的研究结果，作者通过与自建消费者态度模型词库[①]的比对，判别每条评论是否具备情感认知（Cognition，C）、（Affect，

① 见“附录3 CAB消费者态度模型词库”，本词库基于CAB消费者态度模型，分为认知、情感和行为三个部分，是由华中师范大学、清华大学相关专业博士根据管理学、心理学和文本分析方法拟定的，并经过交叉核对，尽可能减少了文本分析时匹配错误和遗漏的问题。

A）、行为（Behavior，B）三要素，用0-1变量表示；然后对每一个课程和行家的所有评论做统计，得出C、A、B三要素分别出现的频数。接下来本书将行家和课程销售额对C、A、B的组合做回归，得出以下结果（拟合优度R^2均在0.41～0.56），见表4-3和表4-4。

表4-3　　行家销售额与CAB指标的关系

因变量	行家销售额	备注	行家销售额	备注	行家销售额	备注	行家销售额	备注
(Intercept)	-5 212.2	*	-4 655.8	.	-6 068.7	*	-2 320.1	
C	1 272	***	959.5	***	—	—	—	—
A	768.1	*	438.3	—	1 753	***	—	—
B	-1 215.4	*	—	—	729		2 846.8	***

注：*** p<0.001；** p<0.01；* p<0.05；. p<0.1

表4-4　　课程销售额与CAB指标的关系

因变量	课程销售额	备注	课程销售额	备注	课程销售额	备注	课程销售额	备注
(Intercept)	-966.6		-1 005		-939.4		84.85	
C	745.9	***	824.4	***	—	—	—	—
A	349.8	.	421.3	*	1 107.4	***	—	—
B	294		—	—	1 118.5	***	2 448.51	***

注：*** p<0.001；** p<0.01；* p<0.05；. p<0.1

由上面结果可见，当C指标与A指标和B指标同时出现时，A指标和B指标对销售额影响的显著性降低，甚至不再显著；当A指标与B指标同时出现时，B指标对销售额影响的显著性也明显降低；B指标本身（当然更不用说C指标和A指标）对销售额的影响是十分显著的。因此，我们用文本分析证实了C→A→B的逻辑路径和因果链条。

4.4 课程与行家销售额分析

4.4.1 描述性统计

对通过页面爬取到的变量进行描述性统计，结果见表4-5和表4-6。

表4-5 课程属性的描述性统计

项目	sale 销售额	price 价格	enrollment 课程人数	score 课程评分	duration 课程时长	type 课程类型	
非缺失值数量	1 609	1 609	1 609	1 050	1 605	1 609	
缺失值数量	0	0	0	559	4	0	
均值	9 062.74	501.32	15.81	9.28	1.35	类型0 线下 1v1	1 383 86.0%
标准差	28 642.90	378.22	51.47	0.29	0.47		
中位数	2 792	499	6	9.3	1		
截尾均值	4 348.75	457.69	8.95	9.31	1.28	类型1 线上课	6 0.4%
绝对中位差	3 547.86	149.74	7.41	0.30	0.00		
最小值	0	49	0	7.4	0.5	类型2 通话	179 11.1%
最大值	605 283	9 900	1 517	9.9	3		
偏度	11.21	11.57	19.01	-1.21	1.32	类型3 组团	41 2.5%
峰度	171.21	246.35	488.99	3.37	1.77		
均值的标准误	714.07	9.43	1.28	0.01	0.01		

表4-6 行家属性和评论数量的描述性统计

项目	response_ time 回应时间	offline_ met 见过人数	online_ met 线上课人数	wanna_ meet 想见人数	comments 课程评论	friend_ comments 好友评论	student_ comments 学员评论
非缺失值数量	1 564	1 609	1 609	1 609	1 609	1 609	1 609
缺失值数量	45	0	0	0	0	0	0

续表

项目	response_ time 回应时间	offline_ met 见过人数	online_ met 线上课人数	wanna_ meet 想见人数	comments 课程评论	friend_ comments 好友评论	student_ comments 学员评论
均值	0.79	58.13	16.23	236.75	9.13	1.28	42.29
标准差	0.80	108.12	192.85	415.88	14.34	1.85	73.32
中位数	0.5	30	0	112	4	0	22
截尾均值	0.63	37.40	0.00	158.13	6.18	0.97	29.27
绝对中位差	0.00	34.10	0.00	134.92	5.93	0.00	25.20
最小值	0.5	0	0	0	0	0	0
最大值	12	1 490	2 995	5 745	187	6	1 006
偏度	7.28	7.24	14.20	7.10	4.20	1.14	7.42
峰度	75.15	79.56	211.36	78.59	29.65	−0.29	82.16
均值的标准误	0.02	2.70	4.81	10.37	0.36	0.05	1.83

由表4-5和表4-6可知，课程评分、课程时长满足偏度小于2、峰度小于5的正态性要求，而课程的销售额、价格、参与人数的偏度和峰度都不满足上述要求。因此，当把课程销售额、价格、参与人数变量加入回归分析时，不能直接使用它们的原始值，而要对其进行非线性变换才可以。同样，行家属性中除了好友评论数量外，其他变量均不满足正态性要求（即使学员评论数量也是如此），因此作者尝试将这些变量对数化，并进行了对数化变量的正态性检验。

本书取sale、price、enrollment、response_time、offline_met、online_met、wanna_meet、student_comments等变量的对数代替原变量。

为了更加直观地观察销售额的分布情况，作者绘制了课程和行家的销售额分布曲线图（如图4-5所示）。可以看出，课程和行家销售额的主体部分均分布于$10^2 \sim 10^5$，即数百元到数万元之间。有些样本分布于$10^5 \sim 10^6$，即数十万元上下，还有极少数甚至达到或接近10^6，即百万元量级。此外，课程和行家中都有部分个体是无销售额的。

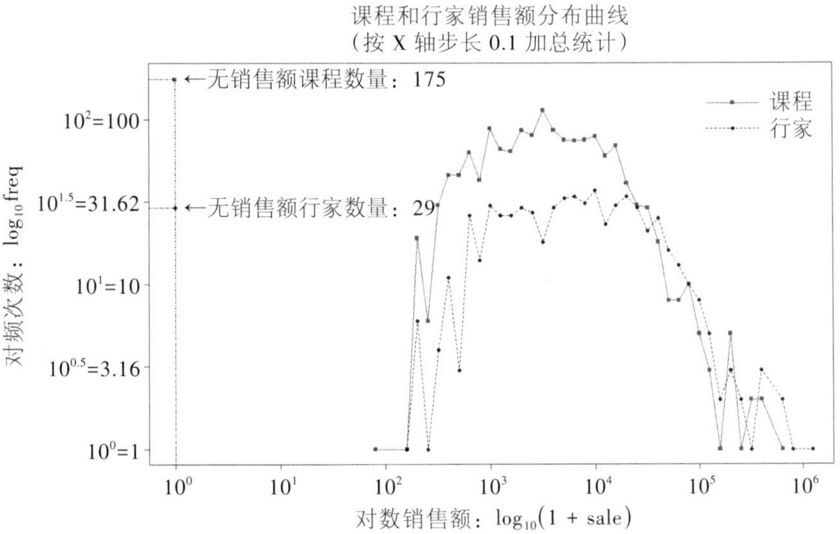

图4-5　课程和行家销售额分布曲线

对于学员评论，上一节已经进行了文本分析，此外，作者还计算出了每条评论的长度，作为学员黏性行为的一个量度。为了直观地观察评论长度的分布情况，作者绘制了图4-6。

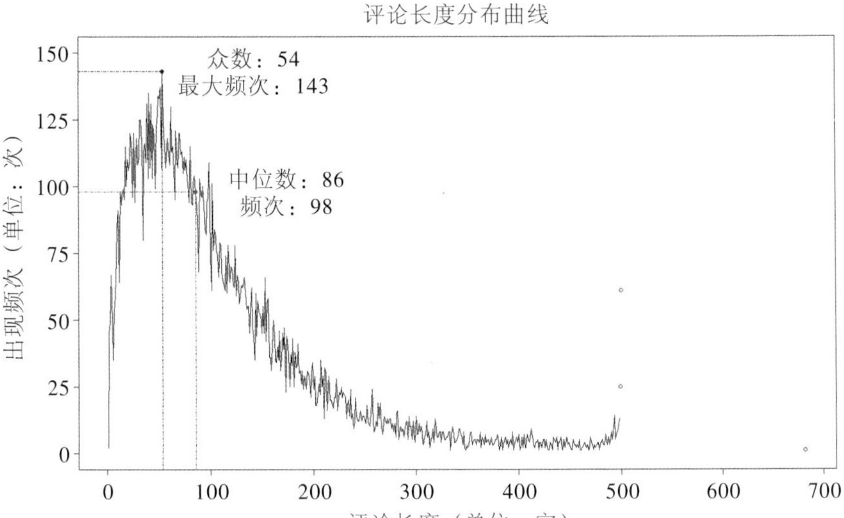

图4-6　评论长度分布曲线

可以看出，评论长度分布曲线是一个“偏峰”，频次最高的峰顶是评论长度的众数54字，相应的最大频次为143次；数据整体的中位数是

86字，相应频次为98次。其后曲线出现了长尾，从长度100字到长度500字都有分布，频次依次递减。长度500字以后出现了三个离群值（在图4-6中这三个点被单独描出），长度分别为499字、500字、681字，频次分别为25次、61次和1次。作者猜测长度499字和500字的评论之所以异常增多可能是因为平台和行家鼓励发布者发布500字左右的长评论。

4.4.2 多元回归

作者运用R语言依据课程和行家的对数销售额、排名及对数排名对课程属性、行家属性和评论数量等进行回归，得到如下结果（见表4-7）：

表4-7 课程销售额多元回归结果

Items	log_sale	备注	sale_rank	备注	log_sale_rank	备注
(Intercept)	2.66705	***	1 159.237	***	3.494095	***
score	−0.01545		24.0785		0.012808	
duration	0.05689	***	−44.7035	***	−0.03348	*
type2	−0.09222	***	53.4756	**	0.083256	***
type3	−0.24617	***	183.4847	***	0.1719	***
city成都	−0.00808		10.8491		−0.00135	
city广州	0.090004	***	−59.7173	***	−0.07833	***
city杭州	0.076225	**	−53.7065	**	−0.05504	*
city宁波	−0.14655	**	118.3914	**	0.004201	
city上海	0.012425		−0.4335		−0.02732	
city深圳	0.045113	*	−42.6309	*	−0.02601	
city武汉	0.136273	***	−54.9562	*	−0.16291	***
city西安	−0.05886		34.4437		0.043696	
gender1	−0.01741		10.8842		0.007573	
postgrad1	−0.00949		14.1407		−0.0006	

续表

Items	log_sale	备注	sale_rank	备注	log_sale_rank	备注
famous_univ1	0.006073		-15.5179		0.011218	
overseas1	0.029205		-29.6101	.	-0.00715	
friend_comments	0.001858		-1.8876		0.000844	
log_response_time	0.037071		-32.1043		-0.02326	
log_offline_met	0.544792	***	-246.156	***	-0.55713	***
log_online_met	0.140305	***	-15.7403		-0.19395	***
log_wanna_meet	0.120061	***	-92.5625	***	-0.07788	*
log_student_comments	-0.41672	***	158.0051	*	0.457419	***
log_comments	0.039641		-97.2524	***	0.050122	*
log_A	0.071688	.	-25.8737		-0.09071	*
log_B	0.103796	**	-56.7586	*	-0.1228	***
log_C	0.758685	***	-416.41	***	-0.72149	***
log_med_len	-0.18596	*	49.1647		0.24663	**
整体拟合优度 R^2	0.8064		0.7605		0.7933	

注：*** p<0.001；** p<0.01；* p<0.05；. p<0.1。

由表4-7可见，课程销售额的显著影响因素有：duration、type2、type3、log_offline_met、log_online_met、log_wanna_meet、log_student_comments、log_comments、log_med_len。其中，课程时长和课程类型对课程销售额影响是可以预期的，线下、线上和“想见”学员数量的影响也相当直接；对数评论数量log_comments对销售额有显著的正面影响，而好友评论的数量则没有显著影响；对数中位数评论长度log_med_len对销售额有显著影响[①]。A指数、B指数和C指数[②]的对数和平均评论长度的影响说明了态度的ABC模型和用户黏性对课程销售额的解释能力。

对行家销售额也进行类似的回归，见表4-8。

① 研究评论数量与销售额关系的文献（如Chevalier，2006）通常是用对数销售额排名作为因变量，表4-7和表4-8中列出的将对数销售额作为因变量的回归结果只是为了参考之用。

② A、B、C指数的统计过程见本书“3.3.2平台黏性”。

表4-8 **行家销售额多元回归结果**

Items	log_sale	备注	sale_rank	备注	log_sale_rank	备注
(Intercept)	2.188015	***	709.138	***	3.287285	***
city成都	0.032835		-2.919		-0.0507	.
city广州	0.077312	**	-19.771	**	-0.07133	**
city杭州	0.053522	*	-14.017	.	-0.05606	*
city宁波	-0.08149		24.839	.	-0.022	
city上海	0.02823		-8.159		-0.03873	.
city深圳	0.078596	**	-27.431	***	-0.04048	.
city武汉	0.062848	*	-10.337		-0.14599	***
city西安	0.014027		-2.3		-0.06437	*
gender1	-0.02397		7.351	.	0.02206	
postgrad1	0.007547		1.36		-0.00474	
famous_univ1	-0.01247		-2.938		0.024458	
overseas1	0.021541		-7.965		0.009794	
friend_comments	-0.00186		-1.644		0.018666	**
log_response_time	0.001334		-1.419		-0.01048	
log_offline_met	0.8273	***	-184.918	***	-0.45777	***
log_online_met	0.102132	***	35.401	***	-0.2867	***
log_wanna_meet	0.070478	*	-24.468	**	-0.01542	
log_student_comments	0.426171	.	-152.29	*	0.112762	
log_total_comments	0.021306		54.684		-0.40976	**
log_A	-0.0954	.	16.98		0.026685	
log_B	-0.04378		9.669		-0.0682	.
log_C	0.026144		-18.121		-0.06354	
log_mean_len	-0.0912		116.338	*	-0.25429	
log_max_len	0.032074		-81.695	**	0.299724	**
整体拟合优度	0.9403		0.9279		0.8666	

注：*** p<0.001；** p<0.01；* p<0.05；. p<0.1。

表4-8显示，对行家销售额而言，只有线上线下见过人数和“想见”人数有稳定的显著影响。

4.5 本章小结

本章运用扎根理论、文本分析和多元回归方法研究了共享经济用户的重复使用、购买、推荐等行为。基于扎根理论对用户评价进行的文本分析表明，从用户评价中分解出“认知（cognition）-情感（affect）-行为（behavior）”的用户黏性特征指标，据此构建共享经济用户黏性ABC态度模型词库后，对每一条评论文本信息进行ABC指数赋值。量化分析发现，黏性ABC指数对知识共享服务的销售额具有显著的正影响，基本吻合共享经济用户黏性的CAB模型。研究发现，用户评价等黏性行为显著影响销售额，即知识共享经济所创造的真实价值。本书据此构建了共享经济用户黏性的基本逻辑链条：消费者行为的微观基础（CAB模型）→用户黏性（重复使用、购买、口碑推荐行为）→共享经济价值创造（实际的销售额）。通过本章的研究我们认为，在知识共享领域中，用户黏性对价值创造具有显著正向影响，共享经济用户黏性研究确实具有重要的理论和现实意义。

第5章　共享经济用户黏性影响因素研究

本章通过实证调查研究发现共享经济用户的重复使用行为主要受到感知价值和感知风险的影响，这二者最终又建立在感知质量的基础上。因此共享经济平台服务商只有通过改进平台的服务质量来提高用户的感知价值、降低用户的感知风险，才能提高用户参与共享经济的黏性，使共享经济商业模式得到可持续发展。当前对共享经济商业模式的学术研究中较为缺乏对用户行为，尤其是用户黏性的实证研究，本书增强了这方面的研究，并为共享经济的核心特征和研究热点之一——“价值共创”提供了理论基础。

5.1　理论模型与研究假设

5.1.1　消费者态度模型

在心理学中，态度指的是主体对外界事物的认知、情感和行为倾

向的统一，是一种持久的心理系统。其中，个体在基于对客观事物的知识和信念是认知（Cognition）；个体对客观事物的感觉和偏好是情感（Affect）；个体对客观事物的习惯性反应是行动倾向（Behavior）（Rosenberg & Hovland，1960；Engel、Blackwell & Miniard，1995）。

消费者行为学中的态度模型是基于心理学对态度的三种组成要素的划分而建立的，例如在营销学中，“三要素”就具体化为品牌认知、品牌情感和品牌购买行为。由于三者发生的先后次序随着具体情境的不同而不同，所以模型的三要素之间存在着不同的层级效应，即标准学习层级、低介入层级和经验层级。

（1）标准学习层级（即CAB模型），其态度形成过程遵循“认知（C）→情感（A）→行为（B）”的逻辑顺序，消费者首先对商品或服务产生认知进而生成喜欢或不喜欢的情感，导致相应的行为结果。

（2）低介入层级（即CBA模型），遵循“认知（C）→行为（B）→情感（A）”的逻辑顺序，消费者对商品或服务的认知直接导致行为发生，行为发生后的经验再生成情感。

（3）经验层级（即ABC模型），遵循“情感（A）→行为（B）→认知（C）”的逻辑顺序，消费者对商品或服务喜欢与否的情感促使行为发生，行为经验促进了消费者对商品或服务的认知理解。由此可见，认知、情感和行为这三个要素不是独立的，其作用机理也并不固定，而是处在互相联系和动态变化之中。

目前运用态度模型研究共享经济的文献不多。李琪、王璐瑶（2016）运用CAB模型研究了消费者态度对重复购买意愿的影响，研究发现用户感知价值及感知风险对其信任和满意度分别产生了正向及负向影响；用户对店铺的信任和满意度会正向影响重购意愿。王良燕（2017）分析了移动社交网络对情感、行为和认知的作用，界定了移动社交网络的“浸润效应”概念，构建了它的ABC模型，并剖析了ABC三要素的交互作用及影响机理。

标准学习层级理论中，消费者做出的是一个认知型决策，即搜集信息、比较判断和解决问题的过程。首先，消费者搜集相关的信息，形成对于产品或品牌的信念；其次，消费者比较不同产品或品牌，并评价与

之相关的信念，形成对产品的感觉或情感（Ray，1973）；最后，消费者执行购买行为。这种模型认为消费者在做出购买决策时是高度理性和高度投入的，他主动搜寻大量信息、认真比较替代品，并做出深思熟虑的决定（Krugman，1965）。

当用户在认知和情感上对特定产品或服务高度契合时，他就会产生传统营销理论意义上的“品牌忠诚”，或者共享经济意义上的“用户黏性”，并由此出现有意识的重复购买或使用行为。这种重复行为不仅是习惯性购买或使用，还反映了积极的认知和正面的情感。因此，充分的产品认知、积极的产品情感和重复的购买行为就构成了用户黏性的三大要素。

5.1.2 研究假设

基于理性认知决策的CAB模型，本书提出用户参与共享经济的黏性行为也符合“认知-情感-行为”的基本次序，并提出假设：

H1：用户对共享经济模式的感知质量显著影响感知价值；

H2：用户对共享经济模式的感知价值显著影响黏性行为；

H3：用户对共享经济模式的感知质量显著影响感知风险；

H4：用户对共享经济模式的感知风险显著影响黏性行为。

需要说明的是，关于感知价值，本研究采用Butz（1996）的定义，消费者使用了优秀的产品或服务后，认为它们提供了附加值，从而建立起来的情感纽带。本书所涉及的感知风险包括五种类型：金钱风险、功能风险、物理风险、社会风险、心理风险（Solomon et al.，2014）；它们可以分为客观风险（比如物理伤害）和主观风险（比如社会尴尬）两类因素。

基于前文分析，本书构建了用户参与共享经济的黏性行为模型框架，如图5-1所示。

本书认为，价值共创与用户黏性行为互为表里，而感知价值和感知风险的形成是价值共创具体实现的前提。也就是说，价值共创的前提是用户通过认知活动形成对价值（及与之伴随的风险）的感受，从而将潜在的、客观的价值空间转化为已知的、主观的价值感知（及风

险感知），因为价值创造的过程在很大程度上就是价值感知的过程，价值创造各方的互动等被广为关注的内容也是价值感知的影响因素。

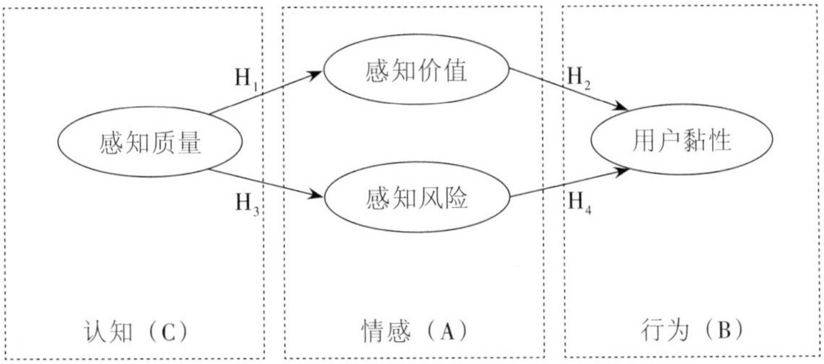

图5-1　共享经济用户黏性模型框架

5.2　数据收集与预处理

5.2.1　样本选取

本书以参与过共享经济服务（如网约车、共享单车、民宿等）的用户为研究对象，从朋友、同学、同事等社会网络中抽取重要的网络节点成员进行网络问卷调查，并通过他们再次转发网络问卷链接，以这种“滚雪球”的方法收集问卷数据。调查从2018年1月6日开始至2月6日结束，全部问卷都是以网络调查的形式在“问卷星”网站上回收的。期间共回收问卷410份，含有效问卷368份，在删除少量错填等不符合调研要求的问卷后，作者最终得到有效问卷351份，有效问卷数符合样本量大于测量项（量表题）5倍的要求。

问卷的回答者主要来自湖北省武汉市，但也涵盖了湖南、北京、上海、广东等22个省区市及少量海外地区，既包括大中城市，又包括小城镇和偏远地区。样本在性别、年龄、学历、职业、收入等方面都具有很好的代表性。调查对象基本情况统计见表5-1，基本符合《2017年中国共享经济行业及用户研究报告》中的样本构成，说明本次调研样本较好地反映了参与共享经济模式用户的基本特征。

表5-1 调查对象基本情况统计

变量	指标	数量（百分比）	变量	指标	数量（百分比）
性别	男	147（40%）	年龄	20岁以下	33（9.0%）
	女	221（60%）		21—40岁	191（51.9%）
收入	2千元以下	90（24.4%）		41—60岁	143（38.8%）
	2千—5千元	174（47.3%）		60岁以上	1（0.3%）
	5千—1万元	79（21.5%）	学历	高中及以下	34（9.2%）
	1万—2万元	20（5.4%）		大专	77（21.0%）
	2万元以上	5（1.4%）		本科及以上	257（69.8%）

5.2.2 变量测量

本研究的测量指标包括感知质量、感知价值、用户黏性和感知风险。为了保证测量量表具有较好的信度和效度，本研究采用的是在国内外文献中已经使用的测量量表，并根据本研究内容和共享经济情境，对相关表述进行了略微修改。量表题项选用Likert七级量表，从1—7分别表示“完全不同意”到“完全同意”。

感知质量参考Lin（2007）等提出的系统质量、服务质量、信息质量维度，结合本研究内容，对相关措辞进行了改动，共包括7个题项。感知价值参考Sheth，Newman & Gross（1991a，1991b）等量表，共包括6个题项。用户黏性参考Lin（2007）等量表，包括5个题项。感知风险参考Gefen（2000）等量表，共包括6个题项。量表题项和变量说明见表5-2。

表5-2 量表题项和变量说明

问卷编号	题项内容	变量名称	潜变量	被测变量
1	共享经济应用（即共享经济应用软件，下同）方便、快捷、易用	PQ1	感知质量	系统质量
2	提供的服务可靠、及时、个性化	PQ2		服务质量

续表

问卷编号	题项内容	变量名称	潜变量	被测变量
3	提供的信息有用、及时、准确、易懂	PQ3	感知质量	信息质量
4	能比同类的传统服务更好地满足我的需求	PQ4		功能
5	提供了过去没有的创新性服务	PQ5		功能
6	服务不错，价格合理，性价比高	PQ6		性价比
7	实现了绿色、节约、分享的理念	PQ7		意义
8	从中我获得了满意的报酬	PV1	感知价值	经济价值
9	让我有机会认识更多的朋友	PV2		社交价值
10	共享经济应用本身就很有趣	PV3		情感价值（有趣）
11	感到有一种欲罢不能的热情	PV4		情感价值（热情）
12	使用之后，我有一种愉悦之感	PV5		情感价值（高兴）
13	在使用过程中，我收获了很多难忘的回忆	PV6		情感价值（依恋）
14	使用共享经济应用太贵了	L1	测谎题	
15	共享经济应用不会危害我的人身和财产安全	TR1	信任/风险	安全性
16	共享经济应用不会泄露我的隐私	TR2	信任/风险	隐私/私密性
17	提供共享经济服务的人能够提供满意的服务	TR3	信任/风险	服务能力
18	参与共享经济应用的人是诚实而正直的	TR4	信任/风险	诚信品格
19	参与共享经济应用的人是友好而善良的	TR5	信任/风险	友善态度
20	共享经济应用的平台运营商是可信赖的	TR6	信任/风险	中介平台
21	我使用共享经济应用是下意识的，已经习惯成自然	HA1	用户黏性	习惯（自动性）

续表

问卷编号	题项内容	变量名称	潜变量	被测变量
22	每当有出行、住宿等需求时，我会首先考虑"滴滴出行""Airbnb民宿"等共享经济应用，而不是首选传统的订票、订房网站	HA2	用户黏性	习惯（首选性）
23	使用共享经济应用有很大风险	L2	测谎题	
24	由于我的朋友都使用共享经济应用，所以我也使用	SS	用户黏性	社交黏性
25	我经常在共享经济应用上查看信息、下单或接单	US1	用户黏性	重复使用
26	即使在没有下单或接单的时候，我也经常在这些应用（包括APP/网站/微信公众号等）上查看或分享其中的服务/产品、优惠信息，和其他我感兴趣的内容	US2	用户黏性	停留时间

5.2.3 数据清洗

在网络问卷设计过程中作者已充分考虑了问卷问题表述的严谨可读性，并且设置了无效问卷无法提交的程序，因此作者所收集的调查问卷均为有效问卷。为了排除不符合真实情况的样本，本书首先对收集的原始数据进行了筛选。此外，对于原始数据也需要做一些形式上的变换，以便满足进一步分析的要求。

（1）数据筛选。

对原始数据的筛选使用如下方法：在问卷设计阶段，作者就在量表中插入了2个测谎专用问题——第10（16）题与第10（6）题、第10（25）题与第10（17）和第10（18）题构成了矛盾命题。如果两组问题的回答都偏向于两极且得分相同（具体标准是测谎题的得分为1~2分或6~7分，且等于矛盾题的得分），那么可以肯定，回答者没有认真阅读问题或没有正确理解问题就随意填写相同的选项（但如果回答者随意填

写相同的偏中立的选项，由于两组问题之间不构成矛盾，我们无法排除这样的回答是否真实）。此外，网站记录了回答者填写问卷所花费的时间。尽管这一时间可能包括了回答者从打开到提交问卷的整个过程中被其他事情分散注意力的时间，但它还是提供了一种参考指标，以甄别那些可能因阅读时间太短而回答不够认真的样本（经我们实际测量，回答问卷时间的最低标准被定为100秒）。最终，在两个测谎题和回答时间这三项标准中有两项被确定为疑似不合格答卷的样本会被删除，由此得到了合格样本351份。

（2）数据转换。

本调查数据的核心是第10题的量表数据。首先，2个测谎题被删除了。其次，为了照顾一般人的阅读理解习惯，作者将这一7分制量表的“完全同意”（7分）设置在左侧，将“完全不同意”（1分）设置在右侧，这与网站的选项分值分配是相反的，因此需要将原始数据中的1分变为7分、2分变为6分、3分变为5分……7分变为1分。最后，由于第10（27）题的表述是负面的，而除了两个测谎题以外的其他所有问题都是正面表述，所以保持原有分值不变，以求各问题的得分在方向上保持一致。此外，在将数据导入SPSS后需要特别注意将量表问题所对应变量的类型由名义变量改为度量变量。

5.3 描述性统计

5.3.1 受访者对共享经济的了解和参与

在本章的问卷调查中，为了了解消费者对共享经济的了解和参与程度，本书设计了若干探询式的问题，本节将报告这些问题的调查结果。由于附录中已有问卷的详细内容，兹不赘述。用户对共享经济的了解和参与情况的描述性统计如图5-2所示。图5-2总结了问卷1、4、5、6、8、9各题的答案比例。由于这些题项都与共享经济应用使用程度高低有序对应，所以图5-2将它们的选项总结为底线程度、低程度、中低程度、中等程度、中高程度、高程度等6个级别，如果选项个数为4个或

5个，则酌情跳过一两个级别。比例数值太小的，由于影响图表视觉效果，予以隐去。由图5-2可以看出，共享经济用户对共享应用的使用频率和消费金额在中低程度以上者、最近使用情况在中等程度以上者都超过了一半，但在概念认知上却呈现出较低的水平，这显示出用户对共享应用的黏性是出于实际应用场景的需求，而非被共享理念所吸引。用户通过共享经济应用获取收入的程度较低，这并不意外，因为在本章研究的样本中，有86.14%的受访者为服务接受者，而只有20.11%的受访者为服务提供者，这说明大部分的用户都是作为服务的接受者来感知共享经济平台的服务质量、价值和风险，并进而形成自己的黏性行为倾向的。此外，有60%以上的用户是在一年以内注册共享经济应用账号的，这说明有相当比例的用户是刚刚开始接受服务的新用户，共享经济用户黏性的发展还处于初级阶段。

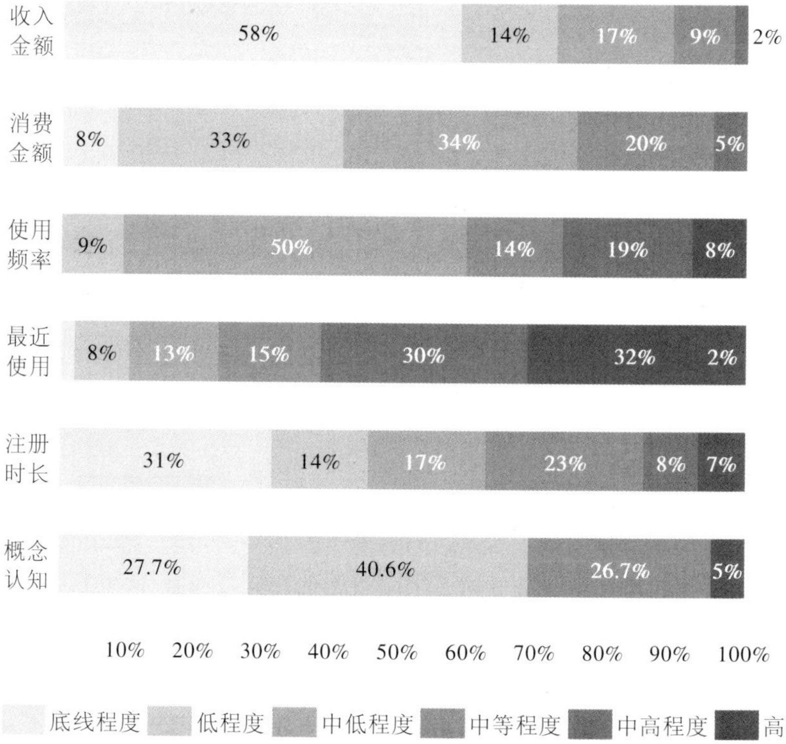

图5-2 用户对共享经济的了解和参与情况（描述性统计）

5.3.2 量表数据的描述性统计

在检验变量的信度和效度之前要进行验证性因子分析。结构方程模型要求样本数据服从多元正态分布，首先检验样本数据的分布。根据Curran等（1996）的建议，若一组观测数据的偏度小于2、峰度小于5，则可认为该组数据来自正态总体，反之则不是。量表数据的描述性统计见表5-3，由表5-3可见，量表数据满足正态分布。

表5-3 量表数据的描述性统计

变量	平均值	标准差	偏度	峰度	变量	平均值	标准差	偏度	峰度
PQ1	5.96	1.22	-1.74	3.777	TR1	4.36	1.357	0.118	-0.434
PQ2	5.41	1.297	-0.731	0.466	TR2	3.94	1.459	0.132	-0.217
PQ3	5.32	1.313	-0.827	0.656	TR3	4.55	1.269	-0.159	0.267
PQ4	5.43	1.347	-0.832	0.352	TR4	4.44	1.292	0.184	0.23
PQ5	5.67	1.247	-1.019	0.988	TR5	4.5	1.254	0.217	-0.008
PQ6	5.42	1.208	-0.553	-0.203	TR6	4.49	1.235	0.099	0.194
PQ7	5.21	1.39	-0.647	-0.021	HA1	4.42	1.314	-0.104	-0.164
PV1	4.17	1.595	-0.141	-0.503	HA2	4.66	1.429	-0.213	-0.432
PV2	4.43	1.588	-0.217	-0.527	SN1	4.51	1.23	-0.164	-0.049
PV3	4.79	1.386	-0.305	-0.207	SN2	4.39	1.249	-0.155	0.202
PV4	4.08	1.418	-0.134	-0.084	US1	4.31	1.448	-0.099	-0.473
PV5	4.59	1.362	-0.318	0.107	US2	4.37	1.522	-0.351	-0.376
PV6	4.36	1.404	-0.161	-0.105					
PV7	5.43	1.318	-0.883	0.713					
PV8	5.21	1.331	-0.756	0.578					

5.4 测量模型

在构建本章的结构方程模型之前，需要先对数据进行因子分析，以检验结构方程模型构念的测量模型是否合理。因子分析可以将众多原始观测变量的信息通过线性变换转换成少数具有理论意义的因子，从而达到数据降维的目的。然后用这些因子代替原变量进行进一步的统计分析，在简化数据结构、消除多重共线性的同时又不损失数据的主要

信息。

5.4.1 探索性因子分析

因子分析的重要前提之一是，原变量之间存在较强的相关性。因此在进行探索性因子分析之前，首先要进行相关性检验，即KMO检验和Bartlett球形检验。检验结果显示，KMO = 0.935 > 0.8，说明变量之间的相关性好（Kaiser，1974）；Bartlett球形度检验的卡方值为6 062.966，自由度为351，在 $p<0.001$ 的水平上显著，说明样本相关矩阵存在公因子，因此适合对该数据进行因子分析。

下面对按照上文中的步骤处理过量表数据的所有变量进行探索性因子分析。本书采用主成分法计算因子载荷，采用最大方差法进行因子旋转，并提取特征值大于1的因子。初步的因子分析结果见表5-4。

表5-4 初步的因子分析结果

项目	因子1	因子2	因子3	因子4	因子5
PQ3	0.804	0.182	0.212		
PQ5	0.800	0.104		0.141	
PQ4	0.782	0.175	0.151	0.148	
PQ1	0.776			0.226	0.112
PQ2	0.770	0.166	0.232	0.142	0.131
PQ6	0.726	0.258	0.169	0.127	
PQ7	0.565	0.384	0.230	0.155	−0.118
PV8	0.533	0.442	0.205	0.332	0.348
PV2	0.131	0.780	0.164	0.147	
PV6	0.204	0.753	0.239	0.284	
PV4	0.101	0.742	0.203	0.271	
PV1	0.200	0.719	0.189		−0.185
PV3	0.253	0.709	0.204	0.205	
PV5	0.242	0.677	0.195	0.285	0.201
TR2		0.247	0.771		−0.174
TR4	0.152	0.200	0.702	0.385	
TR1	0.242	0.351	0.702		
TR5	0.124	0.170	0.686	0.440	

续表

项目	因子1	因子2	因子3	因子4	因子5
TR6	0.254	0.114	0.661	0.438	
TR3	0.338	0.329	0.560	0.233	
US1	0.184	0.288	0.137	0.731	-0.162
US2	0.188	0.354		0.704	-0.138
HA2	0.208		0.373	0.667	
SN1	0.288	0.147	0.194	0.665	
HA1	0.118	0.242	0.408	0.653	0.119
SN2	0.115		-0.121	-0.219	0.779
PV7	0.458	0.372	0.138	0.288	0.482

从表5-4中可以看出，SN2、PV7和PV8在其他因子上载荷较大，且PV7、PV8的主要载荷不突出，可以在进一步的分析中删去。相关分析也显示SN2与其他所有变量之间的相关性都不显著（这意味着周围人群对分享经济的负面态度并没有影响用户黏性），而其他所有变量之间的相关性都是显著的，这也说明SN2不适合参加接下来的因子分析。

删除SN2、PV7和PV8之后再次进行因子分析，其结果见表5-5。

表5-5 **修正后的因子分析结果**

项目	因子1	因子2	因子3	因子4	项目	因子1	因子2	因子3	因子4
PQ5	0.805	0.113		0.146	TR2		0.253	0.779	
PQ3	0.799	0.192	0.212		TR1	0.223	0.353	0.706	0.112
PQ1	0.787			0.221	TR4	0.165	0.194	0.692	0.394
PQ4	0.782	0.186	0.144	0.161	TR5	0.134	0.163	0.677	0.446
PQ2	0.777	0.167	0.23	0.148	TR6	0.255	0.109	0.655	0.447
PQ6	0.723	0.264	0.17	0.132	TR3	0.336	0.325	0.559	0.245
PQ7	0.544	0.397	0.231	0.17	US1	0.157	0.295	0.129	0.747
PV2	0.121	0.782	0.162	0.162	US2	0.162	0.356		0.711
PV4		0.745	0.193	0.287	HA2	0.217		0.358	0.678
PV6	0.203	0.745	0.241	0.285	SN1	0.274	0.151	0.183	0.678
PV1	0.173	0.736	0.188		HA1	0.127	0.232	0.393	0.665
PV3	0.255	0.705	0.201	0.214					
PV5	0.264	0.665	0.188	0.287					

该因子分析的方差解释率达到63.1%，因子结构清晰，各变量在其关联的因子上的载荷都大于0.5，交叉变量的因子载荷都没有超过0.45。由此得到的因子得分被保存在数据集中，以备后面分析所用。

5.4.2 信度分析

进行探索性因子分析前，首先对各个量表的问题进行信度分析，并剔除信度较低的问题。信度度量了测量的可靠程度，反映了测量结果的一致性和稳定性，有重测信度、复本信度、分半信度、同质性信度等不同的测算方法，一般只需采用Cronbach's α系数衡量问卷调查的同质性信度（Hatcher，1994）。根据Nually（1978）的建议，当α值大于0.7时，表示信度很高；若α值介于0.35与0.7之间则为可接受；若小于0.35则为低信度。DeVellis（1991）、Wortzel（1979）则认为α值最好介于0.7与0.98之间。

另外Barki和Hartwick（1994）提出用修正的测量项目与量表总分的相关系数来衡量量表内部的一致性，每个分项与总项的相关系数要大于0.6，如果小于0.3则为低信度。

以下使用修正后项总相关系数（corrected item-total correlation，CITC）用来净化变量。如果一个变量同时满足如下两个条件，那么此变量就可以被删除：一是CITC小于0.3，二是删除此项目后，整体的信度α有所提高。全部变量的信度分析见表5-6。

对所有变量进行信度检验，再次说明了SN2应该被删除。

表5-6 全部变量的信度分析

变量	校正后项目与总分的相关性	项目删除后的克隆巴赫系数	变量	校正后项目与总分的相关性	项目删除后的克隆巴赫系数
PQ1	0.527	0.941	TR1	0.645	0.94
PQ2	0.659	0.94	TR2	0.472	0.942
PQ3	0.639	0.94	TR3	0.691	0.94
PQ4	0.627	0.94	TR4	0.648	0.94

续表

变量	校正后项目与总分的相关性	项目删除后的克隆巴赫系数	变量	校正后项目与总分的相关性	项目删除后的克隆巴赫系数
PQ5	0.543	0.941	TR5	0.627	0.94
PQ6	0.638	0.94	TR6	0.663	0.94
PQ7	0.646	0.94	HA1	0.65	0.94
PV1	0.52	0.942	HA2	0.594	0.941
PV2	0.593	0.941	SN1	0.583	0.941
PV3	0.675	0.94	SN2	-0.101	0.948
PV4	0.63	0.94	US1	0.599	0.941
PV5	0.691	0.939	US2	0.595	0.941
PV6	0.718	0.939			
PV7	0.636	0.94			
PV8	0.765	0.939	整体的Cronbach α = 0.943		

接下来对每个因子内部进行信度检验，各因子的信度分析见表5-7。

表5-7 **各因子的信度分析**

潜变量	测量变量	校正后项目与总分的相关性	项目删除后的克隆巴赫系数	潜变量	测量变量	校正后项目与总分的相关性	项目删除后的克隆巴赫系数
感知质量PQ因子的Cronbach α = 0.906	PQ1	0.689	0.895	信任/风险TR因子的Cronbach α = 0.884	TR1	0.704	0.862
	PQ2	0.763	0.887		TR2	0.628	0.877
	PQ3	0.787	0.884		TR3	0.655	0.87
	PQ4	0.758	0.888		TR4	0.74	0.856
	PQ5	0.72	0.892		TR5	0.731	0.858
	PQ6	0.725	0.892		TR6	0.728	0.859
	PQ7	0.606	0.906				

续表

潜变量	测量变量	校正后项目与总分的相关性	项目删除后的克隆巴赫系数	潜变量	测量变量	校正后项目与总分的相关性	项目删除后的克隆巴赫系数
感知价值PV因子的Cronbach α = 0.894	PV1	0.646	0.888	用户黏性US因子的Cronbach α = 0.858	HA1	0.695	0.823
	PV2	0.722	0.875		HA2	0.66	0.832
	PV3	0.717	0.875		SN1	0.647	0.836
	PV4	0.732	0.873		US1	0.715	0.817
	PV5	0.71	0.876		US2	0.662	0.833
	PV6	0.784	0.865				

表5-7中，各因子的Cronbach α均大于0.8，说明它们都具有良好的信度（Bagozzi & Yi，1998）。而且，各因子的组成变量的设定也是合理的，没有需要删除的变量。

5.4.3 效度分析

效度是评价测量质量的另一个重要指标，它度量的是测量的有效性，即测量的结果是否能真正反映测量的目标和意图。为了提高效度，在量表设计上要防止因题意不清或要求不明确而造成回答者的误解。效度包括内容效度、准则效度和结构效度等类型，实证研究中往往只通过审读问卷设置来评判内容效度，并通过计算一些常用的效度指标来衡量结构效度。

内容效度指的是测量指标的代表性和综合性水平符合测量目标的程度。具有良好内容效度的问卷便于受访者快速、准确地回答问题，访问者能有效地测量其所关心的目标对象。内容效度的检验通常采用逻辑效度和表面效度等主观方法。本书借鉴了国内外成熟量表体系，构建各变量的测量指标及测量量表，并通过请目标受访者试答问卷并作出反馈，对测量量表的题项内容、表述方式、整体结构等进行评价和修正，以保证被访者能够准确而容易地理解测量量表的内容。通过以上措施，可以

保证测量量表具有较高的内容效度。

结构效度分为收敛效度和区分效度两种，分别要求组内变量具有高相关度，同时组间变量具有低相关度。Kerlinger（1986）提出了两种测量结构效度的方法。其一，如果每一项个别项目与总分的相关系数显著，即代表该量表结构效度较好，而那些与总分的相关系数不显著的变量则应去除。其二是因子分析法：组内因子载荷越大（大于0.5），收敛效度则越高；变量的因子载荷不出现在其他因子组，符合此条件的变量越多，表示区分效度越高。这里主要采用第二种方法。

收敛效度由各因子的平均抽取方差AVE（average variance extracted）来度量。它衡量了因子解释的方差占包括测量误差在内的总方差的比率，一般要大于0.5，表示因子解释了大部分的方差。其计算公式为（其中λ_i为标准载荷）：

$$AVE = \frac{\sum \lambda_i^2}{\sum \lambda_i^2 + \sum (1 - \lambda_i^2)}$$

收敛效度的另一个衡量指标是复合信度CR（composite reliability），它一般要大于0.7。其计算公式为：

$$CR = \frac{\left(\sum \lambda_i\right)^2}{\left(\sum \lambda_i\right)^2 + \sum (1 - \lambda_i^2)}$$

验证性因子分析及信度和收敛效度检验见表5-8，大多数的标准载荷在0.001的显著性水平下大于0.7，各因子的AVE均大于0.5，CR均大于0.7，表明数据具有较好的收敛效度（Fornell & Larcker，1981）。

表5-8 **验证性因子分析及信度和收敛效度检验**

潜变量	观测变量	标准化因子载荷	t值（C.R.）	组合信度（CR）	平均变异抽取量（AVE）
感知质量PQ $\alpha = 0.906$	PQ1	0.707	11.052	0.9044	0.5769
	PQ2	0.832	12.516		
	PQ3	0.848	12.681		
	PQ4	0.808	12.26		
	PQ5	0.727	11.301		
	PQ6	0.735	13.3		
	PQ7	0.637	—		

续表

潜变量	观测变量	标准化因子载荷	t值（C.R.）	组合信度（CR）	平均变异抽取量（AVE）
感知价值PV α = 0.894	PV1	0.627	12.604	0.8923	0.5825
	PV2	0.716	14.719		
	PV3	0.729	15.485		
	PV4	0.794	17.75		
	PV5	0.823	18.624		
	PV6	0.866	—		
信任风险TR α = 0.884	TR1	0.677	13.029	0.8826	0.5593
	TR2	0.588	11.264		
	TR3	0.755	14.363		
	TR4	0.803	15.743		
	TR5	0.822	16.12		
	TR6	0.813	—		
用户黏性US α = 0.858	HA1	0.806	13.174	0.8509	0.534
	HA2	0.757	12.494		
	SN1	0.695	—		
	US1	0.715	11.827		
	US2	0.673	11.169		
整体α = 0.943					

量表的判别效度检验见表5-9，它是各因子间的相关系数矩阵，其中对角线元素是因子AVE的平方根。由表5-9可见，因子间的相关系数均小于因子AVE的平方根，表明各变量的区别效度良好。

表5-9 **量表的判别效度检验**

因子	Mean	SD	AVE	PQ	PV	TR	US
PQ	29.03	5.493	0.5769	0.760			
PV	20.07	5.374	0.5825	0.52	0.763		
TR	19.62	4.645	0.5593	0.52	0.61	0.748	
US	16.25	4.050	0.5340	0.50	0.58	0.68	0.731

5.5 结构模型

上文中的因子分析是单纯从数据的数量关系出发而没有任何的理论前提的，这种因子分析能够通过对数据降维探索数据的内在结构，从而启发理论的创造，因此又被称为“探索性因子分析”（Exploratory Factor Analysis，EFA）。与之相对的，如果研究者依据一定的先验理论对潜变量（因子）与观测变量之间的关系做出合理的假设，并对这种假设进行统计检验，则这种研究方法被称为“验证性因子分析”（Confirmatory Factor Analysis，CFA）。其理论假设包括：①潜变量（公共因子）之间可相关，也可无关；②观测变量可以受任意多个潜变量的影响；③误差因子（特殊因子）之间可以相关，可以存在不受误差因子影响的观测变量；④潜变量和误差因子之间相互独立。除了最后一点以外，前三点都跟EFA的假设不同。

验证性因子分析的前提是对研究问题的理论构造有所了解。它的模型设定可以建立在理论研究、实验研究或二者结合的基础上。在CFA中，研究者可以根据已有的知识与经验来假设一部分因子的载荷或因子间的相关关系，然后来估计剩余的未知参数，并检验模型成立与否。验证性因子分析允许研究者以严谨的理论或实证为依据，事先设定一个先验的因子模型，明确地将变量归类于某个因子中，并构造因子间的结构性相关关系。如果说探索性因子分析是发现一种理论，那么验证性因子分析就是检验一种理论。

验证性因子分析的具体实现为结构方程模型（Structural Equation Model，SEM），后者是Karl G. Joreskog在20世纪70年代综合了因子分析和路径分析（即扩展到多重联立方程组的回归分析）这两大统计分析范式而创造的分析方法。常用的构造和估计结构方程模型的工具是AMOS软件。它可以直观地绘制公共因子、观察变量和特殊因子的模型关系图，设定先验参数，估计未知参数等。

本研究运用AMOS 22.0软件对351份调查问卷进行了验证性因子分析，并结合SPSS 22.0软件计算出各变量的克隆巴赫系数（Cronbach's

α)、组合信度(CR)和平均提取方差(Average Variance Extracted, AVE)。结果表明,该验证性因子分析的方差解释率达到63.1%,因子结构清晰,各变量在其关联的因子上的载荷都大于0.5,交叉变量的因子载荷都没有超过0.45。该模型的拟合优度指标表明,模型具有较好的拟合度:$\chi^2 = 2.112 < 3$,RMSEA = 0.057 < 0.08,AGFI = 0.864 > 0.80,CFI = 0.949 > 0.90,NFI = 0.909 > 0.90,等等,均在推荐值范围以内。模型整体及各变量的α值介于0.858与0.943之间,均大于0.80,表明本研究采用的量表具有良好的信度和内在一致性。此外,各个指标因子的AVE均在0.50以上,因子间的相关系数均小于因子AVE的平方根,表明量表的收敛效度和各变量的区别效度也符合要求。

5.5.1 结构方程模型的设定

为了研究感知质量、感知价值和信任/风险对用户黏性的影响,本研究借助AMOS 22.0软件用最大似然估计方法对结构方程模型进行了拟合。

经检验,"感知质量→用户黏性"的路径系数不显著,因此在以下分析中不考虑这一路径。这一点与李春萍(2018)的模型十分相似,其发表相关论文发现感知质量对用户忠诚度没有直接影响路径。于是,本研究的结构方程模型基本结构设定如图5-3所示。

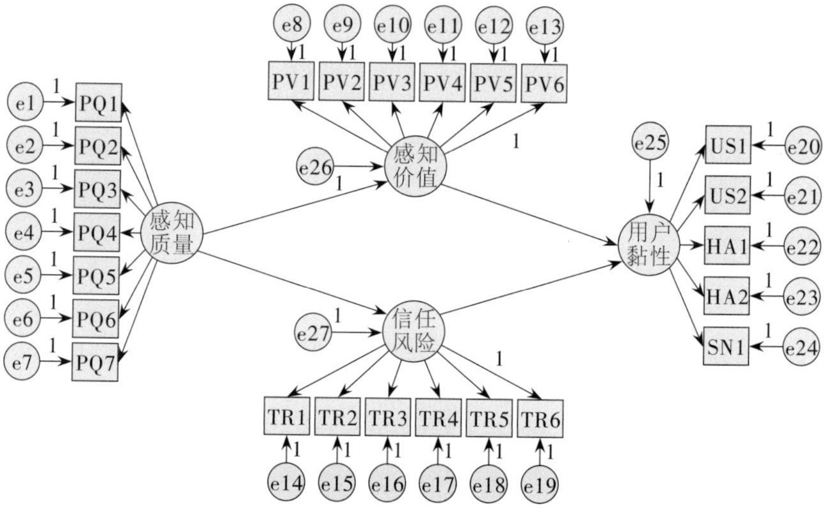

图5-3 共享经济用户黏性SEM模型设定

经AMOS软件初步估计模型参数后，作者先对模型进行整体拟合优度分析，再进行效度分析，以便进一步改进模型设定和拟合效果。

5.5.2 整体拟合优度分析及模型修正

在进行结构方程模型分析时，需要对模型整体的拟合优度进行评价，以判断测量模型与实际数据之间是否相互适配。模型的总体拟合优度有多种判别标准，常用的有以下几种：

（1）卡方检验（χ^2，goodness-of-fit test）。

$$\chi^2 = (n-1)F$$

其中，F是拟合函数。当$\chi^2 = 0$时，残差矩阵的所有元素都是0，即模型与数据完全拟合。χ^2越大，模型拟合度越差。Hair等（1998）指出卡方检验在大样本下一直存在判别标准过强的问题。这是由于按照上面的公式，样本量n越大，卡方值就越大，因此他们建议用$\chi^2/(n-1)$（或χ^2/df）代替。一般而言，$\chi^2/(n-1)$小于5即是可接受的，小于3则更为理想。

（2）拟合优度指数（goodness-of-fit index，GFI），它测度的是观测变量的协方差矩阵能被模型重建的协方差矩阵所预测的程度。

$$GFI = 1 - \frac{F(S, \hat{\Sigma})}{F(S, \hat{\Sigma}(0))}$$

经调整的拟合优度指数（adjusted goodness-of-fit index，AGFI）为：

$$AGFI = 1 - \frac{p(p+1)/2}{df}(1 - GFI)$$

其中p是观测变量的个数，p（p+1）/2是待估参数的个数，df是自由度。模型越复杂、样本量越少，待估参数个数就越多，自由度就越小，于是AGFI越小，也就是说与GFI相比，AGFI指标更偏好简单而样本量大的模型。

（3）规范拟合指数（normal fit index，NFI），通过比较设定的模型卡方值χ^2_{model}与独立模型的卡方值χ^2_{indep}来评估拟合优度：

$$NFI = \frac{\chi^2_{indep} - \chi^2_{model}}{\chi^2_{indep}}$$

比较拟合指数（comparative fit index，CFI）采用了用自由度修正的卡方分布$\tau_i = \chi_i^2 - df_i$：

$$CFI = 1 - \frac{\tau_{model}}{\tau_{indep}}$$

（4）近似误差均方根（root mean square error of approximation，RMSEA）。

$$RMSEA = \sqrt{\hat{F}_0/df}$$

$$\hat{F}_0 = \max\left\lfloor \hat{F} - df/(n-1), 0 \right\rfloor$$

其中，$\hat{F}_0$是总体差异函数（population discrepancy function，PDF）的估计，当拟合函数“$\hat{F}$”取最小值时，它与$df/(n-1)$的差也达到最小。如果这个差为正就取其值，为0或为负时就取0值。

AMOS报告了这些模型拟合指标，SEM模型的拟合优度指标见表5-10。

表5-10 SEM模型的拟合优度指标

拟合指标	χ^2/df	RMSEA	GFI	AGFI	CFI	NFI
推荐值	<3	<0.08*	>0.90	>0.80	>0.90	>0.90
实测值	3.565	0.087	0.814	0.775	0.877	0.838

注：*见Steiger（1990）。

可以看出，模型的拟合优度指标很接近推荐值，但并不是很理想。换句话说，此模型与数据的适配度略显不足，因此必须加以修正。修正的目标是减少χ^2。在AMOS中，操作人员应依次选中：View → Analysis Properties → Output，并在其中勾选Modification Indices（修正指标），之后将在报告输出中多出一个Modification Indices报表栏目，其中M.I.指数（它表示如果增加该关系χ^2会减少多少）偏大的那些变量关系，是修正的备选对象。

根据M.I.指标，在模型设定中增加以下相关关系：e1↔e5。e6↔e7（感知质量因子）；e8↔e9、e9↔e10、e9↔e12（感知价值因子）；e14↔e15、e14↔e16、e14↔e18、e16↔e17。e16↔e18、e17↔e18（信任/风险因子）；e20↔e21（用户黏性因子）；e26↔e27（感知

价值和信任/风险的误差因子）。修正后的共享经济用户黏性模型如图5-4所示。

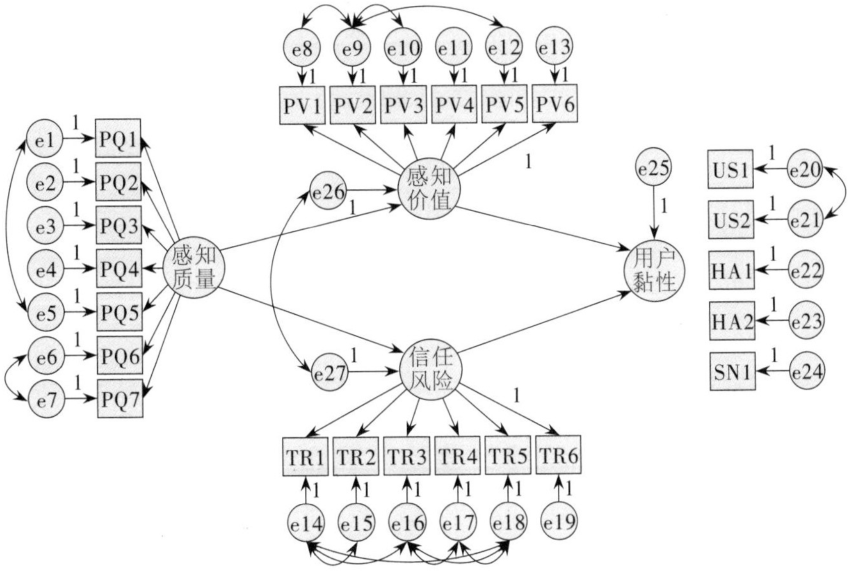

图5-4 修正后的共享经济用户黏性模型

估计修正模型，得到的拟合优度指标如下（见表5-11）：

表5-11 **修正后SEM模型的拟合优度指标**

拟合指标	χ^2/df	RMSEA	GFI	AGFI	CFI	NFI
推荐值	<3	<0.08	>0.90	>0.80	>0.90	>0.90
实测值	2.112	0.057	0.894	0.864	0.949	0.909

除了GFI稍微低于推荐值之外，其他指标均表明该模型与数据具有很好的适配度。

5.5.3 结构方程模型分析

结构方程模型包括测量方程和结构方程。测量方程表现了观测变量和潜变量之间的关系，而结构方程则表示潜变量之间的关系。结构方程模型能同时估计测量方程和结构方程。正因为如此，结构方程模型才大大优于传统的回归分析方法，使研究者能够对深层理论结构进行精确的定量把握（侯杰泰等，2004）。

经参数估计，模型因变量“用户黏性”的被解释方差为68.9%（即US因子的多元拟合优度Squared Multiple Correlation）。标准化的模型估计及假设检验结果如图5-5所示。

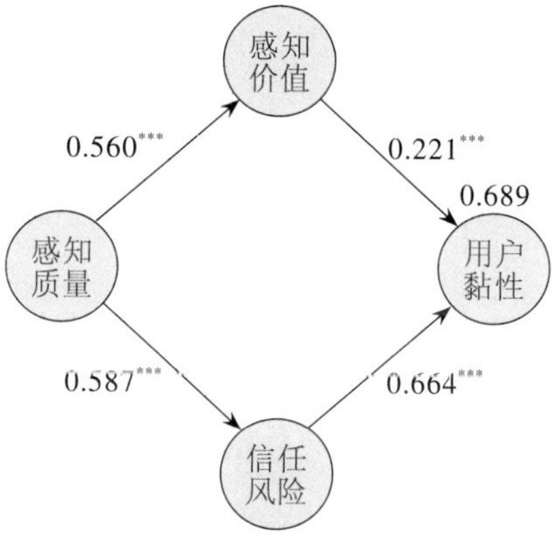

注：***表示显著性水平小于0.001，即p<0.001。

图5-5 SEM模型估计和假设检验结果

这说明，本书前面所设定的4个假设都在0.001的显著性水平上得到了支持（见表5-12）：

表5-12 **SEM模型的假设检验结果**

假设	假设内容	是否得到支持
H_1	感知质量显著影响感知价值	是
H_2	感知价值显著影响用户黏性	是
H_3	感知质量显著影响感知信任/风险	是
H_4	感知信任/风险显著影响用户黏性	是

5.6 本章小结

本章对共享经济用户黏性进行了探索性的研究，通过实际调查数据归纳出了与传统服务质量理论有关的若干影响因素。由于目前对共享经济用户黏性的理论研究还不充分，潜在的影响因素并未得到足够多的经验归纳和理论概括，所以本书采用了较为简单和富有概括性的模型结

构，没有局限于特定行业和特定业务情境。基于目前已有的理论进展，本研究提出和验证的模型揭示出了共享经济用户黏性的一些重要特征：

（1）感知服务质量强烈影响用户黏性最重要的两个决定因素——感知价值和信任/风险。价值和风险（以及因控制住了风险而产生的信任）是用户权衡共享经济服务利弊的两大维度，但这两者并非无本之木，而是依赖于良好的服务质量来实现用户价值、管理过程风险和道德风险。因此，加强服务质量建设，是共享经济应用取得成功的先决条件。

（2）感知服务质量对共享经济的用户黏性并没有显著的直接影响——这超出了研究前的直觉预期，尽管它通过感知价值和信任/风险因素对用户黏性产生了间接的影响。也就是说，共享经济应用的感知服务质量是它吸引用户重复使用的基础，但如果未能控制好除了感知服务质量之外的影响感知价值和信任/风险的其他外生因素，那么共享经济应用仍然很难获得成功。

（3）感知价值对用户黏性的影响不如信任/风险因素对用户黏性的影响那么大。这一点在研究前没有预期到，但从直观上是能够理解的。因为共享经济服务涉及相关生产生活资料财产权的暂时性让渡，同时用户的隐私和人身、财产安全也会暴露给参与服务行为的另一方以及平台方，所以共享经济服务无论是对服务的接受者还是提供者，都存在着较大的潜在风险。只有控制住这些巨大的风险，建立起对共享经济参与各方的强大信任，共享经济的感知价值才会成为用户重点考虑的对象。这说明，共享经济应用应该首先从防控风险，尤其是人为的道德风险上下功夫，这正是用户在使用共享经济服务的时候最为关心和看重的问题。

第6章　共享经济用户黏性受损与修复研究

共享经济用户黏性行为不是一成不变的，而是会发生从黏性行为的建立到巩固、从破坏到中断、从受损到修复等动态变化的。在研究了共享经济用户黏性的重要意义和影响因素之后，本章将以滴滴顺风车连续发生刑事案件为背景，研究在这一典型事件的冲击和影响下“平台—用户”互动模式对共享经济用户黏性的动态影响。

6.1　研究背景

从发源于海外，到迅速走进中国人的日常生活，共享经济主要靠的是拥有亿级消费规模、超高消费频次和广泛线下场景的共享出行服务，即网约车、合乘车和共享单车。尽管有人认为只有合乘车（即顺风车、拼车类业务）才算是真正意义上的共享经济或分享经济，但整个网约车行业已经占据了共享经济的风口，成为讨论中国共享经济绕不开的话题。正如在本书前文中已经阐述过的那样，对于何为真正的共享经济，

我们不应刻舟求剑，不应局限于最初的共享经济理念和实践形态，而应该对共享经济商业模式的整个发展历程进行全景式的观察和评判。

在共享出行领域几乎一家独大的“滴滴出行”，自2012年6月成立以来，是从C2C模式的出租车、专车、快车一路迅速发展壮大而来的。“滴滴顺风车”直到2015年6月1日才上线运营，仅仅是对2013年以后逐渐做大的拼车行业的一个被动回应，在此后的发展中也仅占不到5%的业务比重。然而，正是这一体现了共享经济概念，实际比重却不大的顺风车服务，为滴滴公司制造了迄今为止舆论影响最大的合乘车（网约车）安全事件，向具有潜在高风险的用户个人分享服务敲响了警钟，成为了共享经济发展的一个重要转折点。

2018年连续发生两起滴滴顺风车司机性侵并杀害女乘客的刑事案件（简称“郑州事件”和“乐清事件”），案件具体情况在媒体上已有充分报道本书不再赘述。在这两起案件发生后，媒体陆续曝光了滴滴顺风车和滴滴出行平台的诸多运作失误和安全隐患，如客服人员提供犯罪嫌疑人信息不及时、犯罪嫌疑人曾遭举报但并未被取消接单资格、滴滴顺风车APP内相关社交功能变相鼓励对女乘客的性骚扰、平台对司机犯罪记录和身份信息审核不严、“人车不符”情况多见等。

像2018年这样的案件在滴滴出行和共享出行行业的发展史上或许并不是第一次出现，但却是第一次引起全国范围内舆论高度聚焦、国家级交通主管部门强势介入。8月26日下午，交通运输部联合公安部和北京市、天津市有关部门对滴滴公司开展联合约谈。事件发生后几天之内，多地主管部门约谈滴滴公司，其整改要求基本围绕着“清理不具备运营资格的司机和车辆”“数据完整接入监管部门”“不得低价竞争”这三点。

司机规模是决定网约车平台服务能力高低的关键。如果司机分布密度低于某个临界值，那么乘客就会遭遇“打车难”，用户体验将急剧下降，用户黏性将迅速丧失。出于维持用户规模的角度考虑，滴滴公司一直在试图规避地方政府对运营车辆和司机的本地化要求，对清退不合规司机和车辆并不积极；为了庇护不合规司机和车辆，避免其信息暴露于政府监管之下，滴滴公司也一直对将运营数据接入政府监管平台的要求

置若罔闻——“乐清事件”中滴滴客服以保护司机隐私为由拒不提供车牌号和司机个人信息的做法也印证了滴滴公司不愿暴露不合规个人、车辆的心态。

时至今日，“滴滴顺风车事件”中暴露出来的问题已为全社会所知，即使从企业自身利益的角度来讲，其业务模式安全性的问题也到了非解决不可的地步了。在用户和公众对滴滴出行产生信任危机的舆论漩涡之中，滴滴公司创始人在道歉声明中反思自己“好胜心盖过了初心”。事件发生后，滴滴公司做出了道歉，暂停顺风车服务和深夜服务，并承诺整改。整改措施包括取消个性化标签和评论功能、司机接单前进行人脸识别、筛查司机资质、清理人车不符、提升“紧急求助”功能为“一键报警”功能、运营及客服体系全面整改等，并就开发车内全程录音功能征求了公众意见。此外，滴滴公司承诺给予滴滴平台上发生的交通事故、治安及刑事案件受害人3倍于法定赔偿责任的经济补偿，并在已有安全保障机制（包括保险、医疗费用垫付、公益帮扶等）的基础上，着手建立关爱基金，以提供更多的救助和关怀。然而，舆论一直对滴滴公司的道歉和表态存有疑虑，例如滴滴公司承诺给予受害人3倍于法定补偿被舆论指为“拒不承担责任”和“以钱买命”，反映出在公众不信任的背景下中性立场的表态也可能不被接受。

“滴滴顺风车事件”这一典型的信任违背事件，为有关消费者信任受损与修复的学术研究提供了机会。在导致这次事件的诸多原因中，既有偶然的外部因素，又有稳定的内部因素；在滴滴公司尝试做出的诸多整改措施中，既包含功能性的修复策略，又包含情感性的修复策略。对内因、外因的判断和对两类策略修复效果的评价都是因人而异的。消费者信任受损和黏性受损程度与修复效果受哪些因素影响，是本书关心的主要问题。

6.2 研究综述

在上一章中，本书初步分析了共享经济用户黏性的两大直接影响因素——感知价值和感知信任/风险，其中感知信任/风险的路径系数远大

于感知价值，成为举足轻重的决定因素。本章将从共享经济用户感知信任的受损与修复问题切入，研究共享经济用户黏性动态变化的一些重要规律。这既是对上一章共享经济用户黏性影响因素研究中关键问题的进一步追溯，又是在静态影响因素研究基础上对共享经济用户黏性动态变化理论的必要扩展。

6.2.1 信任与用户黏性

信任是个人与个人、个人与组织及组织与组织间相互沟通的基础，甚至是整个国家和文明发展的重要条件（Fukuyama，1995）。对企业来说，用户信任是重要的社会资本，对品牌营销、产品销售和消费者的持续购买等均能发挥积极的作用；对用户来说，信任可以使其通过试探性的体验对企业产生清晰的认知和正面的情感，进而对企业所提供的产品和服务产生依赖以至忠诚，从而避免了大量的信息搜寻成本（Luhmann，1979；Mayer et al.，1995）。

德国古典社会学家齐美尔（Simmel，1900）首先从社会学角度研究了信任问题。心理学家多伊奇（Deutsch，1958）则基于博弈论最早提出了信任的定义，他指出信任实际上是一种对未来事件的信念及基于该信念而采取的行动：基于对某事发生（如对方采取合作行动）的信念，决策者采取了相应行动（如合作行动）并预期获得收益，但如果此事实际上不发生（如对方采取不合作行动），则决策者将承受大于预期收益的损失。在此基础上，Hosmer（1995）将信任定义为：个体在面临预期损失可能大于预期收益事件时，做出的非理性选择。与之相比，Mayer等（1995）与Tomlinson等（2009）的定义则更加通俗易懂：信任者愿意接受被信任者行动可能带来的伤害，并相信被信任者即使在没有监控或控制的情况下也会做出对信任者有利的行为。

学者们通常将信任划分为：信任倾向及信任信念（McKnight et al.，1998），高度的信任同时包含这两种成分，二者之间有很强的正相关关系。其中，信任意向是指在特定情况下个体选择相信另一个体，并自愿在对方违背信任时承受更多风险和损害的意愿；信任信念是个体对另一个体的能力或善意的信念，即个体相信其他个体因具有能力和善意而不

会违背信任并给自己带来损害。

Mayer等（1995）从信任对象的角度将信任划分为人格信任、人际信任、组织信任等多个层次（分别关注人格特质、人际交往经历和组织功能）。本书主要涉及组织层面的信任，即个人对共享经济商业模式的信任，主要包括两种类型：个人对特定的共享经济服务平台企业的信任、个人对共享经济商业模式整体系统的信任。其中第二种信任既包括个人对单一平台企业的信任，又包括对相关的技术、政策、资本体系的工具性信任（Kini et al.，1998；Abdul-Rahman，2000）。有必要指出的是，以上无论哪种信任都是建立在用户持续稳定的正面经历的基础上的（Luhmann，1979）。

综合以往学者对于信任的研究，本书认为用户对共享经济服务的信任，是用户基于对共享经济商业模式和平台企业的认识和了解，在接受或提供共享经济服务时，对有关各方能力和善意的积极预期，以及在不确定的情境下愿意承受一定的风险和损害的心理状态。由于共享经济用户信任是用户持续使用共享经济服务的基础之一，所以在本书的研究范围内，用户信任的破坏和修复过程与用户黏性的破坏和修复过程是一样的。

消费者对企业的信任并不是一成不变的，而是在与企业的互动中不断发展变化，且容易受到社会和企业的各种负面事件的影响。近年来，在传统行业，企业为了短期利益而损害消费者权益的事件时有发生，屡次引发消费者信任危机乃至全行业危机，如“三鹿奶粉事件”的影响就波及整个乳制品行业，至今余波仍在。企业的负面行为严重伤害了消费者对企业品牌和价值的积极感情、破坏了消费者对企业产品和服务的正面认知，从而违背了消费者的信任，使得消费者对企业未来行为很少抱有积极的期望，更多地抱有消极的期望，对购买和使用企业产品和服务的感知风险也相应上升。企业当然不希望负面事件发生，并会采取一定的措施来避免，但即便如此，始终存在着一些技术、管理和外在社会环境等方面的因素是企业无法完全控制的。

尤其对于共享经济服务这一新生事物来说，因缺乏成熟的业务模式和长期的运营经验，出现这样那样的问题在所难免。更重要的是，共享

经济服务往往将用户的人身、财产和隐私暴露于服务平台和其他用户之前，一旦后两者出现问题，影响将十分严重。由于共享经济商业模式的用户黏性依赖于用户信任，其风险承受能力极为脆弱，以至一个负面事件就有可能导致一家企业甚至一个行业的消亡，这绝非危言耸听。因此，在消费者信任受损事件发生之前和之后采取适当的措施来预防风险和修复信任，对共享经济商业模式来说就显得至关重要了。

6.2.2 信任违背与受损

尽管对企业比较信任的用户可以承受一定的风险和损害，但这种承受的意愿是十分有限的，会因实际发生的损害而很快地丧失殆尽（Tomlinson et al.，2009）。由信任的这一侧面也可看出，信任不是静止不变的，而是一种动态发展的理性认知过程（Ali & Birley，1998）。用户的初始信任主要是认知上的，在后续的交易中，信任可能会受到损害，但也能加以修复（Schweitzer，Hershey & Bradlow，2006）。Fung和Lee（1999）提出的信任周期理论认为，在交易的开始阶段，消费者对交易本身和交易对象是不存在信任的；经过信息的收集，消费者才形成了认知意义上的信任，并在此基础上完成了首次交易；此后，消费者会对交易结果进行评价，如果感到满意，就可能再次进行交易，信任将随着交易次数的增加而发展起来；与此相反，信任发展周期的任何一个阶段的任何一次交易的不满意结果都可能出现信任违背，引起消费者的信任受损，并最终导致交易关系的终止。Deelnann和Loos（2002）更加细致地研究了信任的形成过程，认为受信方的感知信赖度、施信方的过去消费经历、消费环境、交易风险等因素显著地影响信任的形成，而交易的满意度则决定了信任是否会继续发展下去。

在消费者信任形成的绝大多数研究中，对信任违背、受损和修复的论述仅仅是点到为止，对此问题的专门研究是最近十年间才出现的（Schoorman et al.，2007；Dirks et al.，2009；郭双林，2010）。近年来，对信任动态演化的研究取得了不少进展，已经建立起包括信任违背归因理论、信任修复策略理论在内的信任受损和修复的基本概念和理论框架。

当施信方对受信方的意图和行为有了正面的信任期望，但却得到了

与其期望不一致的结果时，便产生了信任违背（Lewicki & Bunker，1996；Lewicki & Wiethoff，2000）。企业的信任违背往往是由企业的产品或服务失败造成的，其原因可能是产品或服务没有达到消费者期望的标准，或消费者获取产品或服务过程的体验不佳（Hoffman et al.，1995）。但是，产品或服务失败并不必然导致信任违背，只有当消费者认为这一失败违反了自己与企业之间的心理契约时，才会构成对消费者信任的违背（Morrison & Robinson，1997）。此外，负面关系（Labianca et al.，1998）、不公平感（如 Barclay et al.，2005）和企业的负面行为（如欺诈、不胜任、负面事件、大量的强制性裁员、破产）都会造成信任违背和受损（Gillespie & Dietz，2009）。

企业的信任违背会直接导致消费者的信任受损，并会对消费者的认知、情感和行为三个方面造成影响。

从认知层面讲，消费者会质疑企业的可信赖程度以及一度支撑自己对企业产生初始信任的正确性，并试图认识造成这种结果的原因（Lewicki & Bunker，1996）。

从情感层面讲，根据责任承担者的不同，消费者会产生压力、不安、不满、愤怒、哀伤、恐惧等负面情绪（Bies & Tripp，1996；Mishra，1996；Kim et al.，2004；Barclay et al.，2005；Roseman，1996；Lewicki & Bunker，1996；Mikula，Scherer & Athenstaedt，1998；Morrison & Robinson，1997；Conway & Briner，2002）。这些负面情绪会影响消费者的行为，使其减少积极行为（Dirks & Ferrin，2001），增加消极行为（Robinson，1996），甚至采取破坏和报复行为。

从行为层面讲，上述两方面的心理状态改变会使消费者产生更多消极的反应，如重购意愿降低（Wang & Huff，2007）、转投别的厂商和品牌（Keaveny，1995）、抱怨（Stephens & Gwinner，1998；East，2000）以及负面口碑传播行为（Day，1980；Richins，1983；Brown & Beltramini，1989；Wang & Huff，2007）。尤其是消费者的负面口碑传播行为对企业的品牌形象具有巨大的破坏力，并会在新媒体的传播下迅速放大，给企业造成无可挽回的损失。

6.2.3 信任违背归因理论

在信任违背和受损事件发生后，企业及时进行信任修复是十分必要的，因此，了解信任受损和修复的影响因素对企业采取有效的信任修复策略至关重要（Wang & Huff，2007）。信任违背归因对应于消费者因素，信任修复策略对应于企业因素，二者之间的组合效果对应于企业与消费者的交互特征，情境因素对应于与事件和受访者个体特征有关的一些控制变量。由于信任违背归因理论的内容较多，本小节先重点论述信任违背归因理论，下一小节将论述信任修复理论中的这四方面影响因素。

信任受损是信任修复的起点，也是企业制定信任修复策略的出发点和落脚点，因此弄清信任受损的原因是信任修复的基本前提。信任受损的原因看似客观，但由于消费者的心理预设各有不同，其感受完全是主观的，因此只有主观的归因过程（而不是客观的因果关系）才是对信任受损产生实际影响的因素。事实上，企业的信任违背行为导致了消费者信任受损，其实质是企业行为违背了消费者与企业之间业已形成的“心理契约”，而对“心理契约”的违背感受则取决于对信任违背事件的归因方式（Elangovan et al.，2007）。

因此，Weiner（1972，1986，2008）的心理学归因理论被广泛应用于信任重建的研究中，并成为信任修复理论的重要基础之一。归因理论认为，在日常生活中，人们往往是通过对事件的归因来理解周围的世界，而这些归因的结果又反过来塑造了人们的感觉、期望和未来的行为。人们在经历了某一事件后，会产生或积极或消极的情绪评价，在这些情绪的影响下，人们会推测该事件的性质和当事人的行为动机。

在借鉴Weiner（1986）的情绪和动机归因理论的基础上，Mayer、Davis和Schoorman（1995）提出了更加系统的信任违背归因的理论模型（如图6-1所示），此后Tomlinson和Mayer（2009）又加以重申。在危机事件发生后，消费者会首先判断是企业内部因素还是外部因素导致了危机事件，如果是外部因素导致的，则其信任不会受损；如果消费者认为危机确实是企业内部因素导致的，那么他们会试图进一步确定危机事件

的原因是企业能力不足还是正直/善意缺陷。如果危机事件被消费者归咎为企业的正直/善意缺陷，即企业没有遵守应有的社会规范，那么这个原因一般会被进一步认为对企业来说是可控的和稳定的，从而使其负面后果难以得到修复；如果危机事件被消费者归咎为企业能力不足，则消费者将更进一步从可控性和稳定性两个维度评估事件的原因。如果能力不足是可控的和稳定的，则消费者会认为这是企业固有的问题，将来还会反复发生，从而丧失对企业的信任；如果能力不足是不可控的或不稳定的，则消费者会认为这种不足是偶然和暂时的，企业可以在未来努力提高应对外部不可预测状况的能力。消费者对信任违背的归因过程如图6-1所示。

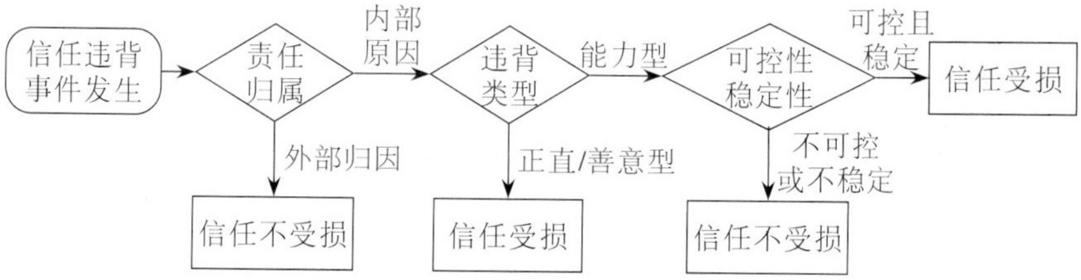

图6-1 消费者对信任违背的归因过程

在基于归因理论的信任修复研究中，研究者们从能力（competence）、善意（benevolence）、正直（integrity）等信任违背归因和责任归属（locus of causality）、可控性（controllability）和稳定性（stability）等原因属性的角度加以探讨。徐彪（2014）将消费者对企业的信任违背归因分为能力型和正直/善意型两类来分析，这一做法也为国内外很多研究者所接受。他们认为，相对于能力型信任违背，正直/善意型信任违背更难修复，但可以运用否认策略证明事发原因是外部的、不可控的、不稳定的，或通过经济补偿等措施激发消费者的积极情绪，从而间接地改善信任受损状况。Malhotra和Murnighan（2002）研究了负面事件的外部归因和内部归因，发现只有受信方的内部因素才会影响他人的信任评价，因此外部归因有利于修复信任；但Korsgaard，Brodt和Whitener（2002）研究了领导者的负面行为，却发现内部归因有利于修复下属的信任。Folkes（1984）、Lewicki等（1996）都曾指出，如果消费者将产品缺陷归因于生产商而不是零售商，则信任受损的程度会更

高，因为生产商对产品缺陷应该是具有可控性的。Lewicki等（2003）认为当施信者将信任违背的原因归咎于偶然的不稳定因素时，会产生对问题得到改善抱有积极情绪。

或许是因为本章所研究的“滴滴顺风车事件”的舆情发展十分迅猛，消费者来不及对事件进行理性思考，所以在实际调查中发现用户对企业的能力归因和正直/善意归因的区分度不高（因子分析时两类题项未能自动归入不同的因子），也就是说，支持对该事件进行内部归因的用户，几乎一边倒地支持正直/善意归因而非能力归因，他们不相信事件是由滴滴公司的能力问题导致的。尽管如此，在396个有效样本中，仍有过半数（54.3%）的用户非常赞同或有点赞同“网约车并不比传统出租车更危险，此为概率性偶发事件”的论断，显示出外部归因占据了该事件责任归因的较大比例。综合以上情况考虑，本章对信任违背归因的主要研究对象将仅限于责任归属（即内部归因和外部归因）方面，而未能研究进一步细分的其他归因类型。

6.2.4 信任修复理论

当消费者信任受损已成为既成事实之后，如何进行信任修复就成为了企业最为关心的问题。不信任感其实是可以进行修复的，在众多文献中，“信任修复”指的是企业在消费者信任受损后为挽救信任所做的努力及其产生的效果，其中包括：使信任水平重新回到受损之前的状态（Kim et al.，2004；Kim et al.，2008；Kim et al.，2009），恢复乐观积极的期望和行为（Lewicki & Bunker，1996；Schweitzer et al.，2006），达成谅解（Tomlinson，Dineen & Lewicki，2003），疏解负面情绪并放弃报复（Tomlinson et al.，2009），降低信誉的受损程度，实现重新合作等。

信任修复机制已经引起了学者们的广泛关注，但现有研究是基于不同的理论视角进行阐述，目前最为成熟的是归因理论，这方面的大部分研究都将信任受损划分为能力归因和正直/善意归因两个维度，所以信任修复策略也包括能力修复和正直/善意修复两类（Thomas，1999；Mayer，Davis & Schoorman，1995）。在已有的文献中，影响信任修复效果的因素主要包括信任修复策略、信任违背归因，以及前两者的交互作

用，此外如消费者个体因素和情境因素也会作为控制变量对信任修复效果产生影响，下文将依次概述这些方面的研究。

企业能否恢复消费者的信任，主要取决于企业所选择的信任修复策略及其时机（Kim et al.，2004）。一般的信任修复策略包括：否认、解释、道歉、安慰、承诺和经济补偿等，研究者们已在不同背景下证明它们都具有一定的信任修复效果（Bies，1987；Cody et al.，1990；Feuille et al.，1995）。Xie 和 Peng（2009）认为上述策略大部分为情感修复策略，不足以涵盖现实中企业的信任修复策略，因此提出了功能修复策略和信息修复策略的概念，并证实它们与情感修复策略一起构成组合策略会比单一修复方式更有效。其中，他们将功能修复策略定义为经济补偿措施（如退款、换新、保修、优惠等）和管理流程改进（为避免类似事件再次发生），而将信息修复策略定义为一种适当地与公众交流的过程，包括展示证据、澄清事实、披露事件处理最新消息等。企业通过采取功能和信息修复策略不仅能提升用户对企业能力的期望，还传递了企业关注用户利益和类似事件不会重演的明确信号，因此也能提升消费者对企业的善意感知和正直感知，使得情感修复策略更加有效（Schmitt，2004）。

消费者的信任违背归因在很多情况下对信任有显著影响。Wang & Huff（2007）认为，正直/善意型信任违背造成的负面反应比能力型信任违背更强烈。Kim 等（2004）指出，对于企业能力，消费者倾向于更重视正面信息，而对于企业的正直和善意，消费者倾向于更重视负面信息。因此，相比于能力型信任违背归因，正直/善意型信任违背归因更容易对消费者信任产生影响。肖冰果（2013）研究了移动商务企业信任的全生命周期变化，发现各种修复策略对能力型信任受损的修复效果都比对诚信型信任受损的修复效果好，诚信型信任受损相对不易修复；对能力型信任受损，采用情感性修复策略和实质性修复策略的组合具有显著的修复效果；而对诚信型信任受损要产生显著的修复效果，则需要采用情感性、信息性和实质性修复策略的组合。

信任违背归因与信任修复策略对信任修复效果的影响存在交互作用，这一点得到了许多文献的证实。凌静（2012）以乳制品行业为例，

用情境实验法证明否认策略对善意型信任受损的修复效果明显强于道歉策略。彭梦玲（2015）研究了公共危机事件对政府公信力的影响，发现了类似的结果。邹欣晨（2017）通过研究公共危机事件中政府信任受损的修复问题，证实了危机事件类型与信任修复策略对修复效果的影响存在交互作用，其中“信息性+情感性”与“情感性+功能性”的修复策略对风潮型危机的修复效果要显著好于攀高型。徐彪（2014）基于归因理论构建了政府信任修复的总体解释框架，发现否认策略和借口策略可以在一定程度上修复能力信任，但不能修复诚信信任，而道歉策略和理由策略对政府信任没有显著的修复效果。

消费者的个体因素，即人口统计特征、性格特征常被作为控制变量分析。个体的信任倾向对于信任的建立具有正向影响（Mayer et al., 1995），尤其是在信任发展的早期阶段。消费者的信任倾向会影响其看待信任违背事件的观点和视角，进而影响其对信任违背的反应。

信任修复有时也会受情境因素影响（Smith et al., 1999），信任违背的严重性决定了消费者对企业是否会从无条件信任转变为有条件信任或不信任。关于初始信任的影响，在信任违背事件发生前消费者对企业的初始信任程度越高，消费者就越难察觉企业的信任违背行为；可是一旦察觉，信任受损程度也会比一般情况更高，不过最终的信任修复程度也更高（彭梦玲，2015）。究其原因：其一，信任发展程度越高，消费者就越容易将企业信任违背归因于外部偶然因素或认为情有可原；其二，消费者和企业间的信任可视为消费者对企业的心理投资，如果企业发生了信任违背，那么消费者会自动使用正面的信息去冲淡负面的信息来保护之前的心理投资。

6.2.5 当前研究的不足

当前的信任受损和修复研究仍存在一些不足：

首先，现有的信任受损与修复研究大多采用情景模拟问卷或情境实验的方法，这种方法受研究者情境设定的诱导影响比较严重，并不能反映被试者在实际情境下根据自身价值观做出选择和判断的行为，因而难以反映复杂现实中信任受损与修复及其影响因素的真实情况。

其次，当前研究较多地集中于传统消费行业和政府部门，较少针对某个高度依赖用户信任的互联网行业展开实证分析，而后者正是互联网经济发展到目前阶段十分需要的研究。

最后，现有的信任受损与修复研究并没有将用户黏性作为研究的重要组成部分，事实上，对用户黏性的受损与修复目前尚未出现较为系统的研究。本章的研究脱胎于信任违背归因理论与信任修复理论，将研究视角推向了用户黏性的新课题，有望将用户黏性动态发展的理论研究推进一小步。

6.2.6 研究假设

根据现有的信任受损与修复理论，本书提出了用户黏性受损与修复模型（如图6-2所示）和研究假设。

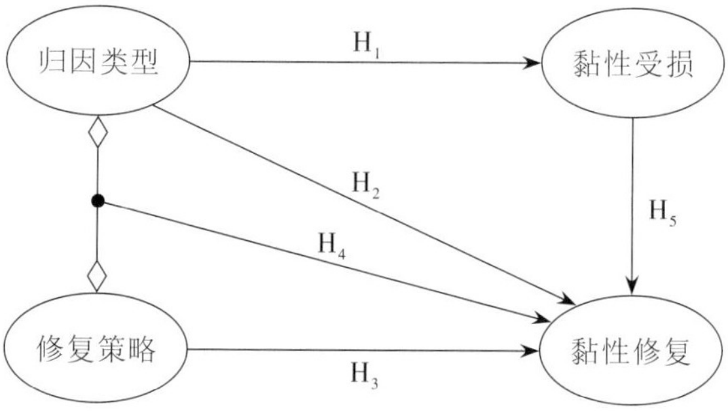

图6-2 用户黏性受损与修复模型示意图

H_{1a}：内部归因水平显著影响黏性受损程度；

H_{1b}：外部归因水平显著影响黏性受损程度；

H_{2a}：内部归因水平显著影响黏性修复程度；

H_{2b}：外部归因水平显著影响黏性修复程度；

H_{3a}：情感修复策略的感知效果显著影响黏性修复程度；

H_{3b}：功能修复策略的感知效果显著影响黏性修复程度；

H_{4a}：内部归因水平和情感修复策略感知效果的交叉项显著影响黏性修复程度；

H_{4b}：内部归因水平和功能修复策略感知效果的交叉项显著影响黏性修复程度；

H_{4c}：外部归因水平和情感修复策略感知效果的交叉项显著影响黏性修复程度；

H_{4d}：外部归因水平和功能修复策略感知效果的交叉项显著影响黏性修复程度；

H_5：黏性受损程度显著影响黏性修复程度。

6.3 数据收集与预处理

6.3.1 样本选取

本章以“滴滴出行”用户为研究对象，与前一章一样以“滚雪球”的方式利用问卷星网站收集问卷数据。调查从2018年9月15日开始，到9月22日结束，期间共回收问卷465份，经过矛盾题筛选，共得到396份有效问卷，有效问卷数符合样本量大于量表题项5倍的要求。

回答者主要来自湖北省武汉市（20.7%），但也涵盖了江苏、河南、上海、广东、安徽、浙江、北京等28个省区市及少量海外地区，既包括大中城市，又包括小城镇和偏远地区，其中有64个郑州样本、11个温州样本（分别来自两次滴滴顺风车事件的发生地）。样本在性别、年龄、学历、职业、收入等方面都具有很好的代表性。调查样本基本情况见表6-1，基本符合《2017年中国共享经济行业及用户研究报告》中的样本构成，说明本次调研样本较好地反映了参与共享经济模式用户的基本特征。

表6-1 调查对象基本情况统计

变量	指标	数量	百分比	变量	指标	数量	百分比
性别	男	179	45.2%	年龄	20岁以下	43	10.9%
	女	217	54.8%		21-40岁	269	67.9%
月收入	2千元以下	76	19.2%		41-60岁	143	20.7%
	2千元—5千元	140	35.4%		60岁以上	2	0.5%
	5千元—1万元	141	35.6%	学历	高中及以下	74	18.7%
	1万元—2万元	33	8.3%		大专及本科	290	73.2%
	2万元以上	6	1.5%		研究生及以上	32	8.1%

由于在网络调查问卷中填写不完整的无效问卷是不能成功提交的，所以本问卷调查顺利回收的问卷在格式上均为有效问卷，但为了排除那些回答不认真、不真实的样本，需要对原始数据进行筛选。对原始数据的筛选采用设置矛盾题的方法：在问卷设计阶段，我们就在量表中设置了两组矛盾题，一组是变量T_0、T_1和DT，另一组是变量S_0、S_1和DS，具体变量说明和对应题项见表5-2。受访者无矛盾回答应该是：（DT==5 & T_1>T_0）|（DT==4 & T_1==T_0）|（DT<=3 & T_1<T_0），以及（DS==5 & S_1>S_0）|（DS==4 & S_1==S_0）|（DS<=3 & S_1<S_0），不满足上述条件的答卷将被排除。上述逻辑表达式的含义是：如果受访者表示在时刻0（事件发生前）到时刻1（事件发生后、整改完成前）期间信任水平提高了，那么他（她）在时刻1的信任水平应该高于时刻0，其他情况以此类推。最终，在完成两组矛盾题的筛选后，作者得到合格样本396份。

6.3.2 变量测量

本研究的测量指标包括黏性受损、黏性修复、内部归因、外部归因、功能修复策略、情感修复策略、隐私顾虑、停运影响、总体黏性和其他变量。为了保证测量量表具有较好的信度和效度，本研究参考了国内外已经使用的成熟测量量表，并根据本研究内容和共享经济情境，对相关表述进行了修改。量表题项选用Likert五级量表，1和5分别表示完全不同意和完全同意，但也有部分题项根据语境调整了选项的表达方式，具体情况见附录。根据对预调研和试问卷的少量数据进行探索性因子分析的初步结果，作者采用主成分分析和方差最大化因子旋转法，并根据特征值大于1的条件抽取得到9个因子（不包括下表中的“外部归因”和“其他变量”），所得的潜变量构成及因子载荷见表6-2。

6.3.3 描述性统计

在进一步进行分析之前，首先对量表变量进行描述性统计，见表6-3。

表6-2 **量表题项和变量说明**

潜变量	变量名称	变量含义	因子载荷	题号	题项内容
黏性受损	DRS	黏性受损和修复	0.649	30	整改完成后，与事件发生前相比，滴滴出行使用频率的改变
	DRSP	同类企业黏性受损和修复	0.690	31	整改完成后，与事件发生前相比，其他合乘车和网约车服务使用频率的改变
	DS	黏性受损	0.840	18	事件发生后、整改完成前，滴滴出行使用频率的改变
	DSP	同类企业黏性受损	0.772	19	事件发生后、整改完成前，其他合乘车和网约车服务使用频率的改变
	DT	信任受损	0.813	22	事件发生后、整改完成前对滴滴出行的安全性和可靠性评价的改变
	DTP	同类企业信任受损	0.794	23	事件发生后、整改完成前对其他合乘车和网约车服务安全性和可靠性评价的改变
黏性修复	RT1	信任修复	0.724	26（1）	整改结果总体令我感到满意
	RT2	信任修复	0.745	26（3）	整改措施能够制止犯罪、保证安全
	RT3	信任修复	0.770	26（4）	滴滴公司有能力落实整改措施并产生实效
	RT4	信任修复	0.749	26（5）	滴滴公司能够避免此类人身伤害事件再次发生
	RT5	信任修复	0.796	26（6）	整改之后滴滴出行的安全性改善了
	RT6	信任修复	0.781	26（7）	整改之后滴滴出行的叫车体验改善了

续表

潜变量	变量名称	变量含义	因子载荷	题号	题项内容
黏性修复	RT7	信任修复	0.784	26（8）	滴滴公司在回应和处理相关事件时的言行是真实、诚恳的
	RT8	信任修复	0.778	26（9）	滴滴公司是一家具有正确而健全的价值观的企业
	RS1	黏性修复	0.653	26（2）	整改后，我会继续使用或恢复使用滴滴出行服务
	RS2	黏性修复	0.643	26（10）	滴滴顺风车的社交功能本意是好的，以后应该在保证安全的前提下得到恢复
内部归因	A1	能力归因	0.686	24（1）	滴滴公司没有足够的技术、人力和资金实力去识别安全风险并及时妥善处置
	A2	善意归因	0.804	24（2）	滴滴公司没有足够的意愿去识别安全风险并及时妥善处置
	A3	正直归因	0.801	24（3）	滴滴公司为了追求经济利益而有意忽略了安全隐患
	A5	能力归因	0.666	24（5）	滴滴顺风车的产品设计和宣传中一度突出异性社交元素是因为未能充分评估风险
	A6	正直归因	0.823	24（6）	滴滴顺风车的产品设计和宣传中一度突出异性社交元素是因为商业利益
	A8	正直归因	0.691	24（8）	滴滴未能及时提供犯罪嫌疑人信息是为了商业利益
外部归因	A4	外部归因	—	24（4）	事实上，网约车并不比传统出租车更危险，此为概率性偶发事件
功能修复策略	R4	运营	0.799	25（4）	将安全作为最重要的考核指标之一

续表

潜变量	变量名称	变量含义	因子载荷	题号	题项内容
功能修复策略	R5	运营	0.689	25（5）	增加客服人数
	R6	运营	0.874	25（6）	加强客服专业能力，改进处理流程
	R7	运营	0.913	25（7）	第一时间向警方报告安全投诉信息
	R8	功能	0.900	25（8）	行车路线监测预警功能
	R9	功能	—	25（9）	取消个性化标签、真实头像等社交元素
	R10	功能	0.879	25（10）	在显著位置放置“一键报警”按钮
	R11	功能	0.874	25（11）	与警方合作共建信息查询系统
	R12	平台监管	0.825	25（12）	通过人脸识别、用户举报清理“人车不符”问题
	R13	平台监管	0.687	25（13）	犯罪记录筛查、三证验真等准入措施
	R17	经济补偿	0.581	25（17）	对受害用户给予3倍法定补偿
情感修复策略	R1	停运	—	25（1）	顺风车停运，其他网约车深夜停运
	R2	道歉策略	0.788	25（2）	公司创始人诚恳道歉
	R3	道歉策略	0.817	25（3）	相关业务负责人被免职
	R18	否认策略	—	25（18）	滴滴CEO否认滴滴是一家赚钱高于一切的黑心企业，称其不但未盈利，反而巨亏
隐私顾虑	R19	隐私顾虑	—	27	全程加密录音功能是否侵犯隐私
	R20	隐私顾虑	0.870	28	为了安全而提供司机信息是否侵犯隐私

续表

潜变量	变量名称	变量含义	因子载荷	题号	题项内容
隐私顾虑	R21	隐私顾虑	0.898	29	为了安全而提供乘客信息是否侵犯隐私
停运影响	R22	停运影响	0.845	32	第一次侵害事件发生后滴滴顺风车关停，出行是否受到影响
	R23	停运影响	0.797	33	第二次侵害事件发生后网约车深夜暂停服务，出行是否受到影响
	R24	停运影响	0.651	34	滴滴出行关停部分服务是否涉嫌利用垄断地位绑架民意
	R25	停运影响	0.722	35	滴滴出行是否应作为基本公共服务和基本互联网服务不中断运营
平台监管	R14	平台监管	0.705	25（14）	司机安全培训、安全知识考核
	R15	平台监管	0.706	25（15）	司机防疲劳驾驶功能
	R16	平台监管	0.652	25（16）	全程加密录音
总体黏性	S_0	初始黏性	0.949	16	侵害事件发生前滴滴出行的使用频率
	S_1	受损后黏性	0.728	17	侵害事件发生后、整改完成前滴滴出行的使用频率
	S_2	修复后黏性	0.896	4	目前滴滴出行的使用频率
其他变量	T_0	初始信任	—	20	事件发生前对滴滴出行安全性和可靠性的评价
	T_1	受损后信任	—	21	事件发生后、整改完成前对滴滴出行安全性和可靠性的评价
	T_2	修复后信任	—	5	目前对滴滴出行安全性和可靠性的评价
	A7	善意归因	—	24（7）	滴滴未能及时提供犯罪嫌疑人信息是为了保护隐私

表6-3 **量表变量的描述性统计**

变量	平均值	标准差	偏度	峰度	变量	平均值	标准差	偏度	峰度
DRS	3.67	0.82	−0.715	0.399	R10	4.36	0.87	−1.57	2.627
DRSP	3.74	0.724	−0.816	1.367	R11	4.45	0.792	−1.683	3.333
DS	3.5	0.828	−1.351	0.788	R12	4.37	0.866	−1.56	2.483
DSP	3.69	0.728	−1.105	1.446	R13	4.43	0.81	−1.704	3.472
DT	3.49	0.727	−0.849	−0.331	R14	4.27	0.906	−1.365	1.755
DTP	3.55	0.671	−0.932	0.361	R15	4.26	0.933	−1.272	1.257
RT1	3.59	0.938	−0.35	−0.059	R16	4.29	0.941	−1.493	2.026
RS1	3.86	0.892	−0.588	0.304	R17	4.16	1.002	−1.109	0.577
RT2	3.63	0.939	−0.255	−0.243	R1	3.17	1.177	−0.083	−1.031
RT3	3.76	0.869	−0.306	−0.114	R2	3.28	1.237	−0.349	−0.86
RT4	3.45	0.991	−0.195	−0.118	R3	3.41	1.18	−0.375	−0.781
RT5	3.72	0.857	−0.366	0.144	R18	3.59	1.215	−0.627	−0.437
RT6	3.62	0.885	−0.298	−0.103	R19	3.26	1.135	−0.216	−0.869
RT7	3.63	0.974	−0.499	0.043	R20	3.16	1.154	−0.12	−0.886
RT8	3.61	0.957	−0.501	0.288	R21	3.11	1.113	−0.078	−0.736
RS2	3.7	1.066	−0.812	0.341	R22	3.12	1.128	−0.219	−0.855
A1	3.34	1.113	−0.189	−0.69	R23	3.03	1.214	−0.091	−1.034
A2	3.5	1.148	−0.277	−0.896	R24	3.41	0.874	−0.143	0.075
A3	3.36	1.161	−0.14	−0.912	R25	3.51	0.982	−0.312	−0.404
A5	3.54	0.997	−0.306	−0.322	S_0	2.98	0.958	0.288	−1.235
A6	3.51	1.035	−0.289	−0.495	S_1	2.52	1.128	0.27	−1.055
A8	3.17	1.072	−0.044	−0.464	S_2	2.89	1.013	0.357	−1.086
R4	4.33	0.913	−1.574	2.498	T_0	3.81	0.715	0.179	−0.796
R5	3.99	0.991	−0.978	0.452	T_1	3.17	1.095	−0.107	−0.691
R6	4.24	0.888	−1.399	2.2	T_2	3.55	0.955	−0.147	−0.386
R7	4.37	0.855	−1.582	2.65	A4	3.52	1.08	−0.453	−0.37
R8	4.34	0.86	−1.497	2.389	A7	2.89	1.084	0.061	−0.513
R9	3.82	1.12	−0.827	−0.085	A7	2.89	1.084	0.061	−0.513

在下文中，为了进一步检验变量的信度和效度，要进行验证性因子分析。结构方程模型要求样本数据服从多元正态分布，因此首先检验样本数据的分布。根据Curran等（1996）的建议，若一组观测数据的偏度小于2、峰度小于5，则可认为该组数据来自正态总体，反之则不是。由表6-3可见，量表数据满足正态分布。

为了观察信任违背事件发展全过程的概况，作者利用量表数据绘制了图6-3（用户信任/黏性受损与修复过程），从中可以直观地发现，用户信任和用户黏性首先受到了信任违背事件的冲击，接下来在企业实施信任修复策略之后得到了恢复，但恢复后的水平仍然略低于事件发生前的信任/黏性水平。相比而言，平均用户黏性在整改措施完成后恢复到了与原来相差无几的水平，而用户信任却有相对较大的前后落差。用户信任/黏性受损与修复过程如图6-3所示。

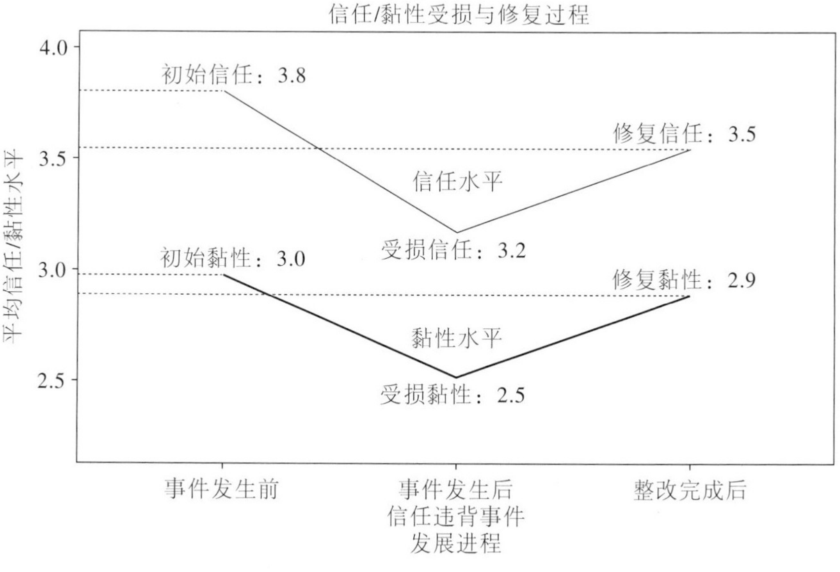

图6-3 用户信任/黏性受损与修复过程

6.4 探索性因子分析

因子分析的重要前提之一是原变量之间存在较强的相关性，所以在进行探索性因子分析之前，需要进行相关性检验。作者对本书研究数据

的检验结果是：KMO值为0.906，Bartlett球形度检验的卡方值为17 018.517、自由度为1 485、显著性水平低于0.001。结果显示，KMO>0.8，说明变量之间的相关性好（Kaiser，1974）；Bartlett球形度检验也非常显著，说明样本相关矩阵存在公因子。因此该数据适合进行因子分析。

6.4.1 信度分析

基于本章的理论模型和量表设计，在进行因子分析之前，需要对各个量表问题进行信度分析，以剔除信度不高的问题。信度度量了测量的可靠程度，反映了测量结果的一致性和稳定性，一般只需采用Cronbach's α系数衡量问卷调查的同质性信度（Hatcher，1994）。一般认为，α值大于0.7时，表示信度很高（DeVellis1991；Wortzel，1979；Nually，1978）；若α值介于0.35与0.7之间则为可接受（Nually，1978）；而小于0.35则为低信度。

全部变量的信度分析见表6-4。作者先对所有变量进行信度检验，整体的Cronbach α = 0.910，说明整体信度良好。

表6-4 全部变量的信度分析

变量	校正后项目与总分的相关性	删除后的Cronbach α	变量	校正后项目与总分的相关性	删除后的Cronbach α
S_2	0.241	0.910	R13	0.494	0.908
S_0	0.207	0.911	R14	0.507	0.908
S_1	0.333	0.910	R15	0.556	0.907
DS	0.346	0.909	R16	0.439	0.908
DSP	0.303	0.910	R17	0.587	0.907
DT	0.338	0.909	RT1	0.692	0.906
DTP	0.372	0.909	RS1	0.713	0.906
A1	0.139	0.912	RT2	0.664	0.906
A2	-0.039	0.914	RT3	0.682	0.906

续表

变量	校正后项目与总分的相关性	删除后的 Cronbach α	变量	校正后项目与总分的相关性	删除后的 Cronbach α
A3	-0.106	0.915	RT4	0.634	0.906
A5	0.063	0.912	RT5	0.679	0.906
A6	-0.022	0.913	RT6	0.653	0.906
A8	-0.072	0.914	RT7	0.683	0.906
R1	0.235	0.911	RT8	0.662	0.906
R2	0.575	0.906	RS2	0.614	0.906
R3	0.542	0.907	R19	0.157	0.912
R4	0.534	0.907	R20	0.301	0.910
R5	0.555	0.907	R21	0.198	0.911
R6	0.554	0.907	DRS	0.438	0.908
R7	0.534	0.907	DRSP	0.422	0.909
R8	0.537	0.907	R22	0.319	0.910
R10	0.541	0.907	R23	0.289	0.910
R11	0.506	0.908	R24	0.442	0.908
R12	0.552	0.907	R25	0.430	0.908

注：整体的Cronbach α = 0.910

接下来，作者对每个因子内部进行信度检验，见表6-5。

表6-5 **各因子的信度分析**

潜变量	变量名称	校正后项目与总分的相关性	删除后的 Cronbach α	因子的 Cronbach α
黏性受损	DRS	0.695	0.894	0.904
	DRSP	0.702	0.891	
	DS	0.795	0.877	
	DSP	0.667	0.896	

续表

潜变量	变量名称	校正后项目与总分的相关性	删除后的 Cronbach α	因子的 Cronbach α
黏性受损	DT	0.814	0.875	0.904
	DTP	0.760	0.884	
黏性修复	RT1	0.787	0.946	0.951
	RT2	0.788	0.946	
	RT3	0.828	0.945	
	RT4	0.761	0.948	
	RT5	0.825	0.945	
	RT6	0.799	0.946	
	RT7	0.847	0.944	
	RT8	0.842	0.944	
	RS1	0.775	0.947	
	RS2	0.698	0.951	
内部归因	A1	0.567	0.847	0.856
	A2	0.737	0.814	
	A3	0.738	0.814	
	A5	0.542	0.850	
	A6	0.720	0.819	
	A8	0.569	0.846	
外部归因	A4	—	—	—
功能策略	R4	0.766	0.939	0.945
	R5	0.654	0.945	
	R6	0.833	0.936	
	R7	0.876	0.934	

续表

潜变量	变量名称	校正后项目与总分的相关性	删除后的 Cronbach α	因子的 Cronbach α
功能策略	R8	0.870	0.935	0.945
	R10	0.837	0.936	
	R11	0.831	0.937	
	R12	0.793	0.938	
	R13	0.699	0.942	
	R17	0.609	0.947	
情感策略	R1	0.327	0.794	0.685
	R2	0.584	0.474	
	R3	0.609	0.444	
隐私顾虑	R19	0.489	0.795	0.763
	R20	0.651	0.614	
	R21	0.650	0.619	
停运影响	R22	0.705	0.734	0.816
	R23	0.712	0.732	
	R24	0.524	0.817	
	R25	0.627	0.773	
平台监管	R14	0.824	0.797	0.886
	R15	0.829	0.790	
	R16	0.684	0.918	
总体黏性	S_0	0.800	0.846	0.894
	S_1	0.749	0.895	
	S_2	0.839	0.808	

从表 6-5 可知，“情感策略”的 Cronbach α 值接近 0.7，其他因子 Cronbach α 值均大于 0.7，说明各因子信度良好。因此我们可以继续进

行本书后面的分析。

6.4.2 因子分析结果

本书作者对量表数据的所有变量进行了探索性因子分析，采用主成分法计算因子载荷，采用最大方差法进行因子旋转，并提取特征值大于1的因子，相关结果见表6-6。

表6-6 探索性因子分析结果

项目	1 功能策略	2 黏性修复	3 黏性受损	4 内部归因	5 停运影响	6 总体黏性	7 情感策略	8 隐私顾虑	9 平台监管	10 外部归因
R7	0.902	0.154	0.002	0.031	−0.008	−0.060	0.012	−0.044	−0.028	0.017
R8	0.891	0.169	−0.020	0.063	−0.050	−0.015	0.040	−0.083	0.009	0.030
R11	0.861	0.157	0.011	0.062	−0.006	−0.052	−0.082	−0.088	0.086	0.033
R10	0.860	0.188	0.000	0.048	−0.011	−0.029	0.013	−0.031	0.032	−0.033
R6	0.842	0.181	0.032	0.002	−0.009	−0.063	0.163	−0.029	−0.085	0.043
R12	0.810	0.195	0.020	0.032	0.011	0.000	−0.029	0.006	0.158	−0.029
R4	0.786	0.201	−0.002	0.016	−0.028	−0.043	0.129	−0.025	−0.003	0.082
R13	0.710	0.166	−0.038	0.123	0.016	0.012	−0.020	−0.042	0.296	−0.004
R5	0.637	0.230	0.016	0.033	0.014	0.032	0.374	−0.047	−0.015	0.093
R17	0.569	0.200	0.111	−0.071	0.022	0.016	0.302	0.091	0.327	0.128
R9	0.447	0.036	−0.044	0.160	0.039	−0.039	0.249	0.046	0.284	−0.106
RT6	0.201	0.807	0.077	−0.065	0.086	0.036	0.091	0.079	0.135	0.055
RT5	0.272	0.788	0.195	−0.083	0.079	0.031	0.062	0.071	−0.013	0.061
RT3	0.261	0.787	0.200	−0.137	0.064	0.121	0.098	−0.005	0.077	−0.007
RT2	0.213	0.773	0.192	−0.069	0.084	0.112	0.084	0.058	0.078	−0.045
RT4	0.131	0.769	0.162	−0.045	0.073	0.080	0.155	0.095	0.099	0.028
RT7	0.221	0.767	0.202	−0.156	0.161	−0.003	0.119	0.065	0.058	0.182
RT8	0.215	0.765	0.193	−0.216	0.178	0.009	0.104	0.060	0.032	0.133
RT1	0.251	0.701	0.203	−0.107	0.150	0.087	0.186	0.076	0.038	0.108
RS1	0.360	0.632	0.341	−0.088	0.170	0.116	0.019	−0.002	0.025	0.174
RS2	0.292	0.619	0.166	−0.080	0.278	−0.018	−0.034	0.054	−0.018	0.199
DS	−0.049	0.197	0.859	−0.112	0.114	0.026	−0.031	0.001	0.053	0.045
DT	−0.094	0.209	0.839	−0.202	0.117	0.036	−0.007	0.097	0.060	0.020
DTP	−0.021	0.207	0.798	−0.105	0.068	0.067	0.011	0.098	−0.009	0.064

续表

项目	1	2	3	4	5	6	7	8	9	10
	功能策略	黏性修复	黏性受损	内部归因	停运影响	总体黏性	情感策略	隐私顾虑	平台监管	外部归因
DSP	0.058	0.106	0.764	−0.047	0.002	0.089	−0.020	0.052	−0.125	0.029
DRSP	0.110	0.149	0.673	−0.147	0.251	0.094	0.118	0.086	−0.082	−0.030
T_1	−0.026	0.304	0.639	−0.278	0.175	0.231	−0.064	0.079	0.048	0.343
DRS	0.006	0.272	0.638	−0.195	0.245	0.057	0.136	0.104	0.018	0.020
T_2	0.013	0.311	0.477	−0.244	0.189	0.310	0.033	0.054	0.050	0.396
A6	0.101	−0.192	−0.054	0.791	−0.109	−0.041	0.011	0.013	−0.011	0.010
A2	0.084	−0.153	−0.215	0.778	−0.009	0.027	0.000	0.073	−0.077	−0.092
A3	0.054	−0.187	−0.247	0.759	−0.099	0.033	−0.006	0.082	−0.035	−0.158
A1	0.101	0.024	−0.130	0.697	0.092	−0.080	0.125	0.022	−0.090	0.156
A5	0.056	−0.015	−0.094	0.684	0.006	−0.059	−0.003	−0.070	0.153	0.025
A8	−0.034	−0.178	−0.091	0.644	−0.167	0.068	0.158	0.039	0.006	−0.045
R22	−0.049	0.152	0.133	−0.004	0.830	0.096	0.054	0.006	0.043	−0.012
R23	−0.123	0.125	0.218	−0.142	0.782	0.182	0.081	0.093	0.030	−0.021
R25	0.025	0.264	0.189	−0.058	0.671	0.100	0.066	0.119	0.005	0.127
R24	0.076	0.299	0.220	−0.072	0.600	−0.059	0.113	0.039	0.033	0.103
S_0	−0.035	0.058	0.037	0.018	0.098	0.927	0.057	0.017	−0.015	0.049
S_2	−0.118	0.119	0.238	0.000	0.100	0.851	0.069	0.004	0.022	0.007
S_1	−0.103	0.196	0.551	−0.085	0.115	0.688	−0.020	−0.001	0.064	0.002
R1	0.072	0.036	−0.068	0.193	0.073	0.016	0.664	0.029	0.004	0.059
R3	0.266	0.308	0.029	0.074	0.091	0.104	0.663	0.131	0.027	−0.058
R2	0.176	0.385	0.157	0.007	0.154	0.056	0.628	0.079	0.096	−0.013
R18	0.167	0.340	0.107	−0.225	0.149	−0.054	0.386	0.123	0.338	0.179
R21	−0.081	0.090	0.042	0.030	0.022	−0.009	0.113	0.839	0.122	0.023
R20	−0.085	0.203	0.192	−0.042	0.086	0.016	0.058	0.791	0.084	0.109
R19	−0.062	0.054	0.115	0.126	0.097	0.026	0.026	0.743	−0.149	−0.053
R15	0.572	0.194	−0.021	−0.020	0.117	0.054	0.075	0.047	0.651	0.006
R14	0.595	0.166	−0.090	−0.021	0.017	0.047	0.088	0.048	0.639	0.047
R16	0.539	0.169	−0.052	0.015	0.010	0.003	0.018	−0.035	0.596	−0.025
T_0	0.179	0.234	−0.086	−0.191	0.156	0.418	−0.032	0.060	−0.041	0.646
A4	0.106	0.234	0.366	0.043	0.119	−0.149	0.021	−0.016	0.012	0.564
A7	−0.117	0.211	0.194	0.271	−0.137	−0.027	0.294	0.082	0.076	0.415

从表6-6中可以看出，T_0、T_1、T_2被分别归入“外部归因”因

子和“黏性受损”因子，其理论含义不清晰，可以考虑在因子分析中删去，但可以作为单独的变量参与后面的回归分析。R9、R18、A7的主要载荷小于0.5，可以考虑在进一步的分析中删去。如此一来，A4将成为孤立变量，也可从因子分析中抽出，并作为单独的变量参与后面的回归分析。此外，R14、R15、R16在“功能策略”因子上的载荷超过了0.5，S_1在“黏性受损”因子上的载荷也超过了0.5，但以常识来看它们的相关性是可以理解的，接下来仍参与因子分析。

删除T_0、T_1、T_2、R9、R18、A7、A4之后再次进行因子分析，其结果见表6-7。

表6-7 **修正后的因子分析结果**

项目	1	2	3	4	5	6	7	8	9
	功能策略	黏性修复	黏性受损	内部归因	停运影响	总体黏性	隐私顾虑	情感策略	平台监管
R7	0.903	0.158	−0.004	0.039	−0.009	−0.060	−0.041	0.023	0.016
R8	0.884	0.175	−0.021	0.067	−0.052	−0.021	−0.084	0.056	0.064
R11	0.857	0.165	0.007	0.071	−0.004	−0.054	−0.088	−0.083	0.124
R10	0.856	0.186	−0.008	0.052	−0.011	−0.031	−0.031	0.015	0.075
R6	0.854	0.191	0.027	0.013	−0.005	−0.056	−0.023	0.148	−0.073
R12	0.803	0.194	0.017	0.037	0.012	0.006	0.007	−0.035	0.198
R4	0.778	0.212	0.002	0.024	−0.026	−0.062	−0.029	0.151	0.051
R13	0.688	0.164	−0.038	0.126	0.019	−0.004	−0.048	−0.004	0.355
R5	0.643	0.260	0.005	0.045	0.013	0.037	−0.037	0.347	−0.044
R17	0.560	0.227	0.118	−0.058	0.026	0.023	0.098	0.286	0.329
RT6	0.186	0.815	0.059	−0.067	0.083	0.034	0.082	0.093	0.137
RT5	0.260	0.798	0.180	−0.080	0.074	0.025	0.069	0.067	0.003
RT7	0.225	0.789	0.182	−0.162	0.175	0.011	0.075	0.091	0.040
RT3	0.249	0.785	0.179	−0.135	0.063	0.112	−0.007	0.102	0.099
RT8	0.222	0.779	0.165	−0.223	0.189	0.028	0.072	0.083	0.017
RT4	0.111	0.775	0.147	−0.041	0.067	0.063	0.091	0.160	0.111
RT2	0.195	0.764	0.175	−0.066	0.081	0.093	0.051	0.094	0.113
RT1	0.239	0.725	0.194	−0.092	0.144	0.072	0.071	0.184	0.035
RS1	0.357	0.660	0.321	−0.091	0.181	0.114	0.000	0.013	0.029

续表

项目	1	2	3	4	5	6	7	8	9
	功能策略	黏性修复	黏性受损	内部归因	停运影响	总体黏性	隐私顾虑	情感策略	平台监管
RS2	0.305	0.639	0.144	−0.084	0.296	0.000	0.065	−0.059	−0.032
DS	−0.041	0.218	0.840	−0.130	0.135	0.053	0.011	−0.058	0.025
DT	−0.091	0.233	0.813	−0.214	0.128	0.064	0.105	−0.020	0.032
DTP	−0.023	0.235	0.794	−0.111	0.073	0.084	0.099	0.001	−0.020
DSP	0.063	0.120	0.772	−0.053	0.009	0.106	0.053	−0.031	−0.109
DRSP	0.104	0.154	0.690	−0.147	0.252	0.098	0.076	0.109	−0.040
DRS	−0.010	0.283	0.649	−0.201	0.246	0.047	0.096	0.149	0.058
A6	0.086	−0.189	−0.021	0.802	−0.113	−0.055	0.003	0.018	0.010
A2	0.078	−0.165	−0.206	0.788	−0.020	0.024	0.070	0.007	−0.072
A3	0.030	−0.213	−0.221	0.775	−0.122	0.012	0.065	0.026	0.013
A1	0.116	0.049	−0.128	0.699	0.091	−0.044	0.043	0.100	−0.145
A5	0.053	−0.002	−0.096	0.689	0.006	−0.045	−0.058	−0.013	0.108
A8	−0.062	−0.190	−0.050	0.653	−0.172	0.032	0.015	0.189	0.070
R22	−0.044	0.148	0.122	−0.006	0.838	0.100	0.006	0.022	0.025
R23	−0.120	0.125	0.195	−0.142	0.788	0.177	0.093	0.070	0.017
R25	0.024	0.276	0.171	−0.067	0.681	0.092	0.119	0.088	0.015
R24	0.070	0.312	0.208	−0.080	0.601	−0.057	0.042	0.138	0.042
S_0	−0.026	0.063	0.014	0.002	0.105	0.944	0.024	0.059	−0.005
S_2	−0.107	0.127	0.196	−0.024	0.109	0.889	0.019	0.055	0.007
S_1	−0.095	0.213	<u>0.503</u>	−0.106	0.127	0.722	0.013	−0.031	0.037
R21	−0.092	0.095	0.031	0.024	0.021	−0.015	0.840	0.124	0.116
R20	−0.077	0.215	0.184	−0.051	0.101	0.032	0.802	0.037	0.063
R19	−0.058	0.043	0.110	0.125	0.091	0.034	0.742	0.021	−0.144
R3	0.246	0.299	0.030	0.080	0.085	0.067	0.122	0.700	0.068
R1	0.068	0.048	−0.064	0.186	0.075	0.016	0.039	0.668	0.002
R2	0.152	0.386	0.159	0.008	0.147	0.034	0.075	0.664	0.130
R14	<u>0.554</u>	0.177	−0.083	−0.008	0.016	0.015	0.042	0.122	0.689
R15	<u>0.539</u>	0.202	−0.023	−0.011	0.122	0.035	0.044	0.086	0.682
R16	<u>0.504</u>	0.174	−0.057	0.016	0.012	−0.012	−0.036	0.038	0.631

该因子分析的方差解释率达到71.1%，因子结构清晰，各变量在其关联的因子上的载荷都大于0.5，除上文已经解释过的R14—R16和S_1外，交叉变量的因子载荷都没有超过0.45。KMO值为0.906，Bartlett球形度检验的卡方值为17 018.517、自由度为1 485、显著性水平低于0.001。

由于后文将进行主成分回归分析，故需要对被解释因子和解释因子分别进行因子分析，重新计算因子载荷和因子得分。为此，本书分别对“黏性修复”因子所含变量和其他因子所含变量再次进行因子分析，由此得到的因子得分被保存在数据集中，以备后面分析所用。

6.5 黏性受损影响因素分析

6.5.1 信度和效度检验

作者运用AMOS 22.0软件对396份调查问卷进行了验证性因子分析，并结合SPSS 22.0软件计算出各变量的克隆巴赫系数（Cronbach’s α）、组合信度（CR）和平均提取方差（Average Variance Extracted，AVE）。结果表明，该验证性因子分析的方差解释率达到55.7%，因子结构清晰，各测量变量的因子载荷都大于0.5，交叉变量的因子载荷基本没有超过0.45。该模型的拟合优度指标表明，模型具有较好的拟合度：$\chi^2/df = 2.777 < 3$，$GFI = 0.937 > 0.90$，$AGFI = 0.902 > 0.80$，$NFI = 0.936 > 0.90$，$TLI = 0.943 > 0.90$，$CFI = 0.958 > 0.90$，$RMSEA = 0.067 < 0.08$，等等，均在推荐值范围以内。模型整体及各变量的α值均在0.7以上，表明本研究采用的量表具有良好的信度和内在一致性。此外，各个指标因子的AVE基本在0.50以上，因子间的相关系数均小于因子AVE的平方根，表明量表的收敛效度和各变量的区别效度也符合要求。

6.5.2 结构方程模型设定

为了研究用户对共享经济平台信任违背事件的内部归因和外部归因水平对用户黏性受损的影响，本研究中，作者采用AMOS 22.0软件和最大似然估计方法对结构方程模型进行了拟合。本研究的结构方程模型基

本结构设定如图6-4所示。

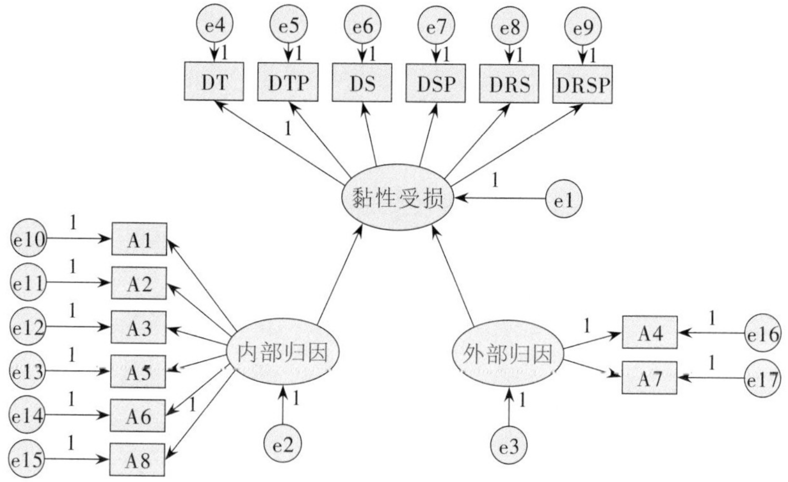

图6-4 共享经济用户黏性受损模型设定

经检验，上述模型的拟合优度指标很接近推荐值，但仍需进行误差项相关性修正。在AMOS中，在View → Analysis Properties → Output中勾选Modification Indices（修正指标），报表中将输出M.I.指标，它表示如果增加该关系，χ^2会减少多少。根据M.I.指标，作者在模型设定中增加以下相关关系：e4 ↔ e5、e4 ↔ e7、e7 ↔ e8、e7 ↔ e9、e8 ↔ e9、e10 ↔ e11、e10 ↔ e13。修正模型的结构设定如图6-5所示。

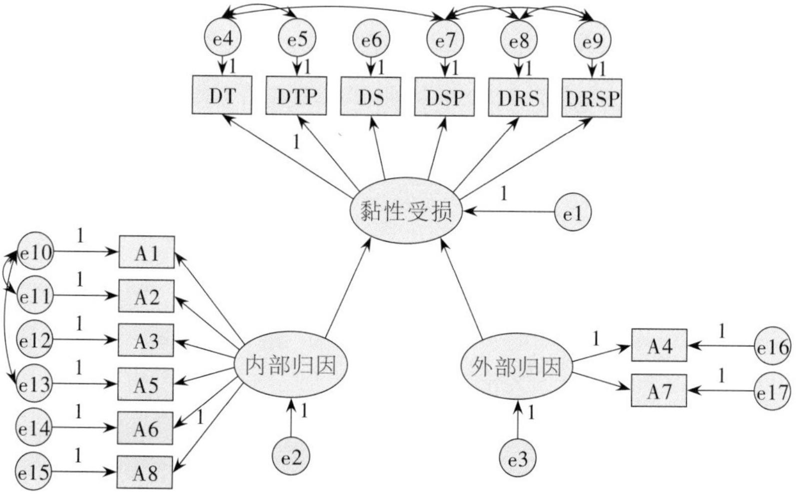

图6-5 修正后的用户黏性受损模型

估计修正模型，得到的拟合优度指标如下（见表6-8）：

表6-8 修正后黏性受损模型的拟合优度指标

拟合指标	χ^2/df	GFI	AGFI	NFI	TLI	CFI	RMSEA
推荐值	<3	>0.90	>0.80	>0.90	>0.90	>0.90	<0.08
实测值	2.777	0.937	0.902	0.936	0.943	0.958	0.067

各拟合优度指标均在推荐值范围以内，表明该模型与数据具有很好的适配度。

6.5.3 结构方程模型分析

经参数估计，模型因变量“黏性受损”的被解释方差为55.7%（即黏性受损因子的多元拟合优度Squared Multiple Correlation）。标准化的模型估计及假设检验结果如图6-9所示。

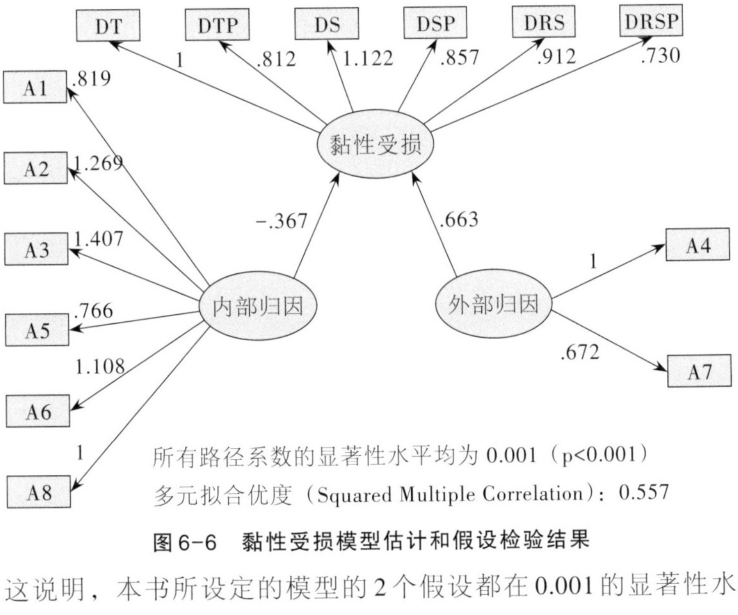

图6-6 黏性受损模型估计和假设检验结果

这说明，本书所设定的模型的2个假设都在0.001的显著性水平上得到了支持。黏性受损模型假设检验结果见表6-9。

表6-9 黏性受损模型假设检验结果

假设	假设内容	是否得到支持
H_{1a}	内部归因水平显著影响黏性受损程度	是
H_{1b}	外部归因水平显著影响黏性受损程度	是

6.6 黏性修复影响因素分析

6.6.1 主成分回归

在探索性因子分析方面，本书已得到“功能策略”“情感策略”“内部归因”“外部归因”“黏性受损”“黏性修复”“停运影响”“总体黏性”“隐私顾虑”“平台监管”等指标的得分数据，此外还有“初始信任”“性别”“年龄”“受教育程度”“职业”“收入”“角色为乘客”“角色为司机”等控制变量。另外，根据受访者IP地址所对应的地理位置，作者还整理出了受访者是否“位于事发省份”或“位于事发城市”的控制变量。本书以黏性修复因子得分为因变量，其他因子和控制变量等为自变量，进行主成分回归，得到如下结果（见表6-10）：

表6-10　　黏性修复影响因素主成分回归结果

项目	估计值	标准误	t值	Pr（>|t|）
（截距项）	2.436	0.426	5.724	0.000***
功能策略	0.300	0.095	3.155	0.002**
情感策略	-0.014	0.111	-0.126	0.899
内部归因	-0.114	0.035	-3.254	0.001**
外部归因	0.009	0.036	0.260	0.795
功能策略×内部归因	-0.069	0.028	-2.477	0.014*
功能策略×外部归因	-0.005	0.028	-0.168	0.867
情感策略×内部归因	0.013	0.033	0.409	0.683
情感策略×外部归因	0.090	0.030	3.026	0.003**
黏性受损	0.306	0.039	7.823	0.000***
停运影响	0.182	0.037	4.982	0.000***
总体黏性	0.049	0.037	1.349	0.178

续表

项目	估计值	标准误	t值	Pr（>|t|）
隐私顾虑	0.129	0.034	3.836	0.000***
平台监管	0.070	0.035	2.024	0.044*
初始信任	0.234	0.054	4.335	0.000***
性别	0.096	0.078	1.236	0.217
年龄	0.073	0.042	1.733	0.084
受教育程度	−0.244	0.071	−3.428	0.001***
职业	0.031	0.040	0.771	0.441
收入	0.015	0.044	0.348	0.728
位于事发省份	−0.024	0.120	−0.204	0.839
位于事发城市	0.066	0.165	0.396	0.692
角色为乘客	0.227	0.198	1.149	0.251
角色为司机	−0.007	0.121	−0.054	0.957

注：*** $p<0.001$；** $p<0.01$；* $p<0.05$；. $p<0.1$

以上回归的 R^2 值为0.5421>0.5，方差解释率符合一般要求。从表6-10可以看出，用户对共享平台企业信任违背事件的内部归因水平和功能修复策略的感知效果对黏性修复程度具有显著影响。功能策略和内部归因、情感策略和外部归因的交叉项是显著的，而另外两种交叉项组合则不显著。除了总体黏性对黏性修复影响不显著之外，黏性受损、停运措施、隐私顾虑、平台监管、初始信任等因素都具有显著影响。在控制变量中，只有“受教育程度”对黏性修复程度有显著的负面影响，其他控制变量（尤其是“性别”“是否位于事发地区”）对黏性修复程度没有显著影响。

6.6.2 结果分析

根据上面的分析结果，作者可以得出以下结论：

（1）企业的功能修复策略越有效，黏性修复效果就越好；用户的内

部归因水平越高，黏性修复效果就越差。此外，企业的情感修复策略效果和用户外部归因水平的影响不显著，说明道歉类策略基本无效，而用户的内部归因基本是与对企业的不信任联系在一起的。

（2）黏性修复策略与用户归因类型之间存在交互影响，对于外部归因水平较高的用户，情感修复策略有显著效果，功能修复策略效果不明显；对于内部归因水平较高的用户，功能修复策略效果有显著效果，情感修复策略效果不明显。换言之，如果用户不认为信任违背事件是共享平台企业的内因所致，那么道歉策略就可以在一定程度上修复用户黏性；如果用户认为信任违背事件确实为企业的内因所致，那么道歉策略就没有明显效果，只有功能修复策略才有可能挽回用户的信任和黏性。在本研究的特定情境下，功能策略和内部归因的交叉项甚至为一个不大的负数（-0.069），大大出乎作者的意料。但是，结合媒体和舆论对滴滴公司涉嫌不作为的种种言论来看，作者可以推测，涉事企业在整改阶段推出的功能修复策略越是有效，就越是印证了具有内部归因倾向的用户的质疑，从而在短期内加深了用户的不信任——“假如能够在这么短的时间内就推出这么多有力的整改措施，那么在事发之前企业在干什么？肯定是为了商业利益而故意不作为”。尽管如此，由于功能修复策略具有较强的黏性修复效果（0.300），企业还是应该采取有力的功能性措施来平息公众的质疑和不信任。

（3）用户黏性受损程度和初始信任都对黏性修复效果有显著的正面影响，正如彭梦玲（2015）、Smith 等（1999）和 Wang & Huff（2007）所得出的那样。由于较大的信任违背事件所带来的“认知失调”反应，忠实用户事实上可能比企业更急于得到有效的信任修复，所以一旦修复措施实施到位，用户黏性的触底反弹会相对更快。

（4）“停运影响”、“隐私顾虑”和“平台监管”这几项相对来说是更加特定于本研究情境的因素。可以看出，滴滴公司停运的做法确实通过使部分用户感受到不便而提高了黏性修复的效果，正如部分媒体所批评的那样，是以“离场”来凸显自身价值以换取公众同情。“隐私顾虑”因子对应的是几个关于“滴滴推出全程录音功能是否影响用户隐私”的题项，可以看出，如果用户越是顾虑隐私问题，那么滴滴出行对“拖延

提供顺风车司机信息是为了保护司机隐私”的辩解就越有效，从而提高了黏性修复效果。至于滴滴平台通过加强对司机监管的措施来提高黏性修复效果，这是意料之中的事。

（5）在所有控制变量中，只有“受教育程度”对黏性修复效果有显著的负面影响，可见学历越高，对共享平台信任违背事件就越难以释怀，这可能是因为高学历受访者更能通过信任违背事件的表象看出涉事企业的一些深层次问题，从而难以在短期内接受企业的道歉和一般的整改措施。“年龄”在 $p<0.10$ 的显著性水平上对黏性修复效果有正面影响，这或许说明年轻人对“滴滴顺风车事件”中的人身伤害后果更加敏感。由于两次顺风车事件的受害者都是女性，而事发地在河南郑州和浙江温州，所以我们预期女性用户和这两个地区的用户群体会对事件有较为强烈的反响，黏性修复效果也会更差。然而结果显示，性别和地区的影响并不显著，这或许说明用户并未因自身身份和所处地区而受到超出一般理性判断的情绪化影响。另外，我们预期如果用户具有滴滴平台司机的身份，会更多地站在司机和平台的立场上看问题，从而有利于黏性的修复，而乘客的身份则有相反的效应。但是结果显示，这一因素也并未对用户产生情绪化的影响。黏性修复模型假设检验结果，见表6-11。

表6-11　**黏性修复模型假设检验结果**

假设	假设内容	是否得到支持
H_{2a}	内部归因水平显著影响黏性修复程度	是
H_{2b}	外部归因水平显著影响黏性修复程度	否
H_{3a}	情感修复策略的感知效果显著影响黏性修复程度	否
H_{3b}	功能修复策略的感知效果显著影响黏性修复程度	是
H_{4a}	内部归因水平和情感修复策略感知效果的交互作用显著影响黏性修复程度	否
H_{4b}	内部归因水平和功能修复策略感知效果的交互作用显著影响黏性修复程度	是

续表

假设	假设内容	是否得到支持
H_{4c}	外部归因水平和情感修复策略感知效果的交互作用显著影响黏性修复程度	是
H_{4d}	外部归因水平和功能修复策略感知效果的交互作用显著影响黏性修复程度	否
H_5	黏性受损程度显著影响黏性修复程度	是

6.7 本章小结

在前面章节对共享经济用户黏性的静态影响因素进行研究之后，本章以滴滴顺风车连续发生刑事案件的新闻热点事件为背景，研究了在这一典型事件的冲击和影响下共享经济用户黏性受损和修复的动态过程，以及“平台—用户”互动模式对共享经济用户黏性的动态影响。

本章通过实证调查研究发现，在新闻舆论热点冲击和用户感知风险放大的影响下，用户会因共享经济服务平台企业的信任违背事件而发生信任受损和黏性受损，但信任受损和黏性受损的幅度受用户对事件归因方式的影响：将危机发生原因归结于企业自身内部问题的“内部归因”会强化信任受损和黏性受损，而将危机发生原因归结于企业外部因素的“外部归因”会缓解信任受损和黏性受损。在信任和黏性已经受损的情况下，企业采取的信任和黏性修复策略的效果与用户的归因方式有显著的交互影响：当用户更多地采取内部归因时，企业采用功能性信任修复策略效果较好，而情感性信任修复策略没有显著效果；当用户更多地采取外部归因时，企业采用情感性信任修复策略效果较好，而功能性修复策略没有显著效果。

第7章　结论与展望

7.1　主要研究结论

本书在消费者行为相关理论的基础上，梳理了国内外有关共享经济和用户黏性的已有成果，并且通过网上问卷调查和网络爬虫抓取两种途径获得了351份和396份用户自填问卷并获得了知识共享平台“在行”网站1 609门课程、644位行家和1.8万余条评论的详细数据，之后运用结构方程模型、多元回归和文本分析等方法研究了共享经济用户黏性行为。本书的研究是探索性的，由于目前对共享经济用户黏性的理论研究还不充分，潜在的影响因素并未得到足够多的经验归纳和理论概括，所以本书采用了较为简单和富有概括性的模型结构，没有局限于特定行业和特定业务情境。

基于扎根理论对用户评价进行的文本分析表明，从用户评价中分解出“认知（cognition）-情感（affect）-行为（behavior）”（cognition-CAB）的用户黏性特征指标对知识共享服务的销售额具有显著的正影

响。本书据此构建了共享经济用户黏性的基本逻辑链条：消费者行为的微观基础（CAB模型）→用户黏性（重复使用、购买、口碑推荐行为）→共享经济价值创造（实际的销售额）。共享经济用户黏性对价值创造具有显著正向影响，本研究具有重要的理论和现实意义。

通过对实际调查数据的分析证明，共享经济用户黏性受到感知价值和感知风险的显著影响，这二者最终又建立在感知质量的基础上。（1）感知服务质量强烈影响用户黏性最重要的两个决定因素是“感知价值”和“信任/风险”。价值和风险是用户权衡共享经济服务利弊的两大维度，而实现用户价值、管理过程风险和道德风险依赖于良好的服务质量。（2）尽管感知服务质量通过感知价值和信任/风险因素对用户黏性产生了间接的影响，但是它对共享经济的用户黏性并没有显著的直接影响。也就是说，共享经济应用的感知服务质量是它吸引用户重复使用的基础。（3）感知价值对用户黏性的影响不如信任/风险因素对用户黏性的影响那么大。共享经济服务无论是对服务的接受者还是提供者，都存在着较大的潜在风险。只有控制住这些巨大的风险，建立起对共享经济参与各方的强大信任，共享经济的感知价值才能成为用户重点考虑的对象。这说明，共享经济应用应该首先从防控风险（尤其是人为的道德风险）上下功夫，这正是用户在使用共享经济服务的时候最为关心和看重的问题。

在共享经济用户黏性的静态影响因素研究之后，本书研究了滴滴顺风车连续发生刑事案件的新闻热点事件影响下共享经济用户黏性受损和修复的动态过程，以及平台—用户互动模式对共享经济用户黏性的动态影响。研究发现，在共享经济服务平台企业发生信任违背事件的背景下，用户信任受损和黏性受损的程度受用户对事件归因方式的影响：将危机发生原因归结于企业自身内部问题的“内部归因”会强化信任受损和黏性受损，而将危机发生原因归结于企业外部因素的“外部归因”会缓解信任受损和黏性受损。在信任和黏性已经受损的情况下，企业采取的信任和黏性修复策略的效果与用户的归因方式有显著的交互影响：当用户更多地采取内部归因时，企业采用功能性信任修复策略效果较好，而情感性信任修复策略没有显著效果；当用户更多地采取外部归因时，

企业采用情感性信任修复策略效果较好，而功能性修复策略没有显著效果。

本书对于实践的启示在于，共享经济平台管理者应在提高用户感知服务质量的基础上，增强其感知价值、降低其感知风险，这样才能提高用户对共享经济服务的黏性，实现可持续发展。从学术意义上来说，本研究是创新的实证研究，用户在共享经济中的黏性行为和价值共创，将丰富共享经济的用户行为理论。在实践方面，本研究的结果强烈支持“平台黏性是促进交易的最显著因素”这一论断。结果证明网站用户对于网站的黏性意向直接影响了个体的交易。网站实践者应该重点鼓励用户重新访问网站并鼓励他们延长每次在网站停留的时间。另外，本书提供了改善用户黏性意向的建议。比如，改善网站的内容和形式，改善服务质量来加强网站用户对于网站的积极态度和情感，继而加强用户的黏性倾向。

由本书对用户黏性受损与修复研究得出的结论，作者可以提出如下政策建议：

（1）在黏性受损事件发生后，企业应采取尽可能有效的功能修复策略，以取得更好的黏性修复效果。尽管这可能会降低内部归因用户的信任水平，但总体来说仍然利大于弊。

（2）在事件发生后，企业也应采取一定程度的情感修复策略，如在大众传媒平台上诚恳道歉，尽可能挽回对该事件态度较为中立的外部归因用户的信任和黏性。但是，企业不应过度重视情感修复策略的积极效果，因为对内部归因用户来说，这种策略基本上是无效的。

（3）由于用户初始信任水平对用户黏性修复效果具有显著的正影响，所以企业应在平时注重诚信建设，以便为无法完全避免的信任违背事件积累用户信任资本。

（4）由于较大的信任违背事件所带来的“认知失调”反应，忠实用户事实上可能比企业更急于得到有效的信任修复，所以在信任违背事件发生时，企业务必在第一时间进行表态和道歉，并出台有效的整改措施，以便使用户黏性更快地完成触底反弹。这就要求企业在平时就做好各类突发事件的应急预案，并做好内部的风险防控工作，以最大限度地

提高公关反应速度和事故处理速度。

（5）对于像滴滴出行这样的行业巨头来说，由于消费者已经产生了固定的使用习惯和一定的用户黏性，所以通过“停运”或“离场”使用户感到不习惯、不方便，以博取舆论的同情往往是有效的。但是这种“以退为进”的做法是一把双刃剑，一旦惹怒了用户和舆论，造成的不良影响会更大。

（6）通过对控制变量影响效应的分析，我们得知相对高学历和年轻的用户对共享平台的信任违背事件更加敏感，对于这部分心智能力较强的用户，共享平台企业应注意有针对性地释放技术细节和商业内涵更丰富的信息，使得他们能更好地从理性的层面逐渐修复对共享平台企业的信任受损和黏性受损。相反，共享平台企业在对待与事件受害人相关的女性和事发地用户的时候，可能不需要投入超常规的资源进行信任和黏性修复工作，因为这些群体并没有显著地显示出更严重的信任受损和黏性受损的迹象。此外，虽然“滴滴顺风车事件”的受害人是女性乘客，但该事件对司机群体的信任和黏性的损害也同样巨大，司机群体并未成为滴滴平台的天然同盟军。因此，滴滴公司不应将希望寄托在并不存在的“司机群体为平台辩护”的自发倾向上，而应把注意力放在推进安全性提升从而保护广大司机职业名誉和从业信心这一点上来。

共享经济的发展遵循一套共同的商业模式：借助互联网虚拟社区，将原来受限于传统商业模式而无法充分匹配的需求和供给挖掘出来，实现商品、服务、知识、时间、资金等资源的重新优化配置。共享经济的发展一方面带来了新的经济增长点和经济结构优化调整的机遇，另一方面又对原有商业模式造成了冲击，引起了新的问题和风险，政府的共享经济政策也因此而体现为“鼓励发展”和“加强监管”两个方面。

随着共享经济商业模式的迅速发展，共享经济在节约资源、促进就业、方便生活等方面的意义日益凸显，多国政府对共享经济的政策也从犹疑与观望转向支持与鼓励。美国作为共享经济最大的策源地，在政策上一直保持较为积极的态度。2012年4月，美国出台了《促进创业企业融资法》（Jumpstart Our Business Startups Act，简称JOBS法案），率先实现了股权众筹的合法化。2014年，美国4个州（17个城市）通过了互联

网专车合法化的城市条例，到次年8月，美国网约车合法化的城市增至54个。英国紧随美国，积极拥抱共享经济，使其共享经济规模超过法国、德国、西班牙三国之和。2014年9月，英国宣布打造欧洲乃至全球共享经济之都。为了实现这一愿景，英国政府推动分享城市试点、建立共享经济统计制度、加快政府数据开放、完善信用体系、明确政府采购支持制度（胡拥军，于凤霞，2016）。英国政府还陆续制定了大量微观的鼓励政策推动共享经济发展，例如为了鼓励人们提供更多短租房屋，英国政府于2012年直接投入2亿英镑促进P2P平台发展，规定当租金每年不超过4 250英镑时房东可以享受免税待遇，甚至敦促保险商们为共享经济定制保险产品、消除短期租赁的法律障碍等（张孝荣，2016）。欧盟各国也发现了共享经济的发展潜力，并制定了长期的共同愿景，旨在提高资源效率、创造就业机会、建立社区参与、推进社会创新。欧洲议会在其数字市场新战略文件中，敦促欧委会和成员国支持共享经济的进一步发展，消除各种人为障碍。欧盟在其2020年战略计划中也强调，共享经济的发展有助于使未来经济加强智能性、可持续性和包容性。此外，加拿大、澳大利亚、韩国等纷纷对共享经济企业给予放松管制、资金支持、宣传帮助等政策措施，以适应共享经济的发展（国家信息中心，2016）。

另一方面，共享经济的发展也带来了越来越强的监管挑战。传统的酒店业和出租车行业认为Airbnb和Uber造成了不公平竞争，因为房屋和车辆分享行为具有经营性质，但却规避了税收和市场法规。因此，国外政府纷纷将共享经济平台纳入监管和法制的轨道。2014年英国成立了政府支持的共享经济行业平台Sharing Economy UK（SEUK），通过帮助共享经济初创企业进行人员培训、消费者权益保障、投诉建议处理等，对其进行规范和监管。与英国不同，美国强调市场先行政策后动，允许共享经济平台企业和地方政府进行试验，只有当消费者利益受到损害时才予以干预（胡拥军，于凤霞，2016）。美国全国城市联盟（NLC）2015年的调查结果显示，在美国30个大型城市中，有9个城市对共享经济持完全积极的态度，其他21个城市持正面和负面混合的态度。这30个城市中，有一半的城市已经开始着手制定相应的政策和管制计划。

2015年2月，美国通过立法将共享式家庭旅店业纳入管理，并给予其合法地位（国家信息中心，2016）。

与国外一样，中国共享经济仍处于发展的初期，一方面具有很大的发展空间，另一方面在行业规范、信用体系、市场监管等方面还亟待完善。但是，中国政府是从一个更高的格局来看待共享经济的发展的，力图将共享经济与创新创业、产业升级、供给侧结构性改革等经济发展大战略结合起来。李克强总理认为，通过分享、协作方式搞创业创新，门槛更低，成本更小，速度更快，参与更广（王家宝等，2016）。李克强总理把共享经济作为中国经济转型发展的新动能、新引擎之一，着眼于互联网信息技术对实体产业的溢出效应，通过传统行业的“互联网+”改造，重新塑造产业链、价值链和供应链，并带动一批新技术、新产业和新业态的成长——本质上来说，共享经济的兴起是一场由信息技术带来的先进生产力所推动的生产关系变革，并将进一步解放和发展生产力（计海庆，成素梅，2016）。共享经济体现了信息技术创新、商业模式创新和市场制度创新，孕育了一大批具有发展潜力的平台企业、依托平台创新创业的社会力量，以及“众创、众扶、众包、众筹”的共享经济新氛围。

共享经济发展最快的领域主要集中在服务业，已经改变了人们日常生活的很多领域，如出行、住宿、文化娱乐等。但是，共享经济未来将深刻改变的不止是服务业，它将涉及工业和农业等基础产业。在工业方面，从供给侧来看，共享经济能提高生产设施的利用效率，促进生产制造的网络化、智能化；从需求侧来看，共享经济能让用户的个性化需求反映到生产过程中，从而更好地得到满足。因此，共享经济在一定程度上也可以被看成世界由工业3.0向工业4.0迈进的途径之一。在农业方面，共享经济的特点已经渗透到定制化农业、体验化农业、休闲农业、观光农业、农业O2O等新发展模式中，有望提升农村闲置的土地、房屋、土特产、水利设施、农机设备、自然和人文风光等资源的利用效率，帮助农民就业创业，促进农产品质量保障等市场体系建设。

正因为中国在发展共享经济方面的战略定位更高，所以在政策上也更加积极。2015年7月，国务院常务会议明确提出放宽在线度假租赁、

旅游租车等“互联网+”新业态的准入和经营许可限制；2015年9月26日，国务院发布的《国务院关于加快构建大众创业、万众创新支撑平台的指导意见》（国发〔2015〕53号）提出要“推动整合利用分散闲置社会资源的共享经济新型服务模式”，“共享经济”这一名词第一次出现在中央政府文件中。此后，信息化发展、消费、物流、交通、制造业等相关领域新出台的政策文件中，多次提及鼓励共享经济发展。2015年10月29日，中共十八届五中全会公报也提出“发展分享经济”。2015年11月，国务院发布《国务院办公厅关于加快发展生活性服务业促进消费结构升级的指导意见》（国办发〔2015〕85号），提出“积极发展客栈民宿、短租公寓、长租公寓等细分业态”，并将其定性为生活性服务业。国家会在多维度给予政策支持，推动生活性服务业便利化、精细化、品质化发展。2016年3月，“共享经济”的概念首次被写入政府工作报告，提出“以体制机制创新促进分享经济发展，建设共享平台”，“支持分享经济发展，提高资源利用效率，让更多人参与进来、富裕起来”。国家对共享经济的政策支持集中体现在2016年出台的“十三五”发展规划纲要上，其中明确提出了发展共享经济的任务，而“共享”这一关键词被提及多达40次（在2011年的“十二五”规划纲要中仅提及6次）。2017年3月的政府工作报告提出“支持和引导分享经济发展，提高社会资源利用效率，便利人民群众生活”。2017年6月21日召开的国务院常务会议指出，发展分享经济，依托互联网平台对分散资源实行优化配置，化解过剩产能，培育壮大新动能，是推进供给侧结构性改革的重要举措，有利于把大众创业、万众创新推向更广范围和更高的层次，以创造更多就业岗位，为群众生产生活提供更经济、更多样、更便捷的服务。

2017年7月初，国家发改委发布了《关于促进分享经济发展的指导性意见》（简称《意见》），这是我国关于指导共享经济发展的首份高规格政府文件。《意见》首先肯定了共享经济作为新一轮技术革命和产业变革下的新业态，对于提高资源利用效率与经济发展质量、激发创新创业与推进供给侧结构性改革的巨大驱动力，但也强调了“共享”乱象、制度不适与规则缺位下加强政府监管的迫切性，在“包容审慎”的监管

原则下，对指导的目标、主体、技术工具、释法修法、行业规范、税收征管、统计评价、央地分工等诸多方面进行了说明。

7.2 研究局限与展望

尽管作者在研究中付出了很多努力，但限于当前的研究条件，本书第五章和第六章采用的是用户自填问卷的截面数据，样本量有限，抽样方法也有待改进。

展望未来的研究，用户黏性的动态变化不仅包括黏性受损与修复，而且包括黏性的建立与保持、流失与转化、断裂与重建等论题。以后可以进行较为长期的用户黏性动态追踪研究，采用更大规模、更加系统的纵向数据来更进一步证实本书模型所提出的共享经济用户黏性影响因素、用户黏性受损和修复的研究假设，并将用户黏性动态研究的触角伸向其他更加广阔的领域。

更进一步，在整个共享经济的研究领域中，未来可以开拓的方向包括但不限于（参考 Wosskow，2014；Hamari et al.，2015；Heo，2016）：（1）关于共享经济产权的研究，包括所有权、占有权、使用权等；（2）从更多视角对共享经济用户行为的研究，包括社会文化视角、社会网络视角等；（3）对共享经济在社会公益慈善、生产资料共享等新领域的应用价值、应用场景、最佳实践等的研究。

本书的研究揭示了共享经济的健康发展有赖于用户黏性的强化与巩固，而国内外共享经济发展政策则暗合于本书对感知价值和感知风险这两个用户黏性的最重要影响因素的分析，着力于增强共享经济平台的服务水平和市场规范。但是，本书研究的共享经济平台主要还是属于服务业，尚未对工业和农业共享经济展开研究，而这些深入生产层面的研究将能揭示出共享经济对于人类生产力进步和经济社会发展所具有的全部潜在意义。

当前的研究热点——“工业互联网”事实上就是一种工业生产资源的共享平台，它通过开放网络平台把设备、生产线、产品、工厂、供应商和客户连接起来，一方面在生产端实现高效的远程自动控制，另一方

面在消费端实现需求和产能的精准匹配。由于生产资源可以根据需求实现快速而灵活的调度，所以工业经济中的各种要素资源就可以实现充分的共享。想象一下这样的生产和消费场景：消费者在网络上订制了一种个性化产品，如特殊设计的服装等，电商平台将与用户沟通好的设计方案外包给共享生产商，共享生产商则将大量的生产任务进行分解和归并，然后分包给具备相应生产资源和生产能力的厂商来完成。这一切都通过互联网远程操作，从下单到安排生产，再到产品下线，可能不过短短几个小时的时间就能完成传统生产模式下需要数天甚至数周、数月才能完成的流程，响应速度远远超过传统的自上而下、层层计划的生产模式。

"互联网+农业"是将互联网技术与农业生产、加工、销售等产业链环节结合的发展模式，物联网、区块链、人工智能、无人机等高新技术都能在其中大放异彩，使农业发生革命性的变化。与工业互联网一样，"互联网+农业"也可以通过农业产销的远程化、自动化、智能化，实现供需双方的精准匹配和生产设施的共享使用。未来可能会出现这样一幅农业的图景：消费者像预订鲜牛奶那样每天都能按时收到自己预订的水果，能随时通过视频直播的方式借助无人机的"眼睛"近距离观察自己所要购买的水果的种植、养护、采收、运输，并通过区块链技术对生产环节的合规性进行检验，而生产这些水果所使用的无人机和信息系统，则是作为生产基础设施共享给附近农民使用的，这些设施通过人工智能识别软件进行自动化的田间管理工作，简化了传统意义上依赖于人力的精细化农业生产。

上述对工业和农业的互联网共享经济的描述和设想更加凸显了用户黏性的重要性，因为终端用户通过互联网深度介入了生产过程，"黏住"用户的问题由"长尾定律"来保证，而"黏住"复杂的产业链环节和不同的生产资源的任务则只能交给已经深度嵌入互联网基础设施的共享经济商业模式来完成。

展望未来，共享经济很可能最终将融入"互联网+""AI+"的发展大潮中，成为互联网信息基础设施和基本商业模式的重要组成部分，但反而会因其无所不在、不可或缺而失去关注的热度。在近期，共享经济

可能借助广泛铺设的5G物联网实现数据、算力和各类生产资源的自动化共享，从而进入一种具有全社会普遍性的“共生经济”的阶段；在远期，可能借助区块链智能合约、人工智能等新技术，进一步模糊和打破现代市场经济中的“古典”产权界限，在其他领域生产力显著发展的基础上，实现一种“按需配置生产资源”的生产关系。共享模式和共享理念或将深刻影响人类文明的未来。

在当前的发展阶段，用户黏性只反映了用户在传统经济和共享经济之间进行选择的问题。可是，一旦共享经济与工农业生产领域深度融合，共享经济已经像空气一样成为未来经济模式的基本内容之一，那么用户将很难逃脱共享经济的“罗网”，无论是平台的成熟度还是长尾需求，都能保证终端消费用户的重复购买和重复使用，并间接保证企业用户对生产资源共享平台的黏性。于是，到了这一共享经济趋于成熟的阶段，问题就不再是“使用还是不使用共享经济服务”，而是“共享经济服务如何才能更好地满足用户需求”（成为一个信息服务质量评价和改进的问题了）。假如未来经济活动更多地建构于无生命的智能终端和智能软件的自动化决策，那么单纯的用户黏性研究在重要性上将让位于对智能算法如何更好地预测和满足消费者需求的研究。但是，从本质上来说，这仍然是对共享经济用户黏性研究范畴的进一步扩大。

参考文献

[1] 艾瑞咨询．2017年中国共享经济行业及用户研究报告［EB/OL］．［2017-08-15］．http：//report.iresearch.cn/report/201708/3036.shtml.

[2] 蔡斯．共享经济：重构未来商业新模式［M］．杭州：浙江人民出版社，2015.

[3] 邓运．虚拟社区用户后继参与行为以及持续参与行为的研究［D］．武汉：华中科技大学，2013.

[4] 董成惠．共享经济：理论与现实［J］．广东财经大学学报，2016，31（5）：4-15.

[5] 冯小亮，牟宇鹏，丁刚．共享经济时代企业顾客协同价值创造模式研究［J］．华东经济管理，2018，32（06）：148-156.

[6] 郭双林．信任违背后的消费者信任重建研究——以伊利实证为例［D］．成都：西南财经大学，2010.

[7] 国家信息中心分享经济研究中心．中国分享经济发展年度报告2016［EB/OL］．［2021-12-15］．http：//www.sic.gov.cn/News/568/6010.htm.

[8] 国家信息中心分享经济研究中心．中国分享经济发展年度报告2017［EB/OL］．［2021-12-15］．https：//wenku.baidu.com/view/e740c8cf900ef12d2af90242a8956bec0975a5a5.html.

[9] 国家信息中心分享经济研究中心．中国共享经济发展年度报告2018［EB/OL］．［2021-12-15］．http：//www.sic.gov.cn/News/79/8860.htm.

[10] 国家信息中心分享经济研究中心．中国共享经济发展年度报告2019［EB/

OL]．[2021-12-15]．http：//www.sic.gov.cn/News/557/9904.htm.
[11] 国家信息中心分享经济研究中心．中国共享经济发展年度报告2020［EB/OL］．[2021-12-15]．http：//www.sic.gov.cn/News/568/10429.htm.
[12] 国家信息中心分享经济研究中心．中国共享经济发展年度报告2021［EB/OL］．[2021-12-15]．http：//www.sic.gov.cn/News/557/10779.htm.
[13] 国家信息中心分享经济研究中心．中国共享住宿发展报告2018［EB/OL］．[2021-12-15]．http：//www.sic.gov.cn/News/557/9325.htm.
[14] 国家信息中心分享经济研究中心．中国共享住宿发展报告2019［EB/OL］．[2021-12-15]．https：//www.sohu.com/a/324772078_274290.
[15] 国家信息中心分享经济研究中心．中国共享住宿发展报告2020［EB/OL］．[2021-12-15]．http：//www.sic.gov.cn/News/568/10548.htm.
[16] 郝媛媛．在线评论对消费者感知与购买行为影响的实证研究［D］．哈尔滨：哈尔滨工业大学，2010.
[17] 胡拥军，于凤霞．分享经济平台治理向何处去——“2016信息社会发展论坛：崛起中的分享经济”会议综述［J］．电子政务，2016（9）：42-45.
[18] 计海庆，成素梅．分享经济的STS探源［J］．自然辩证法研究，2016（7）：113-117.
[19] 贾丽坤．生活服务类团购网站的用户黏性研究［D］．呼和浩特：内蒙古大学，2016.
[20] 江积海，李琴．平台型商业模式创新中连接属性影响价值共创的内在机理——Airbnb的案例研究［J］．管理评论，2016，28（7）：252-260.
[21] 李春萍．共享经济服务质量、游客情绪体验与忠诚度关系研究［D］．西安：西安外国语大学，2018.
[22] 李琪，王璐瑶．基于ABC态度模型的消费者重复购买意愿研究［J］．商业研究，2016，62（11）：17-23.
[23] 凌静．危机事件中消费者信任受损及修复机制研究［D］．南京：南京大学，2012.
[24] 刘齐平．电子商务领域用户偏好研究综述［J］．湖北第二师范学院学报，2015（2）.
[25] 刘奕，夏杰长．共享经济理论与政策研究动态［J］．经济学动态，2016（4）：116-125.
[26] 卢现祥．共享经济：交易成本最小化、制度变革与制度供给［J］．社会科学战线，2016（9）：51-61.
[27] 彭梦玲．公共危机事件中的政府信任破损及修复研究［D］．合肥：中国科学技术大学，2015.

[28] 舍基．认知盈余：自由时间的力量［M］．北京：中国人民大学出版社，2012.
[29] 斯密．道德情操论［M］．韩巍，译．北京：商务印书馆，2009.
[30] 孙航．中国司法大数据研究院发布专题报告揭示网约车与传统出租车犯罪情况［N/OL］．［2018-09-21］．http：//www.court.gov.cn/zixun-xiangqing-120421.html.
[31] 涂科，袁宇峰．共享经济模式中的价值共创：社会化价值共创［J］．当代经济，2018（11）：7-12.
[32] 王家宝，敦帅，黄晴悦．当闲置资源遇见“互联网+”——分享经济的风靡之道［J］．企业管理，2016（6）：55-57.
[33] 王家宝，黄晴悦，敦帅．分享经济：源起、模式与趋势［J］．管理现代化，2016，36（4）：127-129.
[34] 王玖河，刘琳．顾客参与价值共创机理研究——基于结构方程模型的量化分析［J］．企业经济，2017（2）：73-81.
[35] 王良燕．移动社交网络“浸润效应”的ABC模型［J］．系统管理学报，2017（6）：1001-1006.
[36] 肖冰果．移动商务信任资源动态管理研究［D］．长沙：中南大学，2013.
[37] 徐彪，张媛媛，张珣．负面事件后消费者信任受损及其外溢机理研究［J］．管理科学，2014，27（2）：95-107.
[38] 徐彪．公共危机事件后政府信任受损及修复机理——基于归因理论的分析和情景实验［J］．公共管理学报，2014（2）：27-38.
[39] 杨学成．共享经济背景下的动态价值共创研究——以出行平台为例［J］．管理评论，2016，28（12）：258-268.
[40] 杨学成，涂科．出行共享中的用户价值共创机理——基于优步的案例研究［J］．管理世界，2017（8）：154-169.
[41] 杨学成，涂科．平台支持质量对用户价值共创公民行为的影响——基于共享经济背景的研究［J］．经济管理，2018（3）.
[42] 姚余栋，杨涛．共享金融：金融新业态［M］．北京：中信出版社，2016.
[43] 张璐，张鹏翼．线上线下社会资本与社会化问答行为的关系研究——以知乎医学和健康话题为例［J］．图书情报工作，2017（17）：84-90.
[44] 张晓芹，李志梅．共享经济平台的挑战与运行策略——以云鸟配送为例［J］．工业经济论坛，2017，4（3）：13-22.
[45] 张颖，朱庆华．付费知识问答社区中提问者的答主选择行为研究［J］．情报理论与实践，2018，41（12）：21-26.
[46] 赵杨，袁析妮，李露琪，等．基于社会资本理论的问答平台用户知识付费

行为影响因素研究［J］. 图书情报知识，2018（04）：15-23.
［47］ 郑大庆，李俊超，黄丽华."3Q"大战背景下的软件持续使用研究：基于修订的"期望-确认"模型［J］. 中国管理科学，2014，22（9）：123-132.
［48］ 中银国际证券. 共享经济：下一个万亿级市场，缘起+动力+未来［EB/OL］.［2015-10-09］. https：//doc.mbalib.com/view/5724767597320a228c3f3b3943c3165e.html? from=timeline.
［49］ 周涛，檀齐. 基于社会资本理论的知识付费用户行为机理研究［J］. 现代情报，2017，37（11）：46-50.
［50］ 邹欣晨. 不同类型公共危机事件政府信任受损的修复研究［D］. 昆明：云南师范大学，2017.
［51］ AARTS H，PAULUSSEN T，SCHAALMA H. Physical exercise habit：on the conceptualization and formation of habitual health behaviours［J］. Health Education Research，1997，12（3）：363-374.
［52］ ABDUL-RAHMAN A，HAILES S. Supporting trust in virtual communities［A］. Hawaii：Proceedings of the 33rd Hawaii International Conference on System Sciences（HICSS），2000.
［53］ AERTSENS J，VERBEKE W，MONDELAERS K，et al. Personal determinants of organic food consumption：a review［J］. British Food Journal，2009.
［54］ AIGRAIN P. Sharing：Culture and the economy in the internet age［M］. Amsterdam：Amsterdam University Press，2012.
［55］ AJZEN I. From intentions to actions：A theory of planned behavior［M］//AJZEN I. Action control. Berlin，Springer-Verlag，1985：11-39.
［56］ AJZEN I. The theory of planned behavior［J］. Organizational Behavior and human decision processes，1991，50（2）：179-211.
［57］ AJZEN I，FISHBEIN M. Attitude-behavior relations：A theoretical analysis and review of empirical research［J］. Psychological Bulletin，1977，84（5）：888.
［58］ AJZEN I，FISHBEIN M. Theory of Reasoned Action in understanding attitudes and predicting social behaviour［J］. Journal of Social Psychology，1980.
［59］ ALBINSSON P A，PERERA B Y. Alternative marketplaces in the 21st century：Building community through sharing events［J］. Journal of consumer Behaviour，2012，11（4）：303-315.

[60] AL-DEBEI M M, AL-LOZI E, PAPAZAFEIROPOULOU A. Why people keep coming back to Facebook: explaining and predicting continuance participation from an extended theory of planned behaviour perspective [J]. Decision Support Systems, 2013, 55 (1): 43-54.

[61] ALGAR R. Collaborative consumption [J]. Leisure Report, 2007: 16-17.

[62] ALI H, BIRLEY S. The role of trust in the marketing activities of entrepreneurs establishing new ventures [J]. Journal of Marketing Management, 1998, 14 (7): 749-763.

[63] ALLPORT G W. Attitudes [M] //Murchison. A handbook of social psychology. Worcester, MA: Clark University Press, 1935: 798-844.

[64] AL-LOZI E M, AL-DEBEI M M. A framework of value exchange and role playing in Web 2.0 websites [J]. arXiv preprint, 2012.

[65] ANDERSON C. The long tail: Why the future of business is selling less of more [M]. London: Hachette UK, 2006.

[66] ANDERSON R E, SRINIVASAN S S. E-satisfaction and e-loyalty: A contingency framework [J]. Psychology & Marketing, 2003, 20 (2): 123-138.

[67] ARSEL Z, DOBSCHA S. Hybrid pro-social exchange systems: The case of Freecycle [J]. ACR North American Advances, 2011.

[68] BABIN B J, DARDEN W R, GRIFFIN M. Work and/or fun: measuring hedonic and utilitarian shopping value [J]. Journal of Consumer Research, 1994, 20 (4): 644-656.

[69] BACKMAN S J, VELDKAMP C. Examination of the relationship between service quality and user loyalty [J]. Journal of Park and Recreation Administration, 1995, 13 (2): 29-41.

[70] BAGOZZI R P. Attitudes, intentions, and behavior: A test of some key hypotheses [J]. Journal of Personality and Social Psychology, 1981, 41 (4): 607.

[71] BAJAJ A, NIDUMOLU S R. A feedback model to understand information system usage [J]. Information & Management, 1998, 33 (4): 213-224.

[72] BARDHI F, ECKHARDT G M. Access-based consumption: The case of car sharing [J]. Journal of Consumer Research, 2012, 39 (4): 881-898.

[73] BARDHI F, ECKHARDT G M. Liquid consumption [J]. Cultural Studies, 2015, 22 (5): 599-623.

[74] BARGH J A. Conditional automaticity: Varieties of automatic influence in social perception and cognition [M] // Uleman J S, Bargh J A (eds.). Unintended thought. Guilford Press, 1989: 3-51.

[75] BARGH J A, FERGUSON M J. Beyond behaviorism: on the automaticity of higher mental processes [J]. Psychological Bulletin, 2000, 126 (6): 925.

[76] BELANGER F, HILLER J S, SMITH W J. Trustworthiness in electronic commerce: the role of privacy, security, and site attributes [J]. The Journal of Strategic Information Systems, 2002, 11 (3-4): 245-270.

[77] BELK R W. Possessions and the extended self [J]. Journal of Consumer Research, 1988, 15 (2): 139-168.

[78] BELK R W. Why not share rather than own? [J]. The Annals of the American Academy of Political and Social Science, 2007, 611 (1): 126-140.

[79] BELK R W. Sharing [J]. Journal of Consumer Research, 2010, 36 (5): 715-734.

[80] BELK R W. Extended self in a digital world [J]. Journal of Consumer Research, 2013, 40 (3): 477-500.

[81] BELK R W. You are what you can access: Sharing and collaborative consumption online [J]. Journal of Business Research, 2014, 67 (8): 1595-1600.

[82] BELK R W. Sharing without caring [J]. Cambridge Journal of Regions Economy & Society, 2017, 10 (2): 249-261.

[83] BELK R W, LLAMAS R. The nature and effects of sharing in consumer behavior [M] //BELK RW. Transformative consumer research for personal and collective well-being. Routledge, 2012: 653-674.

[84] BENKLER Y. Sharing nicely: On shareable goods and the emergence of sharing as a modality of economic production [J]. Yale Law Journal, 2004, 114 (2): 273-358.

[85] BENTLER P M, SPECKART G. Models of attitude-behavior relations [J]. Psychological Review, 1979, 86 (5): 452.

[86] BENTLER P M, SPECKART G. Attitudes "cause" behaviors: A structural equation analysis [J]. Journal of personality and social

psychology, 1981, 40 (2): 226.

[87] BERGER I E, CUNNINGHAM P H, KOZINETS R V. Consumer persuasion through cause-related advertising [J]. Advances in Consumer Research, 1999, 26 (1): 491-497.

[88] BERRY L L, CONANT J S, PARASURAMAN A. A framework for conducting a services marketing audit [J]. Journal of the Academy of Marketing Science, 1991, 19 (3): 255-268.

[89] BETTENCOURT L A, LUSCH R F, VARGO S L. A service lens on value creation [J]. California Management Review, 2014, 57 (1): 44-66.

[90] BHATTACHERJEE A. An empirical analysis of the antecedents of electronic commerce service continuance [J]. Decision Support Systems, 2001, 32 (2): 201-214. (a).

[91] BHATTACHERJEE A. Understanding information systems continuance: An expectation-confirmation model [J]. MIS Quarterly, 2001: 351-370. (b).

[92] BIES R J. The Predicament of Injustice: The Management of Moral Outrage [J]. Research in Organizational Behavior, 1987, 9 (1): 289-319.

[93] BOTSMAN R. The sharing economy lacks a shared definition [J/OL]. [2013-11-21]. https://www.fastcompany.com/3022028/the-sharing-economy-lacks-a-shared-definition.

[94] BOTSMAN R, ROGERS R. Beyond Zipcar: collaborative consumption [J]. Harvard Business Review, 2010, 88 (10).

[95] BUCZYNSKI B. Sharing is good: how to save money, time and resources through collaborative consumption [M]. Philadelphia, PA: New Society Publishers, 2013.

[96] BUTTLE F, BOK B. Hotel marketing strategy and the theory of reasoned action [J]. International Journal of Contemporary Hospitality Management, 1996.

[97] BUTZ H E, GOODSTEIN L D. Measuring customer value: gaining the strategic advantage [J]. Organizational dynamics, 1996, 24 (3): 63-77.

[98] CAMILLERI J, NEUHOFER B. Value co-creation and co-destruction in the Airbnb sharing economy [J]. International Journal of Contemporary Hospitality Management, 2017, 29 (9): 2322-2340.

[99] CAPON N, GLAZER R. Marketing and technology: a strategic coalignment [J]. Journal of marketing, 1987, 51 (3): 1-14.

[100] CASALO L V, FLAVIAN C, GUINALIU M. Fundaments of trust management in the development of virtual communities [J]. Management Research News, 2008.

[101] CHANG H H, WANG I C. An investigation of user communication behavior in computer mediated environments [J]. Computers in Human Behavior, 2008, 24 (5): 2336-2356.

[102] CHANG Y P, ZHU D H. The role of perceived social capital and flow experience in building users' continuance intention to social networking sites in China [J]. Computers in Human Behavior, 2012, 28 (3): 995-1001.

[103] CHEUNG C M K, LEE M K O. Understanding the sustainability of a virtual community: model development and empirical test [J]. Journal of Information Science, 2009, 35 (3): 279-298.

[104] CHEVALIER J A, MAYZLIN D. The effect of word of mouth on sales: online book reviews [J]. Journal of Marketing Research, 2006, 43 (3): 345-354.

[105] CHILDERS T L, CARR C L, PECK J, et al. Hedonic and utilitarian motivations for online retail shopping behavior [J]. Journal of Retailing, 2001, 77 (4): 511-535.

[106] CODY M J, MCLAUGHLIN M L. Interpersonal Accounting [M] // Giles H, Robinson W P (eds.). Handbook of Language and Psychology. New York: Wiley, 1990: 227-255.

[107] COMPEAU D, HIGGINS C A, HUFF S. Social cognitive theory and individual reactions to computing technology: A longitudinal study [J]. MIS Quarterly, 1999: 145-158.

[108] COOPER R B, ZMUD R W. Information technology implementation research: a technological diffusion approach [J]. Management Science, 1990, 36 (2): 123-139.

[109] COPELAND M. Relation of consumers' buying habits to marketing methods [J]. Harvard Business Review, 1923, 1 (3): 282-289.

[110] DAVIS F D. Perceived usefulness, perceived ease of use, and user acceptance of information technology [J]. MIS Quarterly, 1989: 319-340.

[111] DAVIS F D, BAGOZZI R P, WARSHAW P R. User acceptance of computer technology: A comparison of two theoretical models [J]. Management Science, 1989, 35 (8): 982-1003.

[112] DAYAL S, LANDESBERG H, ZEISSER M. How to build trust online [J]. Marketing Management, 1999, 8 (3): 64.

[113] DECI E L, RYAN R M. Cognitive Evaluation Theory: Intrinsic Motivation and Self-Determination in Human Behavior [M]. New York: Springer US, 1985.

[114] DELONE W H, MCLEAN E R. The DeLone and McLean Model of Information Systems Success: A Ten-Year Update [J]. Journal of Management Information Systems, 2003, 19 (4): 9-30.

[115] DENG X, CHI L. Understanding postadoptive behaviors in information systems use: A longitudinal analysis of system use problems in the business intelligence context [J]. Journal of Management Information Systems, 2012, 29 (3): 291-326.

[116] DEUTSCH M. Trust and suspicion [J]. Journal of Conflict Resolution, 1958, 2 (4): 265-279.

[117] DE VALCK K, LANGERAK F, VERHOEF P C, et al. Satisfaction with virtual communities of interest: Effect on members' visit frequency [J]. British Journal of Management, 2007, 18 (3): 241-256.

[118] DIRKS K T, ROY J L, ZAHEER A. Repairing relationships within and between organizations: Building a conceptual foundation [J]. Academy of Management Review, 2009, 34 (1): 68-84.

[119] DOYLE S. Software review: Measuring the overall effectiveness of marketing (Part 1) [J]. Journal of Database Marketing & Customer Strategy Management, 2003, 10 (3): 273-278.

[120] DUBOIS E A, SCHOR J B, CARFAGNA L B. New cultures of connection in a Boston time bank [M] // SCHOR J B, THOMPSON C J (eds.). Sustainable lifestyles and the quest for plentitude: Case studies of the new economy. Yale University Press, 2014: 95-124.

[121] EAGLY A H, CHAIKEN S. The psychology of attitudes [M]. New York: Harcourt Brace Jovanovich College Publishers, 1993.

[122] EAST R. Complaining as planned behavior [J]. Psychology and Marketing, 2000, 17 (12): 1077-1095.

[123] ECKHARDT G M, BARDHI F. The sharing economy isn't about sharing

at all [J/OL]. [2021-12-15]. https://hbr.org/2015/01/the-sharing-economy-isnt-about-sharing-at-all.

[124] ECKHARDT G M, BARDHI F. The relationship between access practices and economic systems [J]. Journal of the Association for Consumer Research, 2016, 1 (2): 210-225.

[125] EDELMAN B G, GERADIN D. Efficiencies and regulatory shortcuts: how should we regulate companies like Airbnb and Uber? [J]. Stanford Technology Law Review, 2015, 19 (2): 293-328.

[126] EINAV L, FARRONATO C, LEVIN J. Peer-to-Peer Markets [R]. Working Paper No. w21496, National Bureau of Economic Research, 2015.

[127] ELANGOVAN A R, AUERRIZZI W, SZABO E. Why don't I trust you now? An attributional approach to erosion of trust [J]. Journal of Managerial Psychology, 2007, 22 (1): 4-24.

[128] ELLIOT S, LI G, CHOI C. Understanding service quality in a virtual travel community environment [J]. Journal of Business Research, 2013, 66 (8): 1153-1160.

[129] ENGEL J F, BLACKWELL R D, MINIARD P W. Consumer behavior [M]. 8th ed. New York: Dryder, 1995.

[130] FELSON M, SPAETH J L. Community structure and collaborative consumption: A routine activity approach [J]. American Behavioral Scientist, 1978, 21 (4): 614-624.

[131] FEUILLE P, CHACHERE, D R. Looking fair or being fair: remedial voice procedures in non-union workplaces [J]. Journal of Management, 1995, 21 (1): 27-42.

[132] FIRNKORN J, MÜLLER M. Selling mobility instead of cars: new business strategies of automakers and the impact on private vehicle holding [J]. Business Strategy & the Environment, 2012, 21 (4): 264-280.

[133] FISHBEIN M. An investigation of the relationships between beliefs about an object and the attitude toward that object [J]. Human relations, 1963, 16 (3): 233-239.

[134] FISHBEIN M. A consideration of beliefs, attitudes, and their relationship [M] // Steiner I E, Fishbein M E. Current studies in social psychology. New York: Holt, 1965.

[135] FISHBEIN M, AJZEN I. Prediction of Behavior [M] // Belief, Attitude, Intention, and Behavior: An Introduction to Theory and Research. Reading, MA: Addison-Wesley, 1975.

[136] FOLKES V S. Consumer reactions to product failure: An attributional approach [J]. Journal of Consumer Research, 1984, 10 (4): 398-409.

[137] FRAIBERGER S P, SUNDARARAJAN A. Peer-to-peer rental markets in the sharing economy [J]. Social Science Electronic Publishing, 2015.

[138] FUKUYAMA F. Trust: the social virtues and the creation of prosperity [M]. London: Penguin, 1995.

[139] FUNG R K K, LEE M K O. EC-trust (trust in electronic commerce): Exploring the antecedent factors [A]. The 5th Americas Conference on Information Systems (AMCIS), 1999: 517-519.

[140] GEFEN D. E-commerce: the role of familiarity and trust [J]. Omega, 2000, 28 (6): 725-737.

[141] GEFEN D. TAM or just plain habit: A look at experienced online shoppers [J]. Journal of Organizational and End User Computing (JOEUC), 2003, 15 (3): 1-13.

[142] GEFEN D, STRAUB D W. The relative importance of perceived ease of use in IS adoption: A study of e-commerce adoption [J]. Journal of the association for Information Systems, 2000, 1 (1): 8.

[143] GIESLER M. Consumer gift systems [J]. Journal of Consumer Research, 2006, 33 (2): 283-290.

[144] GILES J. Special Report Internet encyclopaedias go head to head [J]. Nature, 2005, 438 (15): 900-901.

[145] GILLESPIE N, DIETZ G. Trust repair after an organization-level failure [J]. Academy of Management Review, 2009, 34 (1): 127-145.

[146] GRANDÓN E, NASCO S, MYKYTYN P. A Test of the Theory of Planned Behavior in an International Context using Structural Equation Modeling [J]. AMCIS 2006 Proceedings, 2006: 173.

[147] GUINEA A O, MARKUS M L. Why break the habit of a lifetime? rethinking the roles of intention, habit, and emotion in continuing information technology use [J]. Management Information Systems Quarterly, 2009, 33 (3), 433-444.

[148] GUTTENTAG D. Airbnb: disruptive innovation and the rise of an

informal tourism accommodation sector [J]. Current Issues in Tourism, 2015, 18 (12): 1192-1217.

[149] HAENLEIN M, KAPLAN A M. The influence of observed heterogeneity on path coefficient significance: technology acceptance within the marketing discipline [J]. Journal of Marketing Theory and Practice, 2011, 19 (2): 153-168.

[150] HAGEL J, ARMSTRONG A G. Net gain: Expanding markets through virtual communities [J]. Harvard Business Review, 1997.

[151] HALLOWELL R. The relationships of customer satisfaction, customer loyalty, and profitability: an empirical study [J]. International Journal of Service Industry Management, 1996, 7 (4): 27-42.

[152] HAMARI J. Do badges increase user activity? A field experiment on the effects of gamification [J]. Computers in Human Behavior, 2015, 63 (4): 501-502.

[153] HAMARI J, SJÖKLINT M, UKKONEN A. The sharing economy: Why people participate in collaborative consumption [J]. Journal of the Association for Information Science and Technology, 2015, 67 (9): 2047-2059.

[154] HAMPSHIRE R C, GAITES C. Peer-to-peer carsharing: market analysis and potential growth [J]. Transportation Research Record: Journal of the Transportation Research Board, 2011, 2217 (1): 119-126.

[155] HAN H, KIM Y. An investigation of green hotel customers' decision formation: Developing an extended model of the theory of planned behavior [J]. International Journal of Hospitality Management, 2010, 29 (4): 659-668.

[156] HARTWICK J, BARKI H. Explaining the role of user participation in information system use [J]. Management science, 1994, 40 (4): 440-465.

[157] HENNIG-THURAU T, HENNING V, SATTLER H. Consumer file sharing of motion pictures [J]. Journal of Marketing, 2007, 71 (4): 1-18.

[158] HEO C Y. Sharing economy and prospects in tourism research [J]. Annals of Tourism Research, 2016, 58, 166-170.

[159] HILLEN M A, DE HAES H C J M, STALPERS L J A, et al. How can communication by oncologists enhance patients' trust? An experimental study [J]. Annals of Oncology, 2014, 25 (4): 896-901.

[160] HIRSCHMAN E C, HOLBROOK M B. Hedonic consumption: emerging concepts, methods and propositions [J]. Journal of Marketing, 1982, 46 (3): 92-101.

[161] HOFFMAN D L, NOVAK T P. Marketing in Hypermedia Computer-Mediated Environments: Conceptual Foundations [J]. Journal of Marketing, 1996, 60 (3): 50-68.

[162] HOFFMAN D L, NOVAK T P, PERALTA M. Building consumer trust in online environments: the case for information privacy [J]. Communications of the ACM, 1999, 42 (4): 80-85.

[163] HOLBROOK M B, HIRSCHMAN E C. The Experiential Aspects of Consumption: Consumer Fantasies, Feelings, and Fun [J]. Journal of Consumer Research, 1982, 9 (2): 132-140.

[164] HORTON J J, ZECKHAUSER R J. Owning, Using and Renting: Some Simple Economics of the "Sharing Economy" [R]. Working paper No. w22029, National Bureau of Economic Research, 2016.

[165] HOSMER L T. Trust: the connection link between organizational theory and philosophical ethics [J]. Academy of Management Review, 1995, 20 (2): 379-403.

[166] HOWARD D J, GENGLER C. Emotional contagion effects on product attitudes [J]. Journal of Consumer Research, 2001, 28 (2): 189-201.

[167] HSIEH J J P A, RAI A, XU S X. Extracting business value from IT: A sensemaking perspective of post-adoptive use [J]. Management science, 2011, 57 (11): 2018-2039.

[168] HSIEH J J P A, WANG W. Explaining employees' extended use of complex information systems [J]. European Journal of Information Systems, 2007, 16 (3): 216-227.

[169] HSU C L, LIN C C. Acceptance of blog usage: the roles of technology acceptance, social influence and knowledge sharing motivation [J]. Information & Management, 2008, 45 (1): 65-74.

[170] HULL C L. Habit Strength and number reinforcements [M] // Hull C L. Principles of behavior: An introduction to behavior theory. New York: Appleton-Century, 1943: 111-119.

[171] HUNG K H, LI S Y. The influence of e-WOM on virtual consumer communities: Social capital, consumer learning, and behavioral outcomes [J]. Journal of Advertising Research, 2007, 47 (4):

485-495.

[172] JACOBY J, CHESTNUT R W. Brand loyalty: Measurement and management [M]. New York: John Wiley & Sons Incorporated, 1978.

[173] JASPERSON J, CARTER P E, ZMUD R W. A comprehensive conceptualization of post-adoptive behaviors associated with information technology enabled work systems [J]. MIS quarterly, 2005: 525-557.

[174] JIANG L, DAHL D. Incidental similarity between the salesperson and consumer: effects on attitudes and purchase intentions [C] //The Proceedings of the Society for Consumer Psychology 2008 Winter Conference, 2008: 183.

[175] JOHNSON E J, PAYNE J W. Effort and accuracy in choice [J]. Management Science, 1985, 31 (4): 395-414.

[176] JONES M A, SUH J. Transaction-specific satisfaction and overall satisfaction: an empirical analysis [J]. Journal of Services Marketing, 2000.

[177] KAPLAN A M, HAENLEIN M. Users of the world, unite! The challenges and opportunities of social media [J]. Business Horizons, 2010, 53 (1): 59-68.

[178] KARAHANNA E, STRAUB D W, CHERVANY N L. Information technology adoption across time: a cross-sectional comparison of pre-adoption and post-adoption beliefs [J]. MIS Quarterly, 1999: 183-213.

[179] KATZ J E. Mass communications research and the study of popular culture: an editorial note on a possible future for this journal [J]. Studies in Public Communication, 1959, 2: 1.

[180] KATZ D. The functional approach to the study of attitudes [J]. Public Opinion Quarterly, 1960, 24 (2): 163-204.

[181] KE W, TAN C H, SIA C L, et al. Inducing intrinsic motivation to explore the enterprise system: The supremacy of organizational levers [J]. Journal of Management Information Systems, 2012, 29 (3): 257-290.

[182] KHALIFA M, LIU V. Online consumer retention: Contingent effects of online shopping habit and online shopping experience [J]. European Journal of Information Systems, 2007, 16 (6): 780-792.

[183] KHARE A, INMAN J J. Habit regimes in consumption [J]. Advances in Consumer Research, 2005, 32: 35.

[184] KIM D J, FERRIN D L, RAO H R. A trust-based consumer decision-making model in electronic commerce: The role of trust, perceived risk, and their antecedents [J]. Decision Support Systems, 2008, 44 (2): 544-564.

[185] KIM H W, CHAN H C, GUPTA S. Examining information systems infusion from a user commitment perspective [J]. Information Technology & People, 2016.

[186] KIM P H, FERRIN D L, COOPER C D, et al. Removing the shadow of suspicion: The effects of apology versus denial for repairing competence-versus integrity-based trust violations [J]. Journal of Applied Psychology, 2004, 89 (1): 104-118.

[187] KIM P H, DIRKS K T, COOPER C D. The Repair of Trust: A Dynamic Bilateral Perspective and Multilevel Conceptualization [J]. Academy of Management Review, 2009, 34 (3): 401-422.

[188] KINI A, CHOOBINEH J. Trust in electronic commerce: Definition and theoretical considerations [A]. Proceedings of the 31st Hawaii International Conference of System Sciences (HICSS), 1998, 51-61.

[189] KIRKMAN B L, ROSEN B. Beyond self-management: Antecedents and consequences of team empowerment [J]. Academy of Management Journal, 1999, 42 (1): 58-74.

[190] KOH J, KIM Y G. Knowledge sharing in virtual communities: an e-business perspective [J]. Expert Systems with Applications, 2004, 26 (2): 155-166.

[191] KOHDA Y, MASUDA K. How do sharing service providers create value [A]. Proceedings of the Second Asian Conference on Information System (ACIS), 2013.

[192] KONRADT U, WANDKE H, BALAZS B, et al. Usability in online shops: scale construction, validation and the influence on the buyers' intention and decision [J]. Behaviour & Information Technology, 2003, 22 (3): 165-174.

[193] KOUFARIS M. Applying the technology acceptance model and flow theory to online consumer behavior [J]. Information Systems Research, 2002, 13 (2): 205-223.

[194] KRAJEWSKA M A. Collaboration in theory [M] // KRAJEWSKA M A. Potentials for Efficiency Increase in Modern Freight Forwarding. Wiesbaden: Gabler, 2008: 101-111.

[195] KROSGAARD M A, BRODT S E, WHITENER E M. Trust in the face of conflict: the role of managerial trustworthy behavior and organizational context [J]. Journal of Applied Psychology, 2002, 87 (2): 312.

[196] KRUGMAN H E. The impact of television advertising: Learning without involvement [J]. Public Opinion Quarterly, 1965, 29 (3): 349-356.

[197] KWON O, WEN Y. An empirical study of the factors affecting social network service use [J]. Computers in Human Behavior, 2010, 26 (2): 254-263.

[198] LAMBERTON C P, ROSE R L. When is ours better than mine? A framework for understanding and altering participation in commercial sharing systems [J]. Journal of Marketing, 2012, 76 (4): 109-125.

[199] LEE G, LIN H. Customer perceptions of e-service quality in online shopping [J]. International Journal of Retail & Distribution Management, 2005, 33 (2): 161-176.

[200] LEE M K O, TURBAN E. A trust model for consumer internet shopping [J]. International Journal of Electronic Commerce, 2001, 6 (1): 75-91.

[201] LEIMEISTER J M, KRCMAR H. Evaluation of a systematic design for a virtual patient community [J]. Journal of Computer-mediated Communication, 2005, 10 (4).

[202] LEIMEISTER J M, SIDIRAS P, KRCMAR H. Exploring Success Factors of Virtual Communities: The Perspectives of Members and Operators [J]. Journal of Organizational Computing & Electronic Commerce, 2006.

[203] LEWICKI R J, BUNKER B B. Developing and maintaining trust in work relationships [M] // KRAMER R M, TYLERS T R (eds.). Trust in organizations: Frontiers of theory and research. CA: Sage, 1996: 114-139.

[204] LEWICKI R J, TOMLINSONE C. The Effects of Reputation and Post Violation Communication on Trust and Distrust [R]. SSRN Electronic Journal, 2003.

[205] LI D, BROWNE G J, CHAU P Y K. An empirical investigation of web

site use using a commitment-based model [J]. Decision Sciences, 2006, 37 (3): 427-444.

[206] LIMAYEM M, HIRT S G, CHIN W W. Intention does not always matter: the contingent role of habit on IT usage behavior [J]. ECIS 2001 proceedings, 2001: 56.

[207] LIN H F. The role of online and offline features in sustaining virtual communities: an empirical study [J]. Internet Research: Electronic Networking Applications and Policy, 2007, 17 (2): 119-138.

[208] LIN J C-C. Online stickiness: its antecedents and effect on purchasing intention [J]. Behaviour & Information Technology, 2007, 26 (6): 507-516.

[209] LIN J C-C, LU H. Towards an understanding of the behavioural intention to use a web site [J]. International Journal of Information Management, 2000, 20 (3): 197-208.

[210] LIN K Y, LU H P. Why people use social networking sites: an empirical study integrating network externalities and motivation theory [J]. Computers in Human Behavior, 2011, 27 (3): 1152-1161.

[211] LIN N. Building a network theory of social capital [J]. Connections, 1999, 22.

[212] LIN Y, COLE C, DALKIR K. The relationship between perceived value and information source use during KM strategic decision-making: a study of 17 Chinese business managers [J]. Information Processing & Management, 2014, 50 (1): 156-174.

[213] LIU Q, LIU K, WANG Y, et al. User-Oriented Real-Time Preference Obtaining Screen Visual Hotspots Recognition: Based on the Research of Eye Movement Experiments [J]. 武汉大学学报(信息科学版), 2014 (10).

[214] LU H P, LEE M R. Demographic differences and the antecedents of blog stickiness [J]. Online Information Review, 2010, 34 (1): 21-38.

[215] LUHMANN N. Trust: A mechanism for the reduction of social complexity [M] //LUHMANN N. Trust and Power. New Jersey: John Wiley & Sons, 1979.

[216] LUHMANN N, POGGI G, BURNS T, et al. Trust and Power [M]. New Jersey: John Wiley & Sons, 1979.

[217] LUSCH R F, NAMBISAN S. Service innovation: a service-dominant

logic perspective [J]. MIS Quarterly, 2015, 39 (1): 155-175.

[218] LUSCH R F, VARGO S L. The service-dominant mindset [J]. Service Science Research & Innovations in the Service Economy, 2008, 3 (137): 89-96.

[219] LUSCH R F, VARGO S L. The service-dominant logic of marketing: Dialog, debate, and directions [M]. London: Routledge, 2014.

[220] MALHOTRA D, MURNIGHAN J K. The effects of contracts on interpersonal trust [J]. Administrative Science Quarterly, 2002, 47 (3): 534-559.

[221] MARTIN D. Uncovering unconscious memories and myths for understanding international tourism behavior [J]. Journal of Business Research, 2010, 63 (4): 372-383.

[222] MARTIN C J, UPHAM P, BUDD L. Commercial orientation in grassroots social innovation: Insights from the sharing economy [J]. Ecological Economics, 2015, 118: 240-251.

[223] MASUM H, TOVEY M. The reputation society: How online opinions are reshaping the offline world [M]. Cambridge, MA: MIT Press, 2012.

[224] MATHIESON K. Predicting user intentions: comparing the technology acceptance model with the theory of planned behavior [J]. Information Systems Research, 1991, 2 (3): 173-191.

[225] MATHIS E F, KIM H, UYSAL M, et al. The effect of co-creation experience on outcome variable [J]. Annals of Tourism Research, 2016, 57: 62-75.

[226] MATZNER M, CHASIN F, TODENHÖFER L. To Share or Not to Share: Towards Understanding the Antecedents of Participation in IT-Enabled Sharing Services [A]. European Conference on Information Systems (ECIS), 2015.

[227] MAYER R C, DAVIS J H, SCHOORMAN F D. An integrative model of organizational trust [J]. Academy of Management Review, 1995, 20 (3): 709-734.

[228] MCCARTNEY K. New study notes solidarity among sharers [EB/OL]. [2012-06-13], http://www.shareable.net/blog/new-study-notes-solidarity-among-sharers.

[229] MCDOUGALL D, WYNER G, VAZDAUSKAS D. Customer valuation as

a foundation for growth [J]. Managing Service Quality: An International Journal, 1997.

[230] MCKNIGHT D H, CHOUDHURY V, KACMAR C. The impact of initial consumer trust on intentions to transact with a web site: a trust building model [J]. The Journal of Strategic Information Systems, 2002, 11 (3-4): 297-323.

[231] MCKNIGHT D H, CUMMINGS L L, CHERVANY N L. Initial trust formation in new organizational relationships [J]. Academy of Management Review, 1998, 23 (3): 473-490.

[232] MEYER J P, ALLEN N J. A three-component conceptualization of organizational commitment [J]. Human Resource Management Review, 1991, 1 (1): 61-89.

[233] MEYER J P, HERSCOVITCH L. Commitment in the workplace: Toward a general model [J]. Human Resource Management Review, 2001, 11 (3): 299-326.

[234] MEYER J P, STANLEY D J, HERSCOVITCH L, et al. Affective, continuance, and normative commitment to the organization: A meta-analysis of antecedents, correlates, and consequences [J]. Journal of Vocational Behavior, 2002, 61 (1): 20-52.

[235] MOORE G C, BENBASAT I. Development of an instrument to measure the perceptions of adopting an information technology innovation [J]. Information systems research, 1991, 2 (3): 192-222.

[236] MORRIS J D, WOO C, GEASON J A, et al. The power of affect: Predicting intention [J]. Journal of Advertising Research, 2002, 42 (3): 7-17.

[237] MORRISON E W, ROBINSON S L. When employees feel betrayed: A model of how psychological contract violation develops [J]. Academy of Management Review, 1997, 22 (1): 226-256.

[238] MORT G S, DRENNAN J. Marketing m-services: establishing a usage benefit typology related to mobile user characteristics [J]. Journal of Database Marketing & Customer Strategy Management, 2005, 12 (4): 327-341.

[239] MÖHLMANN M. Collaborative consumption: determinants of satisfaction and the likelihood of using a sharing economy option again [J]. Journal of Consumer Behaviour, 2015, 14 (3): 193-207.

[240] MURRAY K B, HAUBL G. Skill-based habits of use and consumer choice [J]. Advances in Consumer Research, 2005, 32: 36.

[241] NELSON R R, TODD P A, WIXOM B H. Antecedents of information and system quality: an empirical examination within the context of data warehousing [J]. Journal of Management Information Systems, 2005, 21 (4): 199-235.

[242] NEMZOW M. Ecommerce Stickiness for Customer Retention [J]. Journal of Internet Banking and Commerce, 1999, 4 (1): 1-5.

[243] OLIVER R L, DESARBO W S. Response determinants in satisfaction judgments [J]. Journal of Consumer Research, 1988, 14 (4): 495-507.

[244] OSTI L. Creating UGC areas on official destination websites: Is there a recipe for success? An insight through netnographic research [J]. Tourismos, 2010 (4).

[245] OSTROM E, GARDNER R, WALKER J. Rules, games, and common-pool resources [M]. Ann Arbor, MI: University of Michigan Press, 1994.

[246] OUELLETTE J A, WOOD W. Habit and intention in everyday life: The multiple processes by which past behavior predicts future behavior [J]. Psychological bulletin, 1998, 124 (1): 54.

[247] OZANNE L K, BALLANTINE P W. Sharing as a form of anti-consumption? An examination of toy library users [J]. Journal of Consumer Behaviour, 2010, 9 (6): 485-498.

[248] PALVIA P. The role of trust in e-commerce relational exchange: A unified model [J]. Information & Management, 2009, 46 (4): 213-220.

[249] PARASURAMAN A, ZEITHAML V A, BERRY L. Servqual: a multiple-item scale for measuring consumer perceptions of service quality [J]. Journal of Retailing, 1988, 64 (1): 12-40.

[250] PARÉ G, TREMBLAY M. The influence of high-involvement human resources practices, procedural justice, organizational commitment, and citizenship behaviors on information technology professionals' turnover intentions [J]. Group & Organization Management, 2007, 32 (3): 326-357.

[251] PARTHASARATHY M, BHATTACHERJEE A. Understanding post-adop-

tion behavior in the context of online services [J]. Information Systems Research, 1998, 9 (4): 362-379.

[252] PAVLOU P A. Consumer acceptance of electronic commerce: integrating trust and risk with the technology acceptance model [J]. International Journal of Electronic Commerce, 2003, 7 (3): 101-134.

[253] PIHLSTRÖM M, BRUSH G J. Comparing the perceived value of information and entertainment mobile services [J]. Psychology & Marketing, 2008, 25 (8): 732-755.

[254] PRAHALAD C K, RAMASWAMY V. Co-creation experiences: The next practice in value creation [J]. Journal of Interactive Marketing, 2004, 18 (3): 5-14.

[255] PREECE J. Online communities: Designing usability and supporting socialbilty [M]. Hoboken : John Wiley & Sons, Inc., 2000.

[256] PRICE L L, BELK R W. Consumer Ownership and Sharing: Introduction to the Issue [J]. Journal of the Association for Consumer Research, 2016, 1 (2): 193-197.

[257] QURESHI S, YORK A S. Information technology adoption by small businesses in minority and ethnic communities [C] //Proceedings of the 41st Annual Hawaii International Conference on System Sciences (HICSS 2008). IEEE, 2008: 447-447.

[258] RAACKE J, BONDS-RAACKE J. Myspace and facebook: applying the uses and gratifications theory to exploring friend-networking sites [J]. Cyber-psychology & Behavior, 2008, 11 (2): 169-174.

[259] RAY M L. A decision sequence analysis of developments in marketing communication [J]. The Journal of Marketing, 1973, 37 (1): 29-38.

[260] RAYMOND E. The cathedral and the bazaar [J]. Knowledge, Technology & Policy, 1999, 12 (3): 23-49.

[261] RAYPORT J F, JAWORSKI B J. Cases in e-commerce [M]. Westlake Village: McGraw-Hill, 2001.

[262] REICHHELD F F, SCHEFTER P. E-loyalty: your secret weapon on the web [J]. Harvard Business Review, 2000, 78 (4): 105-113.

[263] RING P S, VAN DE VEN A H. Structuring Cooperative Relationships between Organizations [J]. Strategic Management Journal, 1992, 13 (7): 483-498.

[264] ROBINSON S L. Trust and breach of the psychological contract [J].

Administrative Science Quarterly, 1996, 41 (4): 574-599.

[265] ROGERS E M. Diffusion of Innovations [M]. 4th ed. New York: The Free Press, 1995.

[266] ROSEN S. Sticky website is key to success [J]. Communication World, 2001, 18 (3).

[267] ROSENBERG M J, HOVLAND C I. Cognitive, affective, and behavioral components of attitudes [M] // HOVLAND C I, Rosenberg M J (eds.). Attitude organization and change. New Haven: Yale University Press, 1960.

[268] RUST R T, ZAHORIK A J. Customer satisfaction, customer retention, and market share [J]. Journal of Retailing, 1993, 69 (2): 193-215.

[269] RUST R T, ZAHORIK A J, KEININGHAM T L. Return on Quality (ROQ): Making service quality financially accountable [J]. The Journal of Marketing, 1995, 59 (2): 58-70.

[270] SAEED K A, ABDINNOUR-HELM S. Examining the effects of information system characteristics and perceived usefulness on post adoption usage of information systems [J]. Information & Management, 2008, 45 (6): 376-386.

[271] SAEED K A, ABDINNOUR-HELM S. Understanding post-adoption IS usage stages: an empirical assessment of self-service information systems [J]. Information Systems Journal, 2013, 23 (3): 219-244.

[272] SAGA V L, ZMUD R W. The nature and determinants of IT acceptance, routinization, and infusion [M] // Levine L (ed.). Diffusion, Transfer and Implementation of Information Technology. North Holland, 1994.

[273] SALANCIK G R. Commitment and the control of organizational behavior and belief [J]. New Directions in Organizational Behavior, 1977, 1: 54.

[274] SCHMITT M, GOLLWITZER M, FÖRSTER N, et al. Effects of objective and subjective account components on forgiving [J]. Journal of Social Psychology, 2004, 144 (5): 465-485.

[275] SCHOORMAN F D, Mayer R C, Davis J H. An integrative model of organizational trust: Past, present, and future [J]. Academy of Management Review, 2007, 32 (2): 344-354.

[276] SCHOR J. Debating the sharing economya great transition initiative essay, 2014 [EB/OL]. [2021-06-03]. https://greattransition.org/publication/debating-the-sharing-economy.

[277] SCHWEITZER M E, HERSHEY J C, BRADLOW E T. Promises and lies: Restoring violated trust [J]. Organizational Behavior & Human Decision Processes, 2006, 101 (1): 1-19.

[278] SHAW G, BAILEY A, WILLIAMS A. Aspects of service-dominant logic and its implications for tourism management: examples from the hotel industry [J]. Tourism Management, 2011, 32 (2): 207-214.

[279] SHEPPARD B H, HARTWICK J, WARSHAW P R. The theory of reasoned action: A meta-analysis of past research with recommendations for modifications and future research [J]. Journal of Consumer Research, 1988, 15 (3): 325-343.

[280] SHERRY Jr J F. A sociocultural analysis of a Midwestern American flea market [J]. Journal of Consumer Research, 1990, 17 (1): 13-30.

[281] SHETH J N, NEWMAN B I, GROSS B L. Why we buy what we buy: A theory of consumption values [J]. Journal of Business Research, 1991, 22 (2): 159-170. (a)

[282] SHETH J N, NEWMAN B I, GROSS B L. Consumption values and market choices: Theory and applications [M]. Cincinnati: South-Western Publishing Co., 1991. (b)

[283] SIMMEL G. The Philosophy of Money [M]. London: Routledge & Kegan Paul, 1978.

[284] SMEDLUND A. Value cocreation in service platform business models [J]. Service Science, 2012, 4 (1): 79-88.

[285] SMITH A, Bolton R N, Wagner J. A model of customer satisfaction with service encounters involving failure and recovery [J]. Journal of Marketing Research, 1999, 36 (3): 356-372.

[286] SOLOMON M R, DAHL D W, WHITE K, et al. Consumer behavior: Buying, having, and being [M]. London: Pearson, 2014.

[287] SOLOVE D J. The future of reputation: Gossip, rumor, and privacy on the Internet [M]. London: Yale University Press, 2007.

[288] SONG L Z, DI BENEDETTO C, SONG M. Competitive advantages in the first product of new ventures [J]. IEEE Transactions on Engineering Management, 2009, 57 (1): 88-102.

[289] SUH B, HAN I. The Impact of Customer Trust and Perception of Security Control on the Acceptance of Electronic Commerce [M]. New York: M. E. Sharpe, Inc., 2003.

[290] SUN Y, WEI K K, Fan C, et al. Does Social Climate Matter? On Friendship Groups in Social Commerce [J]. Electronic Commerce Research & Applications, 2016, 18 (C): 37-47.

[291] SUN Y, LIU L, PENG X, et al. Understanding Chinese users' continuance intention toward online social networks: an integrative theoretical model [J]. Electronic Markets, 2014, 24 (1): 57-66.

[292] SUNDARAM S, SCHWARZ A, JONES E, et al. Technology use on the front line: how information technology enhances individual performance [J]. Journal of the Academy of Marketing Science, 2007, 35 (1): 101-112.

[293] SUNDARARAJAN A. From Zipcar to the sharing economy [J]. Harvard Business Review, 2013, 1 (1): 1-2.

[294] SWEENEY J C, SOUTAR G N. Consumer perceived value [J]. International Journal of Pharmaceutical & Healthcare Marketing, 2001, 6 (2): 167-190.

[295] THOMAS W I, ZNANIECKI F. The Polish peasant in Europe and America: Primary-group organization [M]. Boston: Badger, 1918.

[296] THOMPSON R L, HIGGINS C A, HOWELL J M. Personal computing: Toward a conceptual model of utilization [J]. MIS quarterly, 1991: 125-143.

[297] THORNGATE W. Must we always think before we act? [J]. Personality and Social Psychology Bulletin, 1976, 2 (1): 31-35.

[298] TOMLINSON E C, MAYER R C. The role of causal attribution dimensions in trust repair [J]. Academy of Management Review, 2009, 34 (1): 85-104.

[299] TOMLINSON E C, DINEEN B R, LEWICKI R J. The road to reconciliation: Antecedents of victim willingness to reconcile following a broken promise [J]. Journal of Management, 2004, 30 (2): 165-187.

[300] TRIANDIS H C. Interpersonal behavior [M]. Belmont: Brooks/Cole Publishing Company, 1977.

[301] TRIANDIS H C. Handbook of cross-cultural psychology [M]. Boston: Allyn & Bacon, 1980.

[302] TUORILA H, PANGBORN R M. Behavioral-models in the prediction of consumption of selected sweet, salty and fatty foods [M] // Steiner J

E, Stevens D A, Dooley D A, et al. Food acceptability. Elsevier Scientific Publ. Co, 1988: 267-279.
[303] TUORILA H, PANGBORN R M. Prediction of reported consumption of selected fat-containing foods [J]. Appetite, 1988, 11 (2): 81-95.
[304] TURBAN E, KING D, LEE J, et al. Electronic commerce: A managerial perspective [M]. New Jersey: Prentice Hall, 2002.
[305] TUSSYADIAH I P. An exploratory study on drivers and deterrents of collaborative consumption in travel [M] // Information and Communication Technologies in Tourism. Berlin: Springer-Verlag. 2015: 817-830.
[306] TUSSYADIAH I P. Factors of satisfaction and intention to use peer-to-peer accommodation [J]. International Journal of Hospitality Management, 2016, 55: 70-80.
[307] TYRE M J, ORLIKOWSKI W J. Windows of opportunity: Temporal patterns of technological adaptation in organizations [J]. Organization Science, 1994, 5 (1): 98-118.
[308] VAN DER HEIJDEN H, VERHAGEN T. Online store image: conceptual foundations and empirical measurement [J]. Information & Management, 2004, 41 (5): 609-617.
[309] VARGO S L, LUSCH R F. Evolving to a new dominant logic for marketing [J]. Journal of Marketing, 2004, 68 (1): 1-17.
[310] VARGO S L, LUSCH R F. Why "service"? [J]. Journal of the Academy of Marketing Science, 2008, 36 (1): 25-38.
[311] VARGO S L, LUSCH R F. It's all B2B…and beyond: toward a systems perspective of the market [J]. Industrial Marketing Management, 2011, 40 (2): 181-187.
[312] VARGO S L, LUSCH R F, AKAKA M A. Advancing Service Science with Service-Dominant Logic [M] // Handbook of Service Science [M]. New York: Springer US, 2010: 133-156.
[313] VARIAN H R. Measuring the deadweight costs of dup and rent seeking activities [J]. Economics & Politics, 2010, 1 (1): 81-95.
[314] VENKATESH V, DAVIS F D. A theoretical extension of the technology acceptance model: Four longitudinal field studies [J]. Management Science, 2000, 46 (2): 186-204.
[315] VENKATESH V, MORRIS M G, ACKERMAN P L. A longitudinal field investigation of gender differences in individual technology adoption

decision-making processes [J]. Organizational Behavior and Human Decision Processes, 2000, 83 (1): 33-60.

[316] VERPLANKEN B, AARTS H, VAN KNIPPENBERG A, et al. Attitude versus general habit: Antecedents of travel mode choice [J]. Journal of Applied Social Psychology, 1994, 24 (4): 285-300.

[317] WANG S J, HUFF L C. Explaining buyers responses to sellers violation of trust [J]. European Journal of Marketing, 2007, 41 (9-10): 1033-1052.

[318] WANG W, HSIEH J J. Beyond routine: Symbolic adoption, extended use, and emergent use of complex information systems in the mandatory organizational context [J]. 2006.

[319] WATSON J B. The experimental study of habit formation [M] // Watson J B, Behavior: An introduction to comparative psychology. New York: Henry Holt, 1914: 184-250.

[320] WEINER B. Attribution theory, achievement motivation, and the educational process [J]. Review of Educational Research, 1972, 42 (2): 203-215.

[321] WEINER B. An attributional model of motivation and emotion [M]. New York: Springer-Verlag, 1986.

[322] WEINER B. Reflections on the history of attribution theory and research: people, personalities, publications, problems [J]. Social Psychology, 2008, 39 (3): 151-156.

[323] WEITZMAN M L. The Share Economy: Conquering Stagflation [M]. Cambridge, MA: Harvard University Press, 1984.

[324] WICKER A W. Attitudes versus actions: The relationship of verbal and overt behavioral responses to attitude objects [J]. Journal of Social Issues, 1969, 25 (4): 41-78.

[325] WILLER R, FLYNN F J, ZAK S. Structure, identity, and solidarity: A comparative field study of generalized and direct exchange [J]. Administrative Science Quarterly, 2012, 57 (1): 119-155.

[326] WOSSKOW D. Unlocking the sharing economy: An independent review [EB/OL]. [2021-06-03]. https://assets.publishing.service.gov.uk/government/uploads/system/uploads/attachment_data/file/378291/bis-14-1227-unlocking-the-sharing-economy-an-independent-review.pdf.

[327] WOOD W, NEAL D T. The habitual consumer [J]. Journal of

Consumer Psychology, 2009, 19 (4): 579-592.
[328] WOOD W, QUINN J M. Habits and the structure of motivation in everyday life [M] // JP FORGAS, KD WILLIAMS, SM LAHAM. Social Motivation: Conscious and Unconscious Processes, NY: Cambridge University Press, 2005: 55-70.
[329] WOOD W, QUINN J M, KASHY D A. Habits in everyday life: thought, emotion, and action [J]. Journal of Personality and Social Psychology, 2002, 83 (6): 1281.
[330] WU C M. What factors affect people's stickiness on the social network site? the case of facebook in Taiwan [J]. Key Engineering Materials, 2011, 474: 1573-1577.
[331] WU J, MA P, XIE K. In sharing economy we trust: the effects of host attributes on short-term rental purchases [J]. International Journal of Contemporary Hospitality Management, 2017, 29 (11): 2962-2976.
[332] WÜST C. German automakers embrace auto-sharing. [J]. Der Spiegel, 2011 (11).
[333] XIE Y, PENG S. How to repair customer trust after negative publicity: the roles of competence, integrity, benevolence, and forgiveness [J]. Psychology & Marketing, 2009, 26 (7): 572 - 589.
[334] YANG H-L, LIN C-L. Why do people stick to Facebook web site? A value theory-based view [J]. Information Technology & People, 2014, 27 (1): 21-37.
[335] YANG S, SONG Y, CHEN S, et al. Why are customers loyal in sharing-economy services? A relational benefits perspective [J]. Journal of Services Marketing, 2017, 31 (1): 48-62.
[336] YANG Z, FANG X. Online service quality dimensions and their relationships with satisfaction: a content analysis of customer reviews of securities brokerage services [J]. International Journal of Service Industry Management, 2004, 15 (3): 302-326.
[337] YEN T. A Study of Consumers' Purchase Intention on Stamps and Other Philatelic Items [D]. Shih Hsin University, 2012.
[338] YOO K H, GRETZEL U. Antecedents and impacts of trust in travel-related consumer-generated media [J]. Information Technology & Tourism, 2010, 12 (2): 139-152.
[339] ZERVAS G, PROSERPIO D, BYERS J. A first look at online reputation

on Airbnb, where every stay is above average [R]. Social Science Electronic Publishing, 2015.

[340] ZOTT C, AMIT R, DONLEVY J. Strategies for value creation in e-commerce: best practice in Europe [J]. European Management Journal, 2000, 18 (5): 463-475.

附录1　网络调查问卷1

共享经济用户调查

尊敬的女士/先生：

您好，我们正在进行一项有关共享经济（如：滴滴、优步、小猪短租、Airbnb民宿等应用）用户行为的学术研究，您的看法和意见对本研究非常重要。本问卷不涉及个人隐私，结果仅供学术研究之用。我们会对您的回答严格保密，请放心填写。

填写本问卷约需10分钟时间。以下各问题均为选择题，请按顺序作答。答案不分对错，您只需按照自己的主观经验和感受回答即可，必要时需在空格处填写具体信息。

衷心感谢您的支持！

1.您对“共享经济”或“分享经济”的概念了解吗？[单选题][必答题]

○ 非常了解它的含义　　　　○ 比较了解，但不很确切

○ 只是知道这个名词而已　　○ 完全没听说过

2. 您认为以下哪些行为或服务可以算作“共享经济”或“分享经济”?（多选，也可不选）［多选题］［必答题］

□ 网约顺风车/拼车　　□ 公共自行车

□ 网络租车　　□ 网络短租房

□ 团购　　□ 二手买卖

□ P2P网贷　　□ 私募基金

□ 网上书评影评　　□ 个人时间、技能分享

□ 其他______________

3. 您使用过以下哪些共享经济应用（包括和别人一起使用)?［多选题］［必答题］

□ 交通出行类，如：“滴滴出行”“优步Uber”“公共自行车”“ofo共享单车”等

□ 房屋短租类，如：“Airbnb”“小猪短租”“蚂蚁短租”“途家网”等

□ 二手买卖类，如：“优信二手车”“瓜子二手车”“咸鱼”等

□ 网贷众筹类，如：“人人贷”“借贷宝”“陆金所”“京东众筹”等

□ 快递物流类，如：“人人快递”“新达达”等

□ 生活服务类，如：“爱大厨”“我有饭”“回家吃饭”“阿姨来了”等

□ 技能共享类，如：“猪八戒”“在行”“好大夫在线”等

4. 您注册这些共享经济应用最久的有多长时间了？［单选题］［必答题］

○不到三个月　　○三个月到半年

○半年到一年　　○一年到两年

○两年到三年　　○超过三年

5. 您最近一次使用这些共享经济应用是什么时候？［单选题］［必答题］

○ 一周内　　○ 一个月内

○ 三个月内　○ 半年内

○ 一年内　○ 两年及以上

6. 您使用这些共享经济应用的频率如何？（包括打开查看信息、下单、接单等）[单选题] [必答题]

○ 每天　○ 每周

○ 每月　○ 偶尔

○ 几乎不用

7. 您通常是以什么身份使用这些共享经济应用的？（如果两种身份都经历过那么可多选）[多选题] [必答题]

□ 需求方，如：乘客、租客、买家、借入方、顾客、求助者等

□ 供给方，如：车主/司机、房东、卖家、借出方、服务方、帮助者等

□ 其他______________

8. 您在这些应用中的累积消费金额大概有多少？[单选题] [必答题]

○ 无　○ 一百元以内

○ 一百元至一千元　○ 一千元至一万元

○ 一万元至十万元　○ 十万元以上

9. 您在这些应用中的累积收入金额大概有多少？[单选题] [必答题]

○ 无　○ 一百元以内

○ 一百元至一千元　○ 一千元至一万元

○ 一万元至十万元　○ 十万元以上

10. 我觉得共享经济应用（如滴滴出行、Airbnb 民宿等）[矩阵量表题] [必答题]

项目	完全同意	同意	有点同意	中立	有点不同意	不同意	完全不同意
(1) 这些应用方便、快捷、易用	○	○	○	○	○	○	○
(2) 提供的服务可靠、及时、个性化	○	○	○	○	○	○	○

续表

项目	完全同意	同意	有点同意	中立	有点不同意	不同意	完全不同意
(3) 提供的信息有用、及时、准确、易懂	○	○	○	○	○	○	○
(4) 能比同类的传统服务更好地满足我的需求	○	○	○	○	○	○	○
(5) 提供了过去没有的创新性服务	○	○	○	○	○	○	○
(6) 服务不错，价格合理，性价比高	○	○	○	○	○	○	○
(7) 价格上的优惠是我使用这些应用的主要动因	○	○	○	○	○	○	○
(8) 从中我获得了满意的报酬	○	○	○	○	○	○	○
(9) 让我有机会认识更多的朋友	○	○	○	○	○	○	○
(10) 这些应用本身就很有趣	○	○	○	○	○	○	○
(11) 参与共享经济后，我感到有一种欲罢不能的热情	○	○	○	○	○	○	○
(12) 使用这些应用之后，我有一种愉悦之感	○	○	○	○	○	○	○
(13) 在使用这些应用的过程中，我收获过很多难忘的回忆	○	○	○	○	○	○	○
(14) 我很认同“共享经济”所倡导的绿色、节约、共享的理念	○	○	○	○	○	○	○
(15) 总体来说，我喜欢使用共享经济应用	○	○	○	○	○	○	○
(16) 使用共享经济应用太贵了	○	○	○	○	○	○	○
(17) 共享经济应用不会危害我的人身和财产安全	○	○	○	○	○	○	○
(18) 共享经济应用不会泄露我的隐私	○	○	○	○	○	○	○
(19) 提供共享经济服务的人能够提供满意的服务	○	○	○	○	○	○	○
(20) 参与共享经济应用的人是诚实而正直的	○	○	○	○	○	○	○
(21) 参与共享经济应用的人是友好而善良的	○	○	○	○	○	○	○

续表

项目	完全同意	同意	有点同意	中立	有点不同意	不同意	完全不同意
(22) 共享经济应用的平台运营商是可信赖的	○	○	○	○	○	○	○
(23) 我使用共享经济应用是下意识的，已经习惯成自然	○	○	○	○	○	○	○
(24) 每当有出行、住宿等需求时，我会首先考虑“滴滴出行”“Airbnb民宿”等共享经济应用，而不是首选传统的订票、订房网站	○	○	○	○	○	○	○
(25) 使用共享经济应用有很大风险	○	○	○	○	○	○	○
(26) 由于我的朋友都使用共享经济应用，所以我也使用	○	○	○	○	○	○	○
(27) 我的家人、朋友等不赞成我使用共享经济应用	○	○	○	○	○	○	○
(28) 我经常在共享经济应用上查看信息、下单或接单	○	○	○	○	○	○	○
(29) 即使在没有下单或接单的时候，我也经常在这些应用（包括APP/网站/微信公众号等）上查看或分享其中的服务/产品、优惠信息，和其他我感兴趣的内容	○	○	○	○	○	○	○

11. 您的性别：[单选题] [必答题]

○ 男　　○ 女

12. 您的年龄段：[单选题] [必答题]

○ 20岁以下　　○ 21～30岁

○ 31～40岁　　○ 41～50岁

○ 51～60岁　　○ 60岁以上

13. 您的受教育程度：[单选题] [必答题]

○ 高中及以下　　○ 大专

○ 本科　　○ 硕士及以上

14. 您目前从事的职业：［单选题］［必答题］

○ 事业单位/公务员　　○ 企业

○ 个体经营/自由职业　　○ 学生

○ 其他______________

15. 您的个人月收入为：［单选题］［必答题］

○ 2千元以下　　○ 2千元至5千元

○ 5千元至1万元　　○ 1万元至2万元

○ 2万元以上

再次感谢您在百忙中填写本问卷!

附录2　网络调查问卷2

滴滴出行安全整改效果问卷调查

尊敬的女士/先生：

您好，我们正在进行一项有关“滴滴出行”App（简称“滴滴”）用户行为的学术研究，您的看法和意见对本研究非常重要。本问卷不涉及个人隐私，结果仅供学术研究之用。我们会对您的回答严格保密，请放心填写。

填写本问卷约需15分钟时间。以下各问题均为选择题，请按顺序作答。答案不分对错，您只需按照自己的主观经验和感受来回答即可，必要时需在空格处填写具体内容。

衷心感谢您的支持！

一、一般使用情况和人口统计学指标

1.您使用过“滴滴出行”App吗？

A.使用过

B.自己没使用过，但别人用它给我叫过车

C.完全没使用过

2.在您使用“滴滴出行”App的所有经历中，您最经常使用哪些服务类型（不包括公交车、共享单车、二手车、租车）？请将您确实使用过的服务按使用频率由高到低排序：______________

A.顺风车　　B.快车

C.出租车　　D.专车

E.豪华车　　F.代驾

G.其他，请写出______________

3.您使用滴滴出行时主要是作为服务接受者还是服务提供者？

A.服务接受者（乘客/代驾车主）

B.服务提供者（司机/代驾司机）

C.两者都是

4.您目前使用“滴滴出行”APP的大致频率是？

A.每天　　B.每周

C.每月　　D.偶尔

E.几乎不用

5.您目前对滴滴出行服务的安全性和可靠性评价如何？

A.非常信赖　　B.有点信赖

C.一般　　D.不太信赖

E.非常不信赖

（以上两题可做测谎题）

6.您最早是什么时候开始使用“滴滴出行”App的服务的？

A.2013年及以前（“滴滴”与“快的”补贴大战前）

B.2014年1月至2015年1月（“滴滴”与“快的”补贴大战期间及合并前）

C.2015年2月至2016年7月（“滴滴”与“优步中国”合并前）

D.2016年8月至2018年5月5日（或您得知“滴滴顺风车”发生郑州空姐遇害案前）

E.2018年5月6日至8月24日（或您得知“滴滴顺风车”再次发生

温州女孩遇害案前）

F.2018年8月25日至今（或您得知“滴滴顺风车”再次发生温州女乘客遇害案后）

7.您是怎么了解到“滴滴出行”的？

A.通过电视广告/电视新闻　　B.通过报刊广告/报刊新闻

C.通过网络广告/网络新闻

D.通过微信/QQ/微博/博客/人人网等社交媒体

E.亲朋好友推荐或示范　　F.手机短信广告

G.其他，请写出：________________

8.以下哪种情况是促使您实际开始使用“滴滴出行”服务的契机？（多选）

A.实际出行需求　　B.红包或优惠券

C.新闻报道　　D.广告宣传

E.亲友推荐　　F.好奇心/心血来潮

G.其他，请写出：________________

9.您的性别是？

A.男　　B.女

10.您的年龄段是？

A.20岁及以下　　B.21～30岁

C.31～40岁　　D.41～50岁

E.51～60岁　　F.60岁以上

11.您的职业是？

A.事业单位/公务员　　B.企业

C.个体经营/自由职业　　D.学生

E.其他，请写出：________________

12.您的学历是？

A.高中及以下　　B.大专及本科

C.硕士及以上

13.您的月收入范围是？

A.2千元以下　　B.2千元～5千元

C.5千元~1万元　　D.1万元~2万元

E.2万元以上

二、初始信任和初始黏性、信任受损和黏性受损

14.2018年5月6日“滴滴顺风车”平台发生女乘客遭司机侵害的案件，您是否了解此次事件？

A.深入研究过，或公开评论过

B.主动搜索过，或私下议论过

C.看到或听到过有关新闻

D.看到或听到过别人议论

E.完全不知道

15.2018年8月24日“滴滴顺风车”再次发生女乘客遭司机侵害的案件，您是否了解此次事件？

A.深入研究过，或公开评论过

B.主动搜索过，或私下议论过

C.看到或听到过有关新闻

D.看到或听到过别人议论

E.完全不知道

16.侵害事件发生之前，您使用“滴滴出行”APP的大致频率是？

A.每天都使用　　B.每周都使用

C.每月都使用　　D.偶尔使用

E.几乎不用

17.侵害事件发生之前，您对滴滴出行安全性和可靠性的评价如何？

A.非常信赖　　B.有点信赖

C.一般　　D.不太信赖

E.非常不信赖

18.侵害事件发生之后，您对滴滴出行服务的使用频率发生了怎样的改变？

A.增加使用，无论因为什么原因（如因出行需求增加）

B.没有改变，除关停的服务外继续正常使用

C.减少使用，部分改用其他出行方式

D.暂停使用，等自己感觉恢复了对滴滴出行的信任后再说

E.决心不再使用，并卸载APP

19.侵害事件发生之后，您对滴滴出行的安全性和可靠性的评价发生了怎样的改变？

A.更加信赖——以此为契机，滴滴出行会建立起更加安全可靠的服务

B.没有改变——总体来说，滴滴出行并不比传统出租车更危险

C.信赖减少——人身伤害事件破坏了我对滴滴出行的信任

D.不再信赖——重新建立信任需要一个较长的时期

E.永远不再信赖——滴滴出行从根本上来说就不可能安全

20.侵害事件发生之后，您对其他合乘车和网约车服务（如“美团出行”“神州专车”“曹操专车”“首汽约车”“嘀嗒出行”“易到用车”等）的使用频率发生了怎样的改变？

A.增加使用，作为对“滴滴出行”的替代

B.没有改变

C.减少使用，对其他网约车服务也产生了疑虑

D.停止使用，网约车都不太安全

E.决心不再使用，并卸载App

21.侵害事件发生之后，您对其他合乘车和网约车服务（如“美团出行”“神州专车”“曹操专车”“首汽约车”“嘀嗒出行”“易到用车”等）的安全性和可靠性的评价发生了怎样的改变？

A.更加信赖——以此为契机，网约车行业会建立起了更加安全可靠的服务

B.没有改变——总体来说，网约车并不比传统出租车更危险

C.信赖减少——人身伤害事件破坏了我对所有网约车的信任

D.不再信赖——重新建立信任，需要一个较长的时期

E.永远不再信赖——网约车从根本上来说就不可能安全

三、危机归因

22.关于侵害事件的发生原因，您赞同以下陈述吗？

项目	完全赞同	有点赞同	中立	不太赞同	完全不赞同
（1）滴滴公司没有足够的技术、人力和资金实力去识别安全风险并及时妥善处置（能力）	○	○	○	○	○
（2）滴滴公司没有足够的意愿去识别安全风险并及时妥善处置（善意）	○	○	○	○	○
（3）滴滴公司为了追求经济利益而有意忽略了安全隐患（诚实）	○	○	○	○	○
（4）事实上，网约车并不比传统出租车更危险，此为概率性偶发事件（外因）	○	○	○	○	○
（5）“滴滴顺风车”的产品设计和宣传中一度突出异性社交元素是因为未能充分评估风险	○	○	○	○	○
（6）“滴滴顺风车”的产品设计和宣传中一度突出异性社交元素是因为商业利益	○	○	○	○	○
（7）滴滴公司未能及时提供犯罪嫌疑人信息是为了保护隐私	○	○	○	○	○
（8）滴滴公司未能及时提供犯罪嫌疑人信息是为了商业利益	○	○	○	○	○

四、修复策略及其效果

23.两次侵害事件发生后，滴滴出行陆续推出了一些整改措施。您认为以下这些整改措施对挽回您对滴滴出行的信任是否有所帮助（无论是否对现状有实质性的改善效果）？

项目	很有帮助	有些帮助	聊胜于无	帮助不大	毫无帮助
(1) 顺风车无限期停运，其他网约车深夜停运	○	○	○	○	○
(2) 公司创始人诚恳道歉	○	○	○	○	○
(3) 相关业务负责人被免职	○	○	○	○	○
(4) 将安全作为最重要的考核指标之一	○	○	○	○	○
(5) 客服人数增加60%，安全客服人数增加3倍	○	○	○	○	○
(6) 加强客服专业能力，优化投诉分级、工单流转机制，提升警方取证、安全投诉处置效率	○	○	○	○	○
(7) 接到人身安全方面的客服投诉时，要确保第一时间将相关信息提供给警方	○	○	○	○	○
(8) 增加行车路线监测功能，如行车路线异常将发出预警	○	○	○	○	○
(9) 取消个性化标签、评论、真实头像、个人信息等社交元素	○	○	○	○	○
(10) 增加“一键报警”功能，可向紧急联系人发信息，并拨打报警电话	○	○	○	○	○
(11) 与警方合作共建信息查询系统，加快取证速度	○	○	○	○	○
(12) 通过人脸识别、用户举报等方式清理“人车不符”*现象	○	○	○	○	○
*注：“人车不符”指的是司机和车牌号与订单信息不符的情况，一般是司机盗用他人账号，以他人身份接单的结果。					
(13) 犯罪记录筛查、三证**验真等准入措施	○	○	○	○	○
**注：“三证”指的是身份证、驾驶证和行驶证。					
(14) 司机安全培训、安全知识考核	○	○	○	○	○
(15) 司机防疲劳驾驶功能	○	○	○	○	○

续表

项目	很有帮助	有些帮助	聊胜于无	帮助不大	毫无帮助
(16) 全程加密录音	○	○	○	○	○
(17) 在已有赔偿保障机制的基础上，给予受害者的补偿是法定补偿的3倍	○	○	○	○	○
(18) 滴滴CEO表示“滴滴绝不是一家黑心企业，也绝不是一家赚钱高于一切的企业。6年来我们还没有实现过盈利。2018年上半年公司整体净亏损超过40亿人民币。”(否认)	○	○	○	○	○

五、信任修复和黏性修复

24.关于滴滴出行完成整改的实际效果和主观态度，您相信以下陈述吗？

项目	完全相信	有点相信	不好说	不太相信	完全不信
(1) 整改结果总体令我感到满意（整体效果）	○	○	○	○	○
(2) 整改后，我会继续使用或恢复使用“滴滴出行”服务（黏性）	○	○	○	○	○
(3) 整改措施能够制止犯罪、保证安全（能力）	○	○	○	○	○
(4) 滴滴公司有能力落实整改措施并产生实效（能力）	○	○	○	○	○
(5) 滴滴公司能够避免此类人身伤害事件再次发生（能力）	○	○	○	○	○
(6) 整改之后滴滴出行的安全性改善了	○	○	○	○	○
(7) 整改之后滴滴出行的叫车体验改善了	○	○	○	○	○
(8) 滴滴公司在回应和处理相关事件时的言行是真实、诚恳的（诚实信任修复）	○	○	○	○	○

续表

项目	完全相信	有点相信	不好说	不太相信	完全不信
(9)滴滴公司是一家具有正确而健全的价值观的企业(诚实信任修复)	○	○	○	○	○
(10)“滴滴顺风车”产品的社交功能本意是好的,希望以后能得到恢复(诚实)	○	○	○	○	○

25. 在第一次侵害事件发生后,“滴滴出行”关停了顺风车服务,您的出行是否受到了影响?

A. 是的,受到了很大影响　　B. 是的,有点不方便

C. 还好,可以应付　　D. 没有,影响不大

E. 没有,完全没受到影响

26. 在第二次侵害事件发生后,“滴滴出行”关停了网约车的深夜服务,您的出行是否受到了影响?

A. 是的,受到了很大影响　　B. 是的,有点不方便

C. 还好,可以应付　　D. 没有,影响不大

E. 没有,完全没受到影响

27. “滴滴出行”关停部分服务导致部分民众出行不便。有人认为这说明“滴滴出行”是生活不可或缺的一部分,不应忘记它给民众带来的便利和实惠;有人则认为“滴滴出行”的这一行为涉嫌利用垄断地位“逼宫”、“叫板”和绑架民意,企图逃避严厉的惩罚。您赞同哪种说法呢?

A. 完全赞同前者　　B. 比较赞同前者

C. 中立　　D. 比较赞同后者

E. 完全赞同后者

28. 有人认为“滴滴出行”已经不再仅仅是一家商业公司,其提供的服务也不仅仅是一种商业服务,而是已经变成像地铁、公交那样的基本公共服务,或微信、百度那样的基本互联网服务,在用户习惯已经形成后关停服务会直接影响民生,因此随意关停服务是不负责任的,也是

不能被允许的。您赞同这种说法吗？

A.完全赞同　　B.有点赞同

C.中立　　D.不太赞同

E.完全不赞同

29.您认为车内全程加密录音功能（乘客可以选择关闭该功能）是对您个人隐私的一种侵犯吗？

A.完全赞同　　B.有点赞同

C.中立　　D.不太赞同

E.完全不赞同

30.有人认为，如果乘客启动“一键报警”或安全投诉，在无法判断其报警或投诉行为是否为虚假信息或误操作的情况下，“滴滴出行”平台向警方和乘客亲友提供司机信息是对司机个人隐私的一种侵犯。您赞同这一观点吗？

A.完全赞同　　B.有点赞同

C.中立　　D.不太赞同

E.完全不赞同

31.与上题相反，如果是司机启动报警或安全投诉，“滴滴出行”平台对外提供乘客信息是对乘客隐私的一种侵犯吗？

A.完全赞同　　B.有点赞同

C.中立　　D.不太赞同

E.完全不赞同

32.整改措施初步完成后，与侵害事件发生前相比，您对“滴滴出行”服务的使用频率发生了怎样的改变？

A.增加使用——亡羊补牢，更加可靠

B.没有改变——照常使用，一如既往

C.减少使用——换汤不换药，疑虑难消

D.暂停使用——无限期停用，静观后效

E.决心不再使用，并卸载该App

33.整改措施初步完成后，您对其他合乘车和网约车服务（如“美团出行”“神州专车”“曹操专车”“首汽约车”“嘀嗒出行”“易到用车”

等）的使用频率发生了怎样的改变？

A.增加使用，作为对“滴滴出行”的替代

B.没有改变

C.减少使用，对其他网约车服务也产生了疑虑

D.停止使用，网约车都不安全

E.决心不再使用，并卸载该App

感谢您在百忙中填写本问卷！

附录3 CAB消费者态度模型词库

附表3-1 CAB消费者态度模型词库

认知部分（Cognition，C）	情感部分（Affect，A）	行为部分（Behavior，B）
idea	nice	安利
帮助	包容	第2次约
不足	彬彬有礼	第3次约
洞察	沉稳	第4次约
方案	诚恳	第5次约
方法	诚意	第6次约
分析	崇拜	第7次约
干货	大气	第二次约
格局	低调	第六次约
观点	放松	第七次约
合理	粉丝	第三次约
见解	负责	第四次约
建设性	感动	第五次约
建议	感恩	定期
解答	感激	还要约

续表

认知部分（Cognition，C）	情感部分（Affect，A）	行为部分（Behavior，B）
解读	感受	还约
解决	酣畅淋漓	合作
解析	和蔼	继续约
逻辑	敬佩	期待
剖析	开心	推荐
启发	肯定	下次
认识自己	美丽	下回
认知	美女	想约
深刻	魅力	以后
深入	耐心	有机会
实用	佩服	再次
实质性	漂亮	再约
视角	平易近人	
视野	谦和	
收获	谦虚	
收益	亲和	
受益	亲切	
思路	热情	
思维	认真	
思想	舒畅	
条理	帅气	
训练	随和	
眼光	温和	
眼界	温柔	
一针见血	温文尔雅	
有用	喜欢	
针对	潇洒	
专业	信心	
	英俊	
	愉快	
	真诚	
	知性	
	自信	
	庆幸	

附录4　数据分析R语言代码

#一、程序预处理

#设置默认语言编码和工作目录

Sys.setlocale（"LC_ALL"，"Chinese"）

setwd（"D：/博士论文/爬虫采集/数据分析"）

#导入要用到的程序包

library（xlsx）

library（jiebaR）#要用到freq函数

#二、后面要用到的自定义函数

#剔除重复的行，前提是数据已经在Excel里按行家名字、课程名称进行过多重排序

filter_data <- function（data，compared_cols = 1：ncol（data））{

uniq_rows <- logical（0）

for （i in 1：nrow（data））{

if （i == 1 || any （data [i，compared_cols] ! =data [i-1，compared_cols]）

```
) {
uniq_rows <- c (uniq_rows, T)
} else {
uniq_rows <- c (uniq_rows, F)
}
}
cat (nrow (data) - sum (uniq_rows) ) #输出删除的行数
return (data [uniq_rows,] )
}
#判断序列元素是否各不相同
allUnique <- function (series) {
return (length (series) == length (unique (series) ) )
}
#三、分离和清洗行家的属性数据
#导入原始数据
courses <- read. xlsx2 (" 课 程 . xlsx", sheetIndex = 1,
stringsAsFactors = F)
#分离行家数据
tutors <- courses [, c (1: 8, 11: 15, 21) ]
tutors <- tutors [order (tutors$hangjia),] #升序排列
#删除重复的行家，最后只余644个
tutors <- filter_data (tutors, 1)
write. table (tutors, "tutors. csv", sep = ", ", quote = F, col.
names = NA)
#导出tutors之后，在Excel中手工补充了爬取时遗漏的数据等，并
另存为xlsx文件
#根据实际情况填充爬取时遗漏了的数据（如“0人见过”）
tutors <- read. xlsx2 ("tutors. xlsx", sheetIndex = 1,
stringsAsFactors = F)
tutors [tutors$offline_met=="", "offline_met"] <- 0
```

```
tutors [tutors$online_met=="", "online_met"] <- 0
tutors [tutors$wanna_meet=="", "wanna_meet"] <- 0
#四、清洗课程数据
#修改了错误的人名“?”，删除了部分不需要的变量后另存为courses.xlsx
#在读取文件前先在Excel里面对hangjia、course、type排序
courses <- read. xlsx2 ("courses0. xlsx", sheetIndex = 1, stringsAsFactors = F)
#删除重复的课程，删除了830行
courses <- filter_data (courses, c (1, 2, 4: 8) )
#检验得知，数据集的price变量没有空值和NA缺失值的情形
all (courses$price! ="" & ! is.na (courses$price) ) #TRUE
#评分数据在第一次爬取中有不少缺失（空白），对其进行了人工补录
courses [courses$score=="评数量不足，暂无总分", "score"] <- NA
all (is.na (courses$score) |courses$score! ="") #TRUE
#将课程时长数据中的空缺值替换为缺失值NA
courses [courses$duration=="", "duration"] <- NA
all (is.na (courses$duration) |courses$duration! ="") #TRUE
#给不同的课程类型编码
#0=线下1v1，1=线上，2=通话or全国通话，3=组团
courses [courses $type== "通话" | courses $type== "全国通话", "type"] <- 2
courses [courses$type=="组团", "type"] <- 3
all (courses$type! ="" & ! is.na (courses$type) ) #TRUE
unique (courses$type) #0, 1, 2, 3
#课程参加人数空缺时实际上是0，予以补齐
courses [courses$enrollment=="", "enrollment"] <- 0
all (courses $enrollment! = "" & ! is. na (courses $enrollment) )
```

```
#TRUE
#检查城市变量可知，没有缺失值
all（courses$city！=""&！is.na（courses$city））#TRUE
#导出课程数据清洗结果
write.xlsx（courses，"courses_1.xlsx"，row.names = F）
#五、筛查并删除重复的课程
#由于courses出现了一行奇怪的重复课程，所以要进行筛查并去掉重复者
courses <- read. xlsx2（"courses. xlsx"，sheetIndex = 1，stringsAsFactors = F）
c_n <- paste0（courses$course
，"@"，courses$type
#，"$"，courses$price
#，"~"，courses$duration
，"*"，courses$score
#，"^"，courses$hangjia
#，"+"，courses$enrollment
）#保留type和score时可以完全区分1 610个课程
length（unique（c_n））- nrow（courses）#必须为0
course_type <- paste0（courses$course，courses$type）
uniq_c_t <- unique（course_type）
length（uniq_c_t）#1609，比行数少1
dup_index <- numeric（0）
for（i in 1：length（uniq_c_t））{
#直接grep会出现部分匹配的情况，所以先进行全字匹配
n <- sum（uniq_c_t［i］==course_type）
if（n > 1）{
k <- grep（uniq_c_t［i］，course_type）
dup_index <- c（dup_index，k）
}
```

```
}
course_type [dup_index]
#终于筛查出未被检出的重复课程"企业培训师的职业生涯规划0"
#它产生于补录评分数据的过程中，因为补录时评分由第一次爬取时的9.4分变成了补录时的9.6分
#导致被补录的行与原有的行被认作两个不同的课程
#解决办法是删除补录评分的行，即不重复的课程数不是1610，而是1609
courses <- courses [-dup_index [2],]
#经检验，筛查后只用课程名称和课程类型就可以唯一地确定课程
c_n <- paste0 (courses$course
, "@", courses$type
#, "$", courses$price
#, "~", courses$duration
#, "*", courses$score
#, "^", courses$hangjia
#, "+", courses$enrollment
) #除course之外保留type时可以完全区分1609个课程
length (unique (c_n) ) - nrow (courses) #必须为0
courses$id <- 1: nrow (courses) #添加课程id
write.xlsx (courses, "courses_1.xlsx", row.names = F)
#六、计算每门课程的销售额
courses <- read. xlsx2 ("courses. xlsx", sheetIndex = 1, stringsAsFactors = F)
courses$price <- as.numeric (courses$price)
courses$enrollment <- as.numeric (courses$enrollment)
courses$sale <- courses$price * courses$enrollment
#对其他变量也进行类型转换
courses$score <- as.numeric (courses$score)
courses$duration <- as.numeric (courses$duration)
```

courses$type <- as.factor（courses$type）

write.xlsx（courses， "courses_1.xlsx"， row.names = F）#导出来看看效果

#七、对行家进行销售额的合计

#length（unique（courses$hangjia））#644

#nrow（tutors）#644

hangjia_names <- unique（courses$hangjia）

hangjia_sale <- numeric（length（hangjia_names））

hangjia_sale［］ <- 0

names（hangjia_sale） <- hangjia_names

for （i in 1：nrow（courses））｛

h <- courses［i， "hangjia"］

s <- courses［i， "sale"］

hangjia_sale［h］ <- hangjia_sale［h］ + s

｝

#将行家的销售额拼合到tutors.xlsx中

tutors <- read. xlsx2 （"tutors. xlsx"， sheetIndex = 1， stringsAsFactors = T）

tutors$sale <- hangjia_sale［tutors$hangjia］

write.xlsx（tutors， "tutors_1.xlsx"， row.names = F）#导出来看看效果

#八、清洗评论

#先在excel中进行对于hangjia、course、comment的三重排序

cmt_stdt <- read.xlsx2（"comments_student.xlsx"， sheetIndex = 1， stringsAsFactors = F）

cmt_frnd <- read.xlsx2（"comments_friend.xlsx"， sheetIndex = 1， stringsAsFactors = F）

cmt_new <- read. xlsx2 （"comments_new. xlsx"， sheetIndex = 1， stringsAsFactors = F）

cmt_stdt <- filter_data（cmt_stdt）#如果读取的是"...0.xlsx"文件，删

除1 190行

cmt_frnd <- filter_data（cmt_frnd）#删除46行

cmt_new <- filter_data（cmt_new）#删除13行

#将筛选结果导出到文件，write.xlsx2比write.xlsx快很多

write.xlsx2（cmt_stdt，"comments_student_1.xlsx"，row.names = F）

write.xlsx2（cmt_frnd，"comments_friend_1.xlsx"，row.names = F）

write.xlsx2（cmt_new，"comments_new_1.xlsx"，row.names = F）

#九、针对课程和行家分发评论

#现在的情况是：除第二次抓取到的新评论（2018年7月18日及以后）外，还有学员评论和好友评论两类。好友评论针对某一行家；学员评论针对某一课程名称，但课程存在名称相同而实际不同的情况。

#所以首先可以统计行家的评论数，然后统计各个课程名称的评论数，接着统计具有标题能显示类型的差别、但内容相同的课程（在相同的课程标题前加了“组团”、“通话”、“远程”等字样）的评论数及其分布，以此估计相同课程名称下评论的数量及分布情况

#重新导入courses（删掉一行）和tutors

courses <- read. xlsx2 （"courses. xlsx"，sheetIndex = 1，stringsAsFactors = F）

tutors <- read. xlsx2 （"tutors. xlsx"，sheetIndex = 1，stringsAsFactors = F）

#读入时数值都变成了文本，需要将其转换回来

for（cn in c（"price"，"score"，"duration"，"enrollment"，"sale"，"comments"））{

courses［，cn］<- as.numeric（courses［，cn］）

}

#typeof（courses$comments）

for（cn in c（"sale"，"response_time"，

"offline_met"，"online_met"，"wanna_meet"，"friend_comments"，"student_comments"））{

tutors［，cn］<- as.numeric（tutors［，cn］）

```
}
#先在excel中以行家和课程名称为主副条件进行排序
cmt_stdt <- read.xlsx2（"comments_student.xlsx", sheetIndex = 1,
stringsAsFactors = F）
cmt_frnd <- read.xlsx2（"comments_friend.xlsx", sheetIndex = 1,
stringsAsFactors = F）
cmt_new <- read.xlsx2（"comments_new.xlsx", sheetIndex = 1,
stringsAsFactors = F）
#统计各行家的评论数
c_f <- numeric（nrow（tutors））
c_s <- numeric（nrow（tutors））
for（i in 1：nrow（tutors））{
h <- tutors [i, "hangjia"]
c_f [i] <- sum（cmt_frnd$hangjia == h）
c_s [i] <- sum（cmt_stdt$hangjia == h）
}
tutors$friend_comments <- c_f
tutors$student_comments <- c_s
#tutors [tutors$student_comments == 0, c（2, 3, 16, 17）]
write.xlsx（tutors, "tutors_1.xlsx", row.names = F）#导出来看看效果
#十、统计标题不同而内容相同的课程的各类型评论数
cc <- character（0）#Common Course name，标题中可以辨认的相同部分
dt <- matrix（nrow = 0, ncol = 4）#四种类型的评论数
dup_ids <- numeric（0）#存在相近名称的课程id
namesake_ids <- numeric（0）#存在完全相同名称的课程id
c_n <- courses$course#所有课程名称
for（i in 1：nrow（courses））{
c <- courses [courses$hangjia == courses$hangjia [i],] #特定行家
```

课程

```
c <- c [grep (c_n [i], c$course),] #至少部分同名的课程
if (nrow (c) > 1) {
s <- c$course#这些课程的名称
t <- as.integer (c$type) #这些课程的类型
#如果课程名称可区分且类型不同
if (allUnique (s) && allUnique (t) ) {
stats <- numeric (4)
stats <- rep (NA, 4)
for (j in 1: length (t) ) {
stats [t [j] +1] <- sum (s [j] ==cmt_stdt$course)
}
cc <- c (cc, c_n [i] )
dt <- rbind (dt, stats)
}
c <- c [! (c$id %in% dup_ids),]
dup_ids <- c (dup_ids, c$id)
if (all (c$course == c_n [i] ) ) {
namesake_ids <- c (namesake_ids, c$id)
}
}
}
#得到同名但可区分课程的按类型评论数统计
dup_cour_cmt_stats <- data.frame (dt)
colnames (dup_cour_cmt_stats) <- paste0 ("type_", 0: 3)
rownames (dup_cour_cmt_stats) <- cc
#导出结果
#c_n [dup_index]
write.xlsx2 (courses [dup_ids,], "duplicate_courses_1.xlsx", row.names = F)
```

write.xlsx2（courses［namesake_ids,］，"namesake_courses_1.xlsx"，row.names = F）

write. xlsx2 （dup_cour_cmt_stats， "duplicate_courses_comments_stats_1.xlsx"）

#十一、对type_0和type_2数据进行回归

lm_type_0_2 <- lm （type_0 ~ type_2， data = dup_cour_cmt_stats，na.action = na.omit）

summary（lm_type_0_2）#结果显著

alpha <- lm_type_0_2$coefficients［1］#常数项

beta <- lm_type_0_2$coefficients［2］#回归系数

#type_0 = a + b * type_2

#如果一个课程只有type=0和2两种类型，则评论数可进行如下分配：

#∵type_0 + type_2 = a + （b + 1） * type_2 = X（评论总数）

#∴type_2 = （X - a） / （b + 1）

type_0 = （b * X + a） / （b + 1）

#对每一个课程统计学员评论数量，如果是重名课程则进行分配计算

#幸运的是，所有重名课程都只有两个且都是type=0和2，适用上述公式

courses$comments <- rep（NA， nrow（courses））

for（i in 1： nrow（courses））｛

cname <- courses［i，"course"］

total <- sum（cmt_stdt$course==cname）

ids <- courses［courses$course == cname， "id"］

if（length（ids） == 1）｛

#非重名课程直接赋值

courses［i，"comments"］ <- total

｝ else if（length（ids） == 2 &&

courses［ids［1］，"type"］ == 0 &&

courses [ids [2], "type"] == 2) {

if (total > alpha) {

#分配计算

courses [ids [1], "comments"] <- (total * beta + alpha) / (beta + 1)

courses [ids [2], "comments"] <- (total - alpha) / (beta + 1)

} else {

#如果评论数过少，则可能计算出负值，此时不进行分配计算

courses [ids [1], "comments"] <- total

courses [ids [2], "comments"] <- 0

}

}

}

any (is.na (courses$comments)) #为FALSE表示所有评论数都已被算出

write.xlsx (courses, "courses_1.xlsx", row.names = F) #导出来看看效果

no_namesake_courses <- courses [! (courses$id %in% namesake_ids),]

nrow (courses) - nrow (no_namesake_courses) #比完整的课程数据少了44行，正好等于length (namesake_ids)

write.xlsx2 (no_namesake_courses, "no_namesake_courses_1.xlsx", row.names = F)

#十二、对sale和解释变量做回归

#将行家个人属性合并到课程数据中去

courses_with_hangjia <-

merge (courses,

subset (tutors,

select = -c (rownum, city, sale)),

by = "hangjia", all.x = T, stringsAsFactors = F)

```
write.xlsx2 (courses_with_hangjia, "courses_w_tutor_1.xlsx", row.
names = F)
courses_1 <- na.omit (courses [, c ("id", "sale", "enrollment",
"price", "score", "duration",
"type", "city", "comments") ] )
tutors_1 <- na.omit (tutors [, c ("hangjia", "sale",
"gender", "postgrad",
"famous_univ", "overseas",
"response_time", "offline_met",
"online_met", "wanna_meet", "city",
"friend_comments", "student_comments") ] )
courses_with_hangjia_1 <-
na.omit (courses_with_hangjia [, c ("id", "sale", "enrollment",
"price", "score", "duration",
"type", "city", "comments",
"gender", "postgrad",
"famous_univ", "overseas",
"response_time", "offline_met",
"online_met", "wanna_meet",
"friend_comments", "student_comments") ] )
#十三、将销售额对课程和行家属性进行回归
lm_by_course <-
lm (sale ~ score + duration + type + city + comments,
data = courses_1, na.action = na.omit)
lm_by_course_hangjia <-
lm (sale ~ score + duration + type + city + comments +
gender + postgrad + famous_univ + overseas +
response_time + offline_met + online_met + wanna_meet +
friend_comments + student_comments,
data = courses_with_hangjia_1, na.action = na.omit)
```

```
lm_by_tutor <-
lm (sale ~ gender + postgrad + famous_univ + overseas +
response_time + offline_met + online_met + wanna_meet +
city + friend_comments + student_comments,
data = tutors_1, na.action = na.omit)
summary (lm_by_course)
summary (lm_by_course_hangjia)
summary (lm_by_tutor)
beta.int (lm_by_course)
beta.int (lm_by_course_hangjia)
beta.int (lm_by_tutor)
step_by_course <- step (lm_by_course)
step_by_course_hangjia <- step (lm_by_course_hangjia)
step_by_tutor <- step (lm_by_tutor)
#十四、绘制箱线图
boxplot (log10 (sale) ~ score, data = courses)
boxplot (log10 (sale) ~ duration, data = courses)
boxplot (log10 (sale) ~ type, data = courses)
boxplot (log10 (sale) ~ city, data = courses)
#绘制销售额和评论数量的散点图
df_sale_cmt <- data. frame (lg_sale = log10 (courses $sale) ,
lg_comments = log10 (courses$comments) )
df_sale_cmt <- df_sale_cmt [! is.infinite (df_sale_cmt$lg_sale) & !
is.infinite (df_sale_cmt$lg_comments), ]
plot (lg_sale ~ lg_comments, data = df_sale_cmt)
lm_lg_sale_cmt <- lm (lg_sale ~ lg_comments, data = df_sale_cmt,
na.action = na.omit)
abline (lm_lg_sale_cmt)
summary (lm_lg_sale_cmt)
plot (lm_lg_sale_cmt, 3)
```

```
boxplot (log10 (sale) ~ gender, data = courses_with_hangjia)
boxplot (log10 (sale) ~ postgrad, data = courses_with_hangjia)
boxplot (log10 (sale) ~ famous_univ, data = courses_with_hangjia)
boxplot (log10 (sale) ~ overseas, data = courses_with_hangjia)
boxplot (log10 (sale) ~ response_time, data = courses_with_hangjia)
plot (log10 (sale) ~ log10 (offline_met), data = courses_with_hangjia)
plot (log10 (sale) ~ online_met, data = courses_with_hangjia)
plot (log10 (sale) ~ log10 (wanna_meet), data = courses_with_hangjia)
#去掉部分不显著的变量
lm_by_course <-
lm (sale ~ score + duration + type + city + comments,
data = courses, na.action = na.omit)
lm_by_course_hangjia_2 <-
lm (sale ~ score + duration + type + city + comments +
offline_met + online_met + wanna_meet +
friend_comments + student_comments,
data = courses_with_hangjia, na.action = na.omit)
lm_by_tutor <-
lm (sale ~ gender + postgrad + famous_univ + overseas +
response_time + offline_met + online_met + wanna_meet +
city + friend_comments + student_comments,
data = tutors, na.action = na.omit)
summary (lm_by_course)
summary (lm_by_course_hangjia_2)
summary (lm_by_tutor)
#十五、CAB态度模型的文本分析
Sys.setlocale ("LC_ALL", "Chinese")
```

```
library (xlsx)
library (stringr)
#library (jiebaR)
library (Rwordseg)
setwd ("D: /博士论文/爬虫采集/数据分析")
#导入词库
cognition <- readLines ("cognition.txt", encoding = "UTF-8")
affect <- readLines ("affect.txt", encoding = "UTF-8")
behavior <- readLines ("behavior.txt", encoding = "UTF-8")
#导入评论、行家、课程
cmt <- read. xlsx2 ("comments_student. xlsx", sheetIndex = 1,
stringsAsFactors = F)
courses <- read. xlsx2 ("courses_w_tutor. xlsx", sheetIndex = 1,
stringsAsFactors = F)
tutors <- read. xlsx2 ("tutors. xlsx", sheetIndex = 1,
stringsAsFactors = F)
#读入时数值都变成了文本，将其转换回来
for (cn in c ("price", "score", "duration", "enrollment", "sale",
"comments",
"response_time", "offline_met", "online_met", "wanna_meet",
"friend_comments", "student_comments") ) {
courses [, cn] <- as.numeric (courses [, cn] )
}
#typeof (courses$comments)
for (cn in c ("sale", "response_time", "offline_met", "online_met",
"wanna_meet", "friend_comments", "student_comments") ) {
tutors [, cn] <- as.numeric (tutors [, cn] )
}
#十六、分词：结果是一个由分词向量组成的列表
#segmentCN (cmt$comment [10] )
```

```
seg <- segmentCN（cmt$comment）
#seg［［10］］
#在分词结果中查询是否包含词库中的词
#cognition %in% seg［［10］］
#grep（cognition［33］，cmt［10，"comment"］）
#length（grep（cognition［33］，cmt$comment））
length（str_detect（cmt$comment，cognition［33］））
#对每一条评论计算CAB指标
CAB <- function（str）｛
C <- any（cognition %in% str）
A <- any（affect %in% str）
B <- any（behavior %in% str）
c（C=C，A=A，B=B）
｝
#CAB（seg［［10］］）
#CAB（seg［［2］］）
#lapply（head（seg），CAB）
#mapply（CAB，head（seg））
#将CAB指标并入评论数据
cmt_1 <- cbind（cmt，t（mapply（CAB，seg）））
#计算R*C列联表及卡方检验
RCtable <- function（x，y）｛
if（length（x）！= length（y））stop（"Inconsistent vector lengths！"）
x0y0 <- sum（x == 0 & y == 0）
x1y0 <- sum（x == 1 & y == 0）
x0y1 <- sum（x == 0 & y == 1）
x1y1 <- sum（x == 1 & y == 1）
if（length（x）！= x0y0 + x1y0 + x0y1 + x1y1）stop（"0-1 value only！"）
matrix（c（x0y0，x1y0，x0y1，x1y1），nrow = 2，
```

```
dimnames = list（c（"X=0", "X=1"), c（"Y=0", "Y=1"）））
}
C_A <- RCtable（cmt_1$C, cmt_1$A）
chisq.test（C_A）
A_B <- RCtable（cmt_1$A, cmt_1$B）
chisq.test（A_B）
C_B <- RCtable（cmt_1$C, cmt_1$B）
chisq.test（C_B）
#十七、不分词，直接在评论字符串中查找是否包含词库中的词
check_dic <- function（str_vec, dic）{
apply(
mapply（function（entry）{
str_detect（str_vec, entry）
}, dic), 1, any
)
}
#另一种方法
#stringr:: str_detect函数是为了检测字符串1是否包含字符串2
#如果字符串1和字符串2都是向量，则进行双循环比较，
#两个字符串都每次步进一位
check_dic2 <- function（dic）{
mapply（function（str）{
any（str_detect（str, dic））
}, cmt$comment, USE.NAMES = F）
}
#将CAB指标并入评论数据
# cmt_2 <- cbind（cmt, C = check_dic（cmt$comment, cognition),
#            A = check_dic（cmt$comment, affect),
#            B = check_dic（cmt$comment, behavior））
cmt_2 <- cbind（cmt, C = check_dic2（cognition),
```

```
A = check_dic2 (affect),
B = check_dic2 (behavior) )
#十八、统计行家的CAB指数
hj <- unique (cmt$hangjia)
hj_CAB <- t (mapply (function (hangjia) {
apply (cmt_2 [cmt_2$hangjia == hangjia, c ("C", "A", "B") ],
2, sum)
}, hj) )
row.names (tutors) <- tutors$hangjia
tutors <- cbind (tutors [row.names (hj_CAB),], hj_CAB)
mean (tutors$C) #24.88723
mean (tutors$A) #13.85904
mean (tutors$B) #9.701493
#将销售额对CAB指数做回归
lm_CAB <- lm (sale ~ C + A + B, data = tutors)
summary (lm_CAB)
lm_AB <- lm (sale ~ A + B, data = tutors)
summary (lm_AB)
lm_B <- lm (sale ~ B, data = tutors)
summary (lm_B)
lm_CA <- lm (sale ~ C + A, data = tutors)
summary (lm_CA)
lm_CB <- lm (sale ~ C + B, data = tutors)
summary (lm_CB)
#十九、统计课程的CAB指数
cs <- unique (cmt$course)
cs_CAB <- t (mapply (function (course) {
apply (cmt_2 [cmt_2$course == course, c ("C", "A", "B") ],
2, sum)
}, cs) )
```

```
#将销售额对CAB指数做回归
courses_sale <- mapply (function (course) {
sum (courses [courses$course == course, "sale"] )
#print (courses [courses$course == course, "sale"] )
}, cs)
courses_1 <- data.frame (cbind (sale = courses_sale, cs_CAB) )
mean (courses_1$C) #10.42877
mean (courses_1$A) #5.807505
mean (courses_1$B) #4.065323
lm_CAB <- lm (sale ~ C + A + B, data = courses_1)
summary (lm_CAB)
lm_AB <- lm (sale ~ A + B, data = courses_1)
summary (lm_AB)
lm_B <- lm (sale ~ B, data = courses_1)
summary (lm_B)
lm_CA <- lm (sale ~ C + A, data = courses_1)
summary (lm_CA)
lm_CB <- lm (sale ~ C + B, data = courses_1)
summary (lm_CB)
```

索引